JÜRGEN DR
»Es war alles am b

GW01418690

G GOLDMANN
Lesen erleben

Jürgen Drews ist einer der erfolgreichsten und beliebtesten Schlagersänger im deutschsprachigen Raum.

Geboren wurde er am 2. April 1945 bei Berlin. Er interessierte sich schon früh für Musik, spielte in lokalen Bands und gewann mit 15 Jahren den Preis als bester Banjospieler Schleswig-Holsteins. 1969 lernte er den Musiker Les Humphries kennen, der ihn für seine »Les Humphries Singers« engagierte. Mit der Band tourte er durch die ganze Welt.

Seine beispiellose Solokarriere startete Drews in den frühen Siebzigern und erschuf mit Megahits wie »Ein Bett im Kornfeld«, »Barfuß durch den Sommer« und »Wir ziehn heut' abend aufs Dach« echte Schlager-Kult-Klassiker. In den Achtzigern lebte Drews die meiste Zeit in den USA und veröffentlichte auch dort erfolgreich Platten. 1989 feierte er sein Comeback in Deutschland, 1995 sang er mit Stefan Raab eine neue, funky Version von »Ein Bett im Kornfeld« mit Rapeinlagen, die besonders bei der jungen Generation gut ankam. In dieser Zeit startete Drews seine Karriere als Partysänger, tritt seitdem regelmäßig auf Mallorca auf und eröffnete dort sogar ein eigenes Café. 2009 schaffte er es mit »Ich bau dir ein Schloss« in die Top 10 der Single-Charts, weitere hervorragende Chartplatzierungen folgten!

Ans Aufhören denkt Jürgen Drews auch 2020 noch nicht – und das ist gut so!

JÜRGEN DREWS

»Es war alles am besten!«

Die Geschichte meines bewegten Lebens

GOLDMANN

Sollte diese Publikation Links auf Webseiten Dritter enthalten,
so übernehmen wir für deren Inhalte keine Haftung, da wir
uns diese nicht zu eigen machen, sondern lediglich auf deren
Stand zum Zeitpunkt der Erstveröffentlichung hinweisen.

Dieses Buch ist auch als E-Book erhältlich.

MIX
Papier aus verantwor-
tungsvollen Quellen
FSC
www.fsc.org
FSC® C014496

Verlagsgruppe Random House FSC® N001967

1. Auflage
Originalausgabe September 2020
Copyright © 2020 by Wilhelm Goldmann Verlag, München,
in der Verlagsgruppe Random House GmbH,
Neumarkter Str. 28, 81673 München
Umschlaggestaltung: UNO Werbeagentur München,
unter Verwendung eines Fotos von © Manfred Esser
Redaktion: Antje Steinhäuser
DF | Herstellung: kw
Satz: Vornehm Mediengestaltung GmbH, München
Druck und Bindung: GGP Media GmbH, Pößneck
Printed in Germany
ISBN 978-3-442-14255-2
www.goldmann-verlag.de

Besuchen Sie den Goldmann Verlag im Netz

Inhaltsverzeichnis

Was einmal war das kommt nie wieder

(Single aus dem Jahr 2020)

Liebe Leserinnen, liebe Leser,

es freut mich sehr, dass ihr euch für mein Buch interessiert.

Wenn es euch nichts ausmacht, würde ich euch gern duzen. Ich nehme an, ich bin hier sowieso der Älteste, deshalb darf ich euch auch das Du anbieten. Außerdem macht es mir das Erzählen einfacher.

In meinem ganzen Leben hätte ich mir nicht vorstellen können, dass ich mal ein Buch schreiben werde. Und nun ist es so weit. Aber es hat Spaß gemacht. Für mich war es wie eine Reise durch die verschiedenen Stationen meines Lebens. Und auf diese Reise möchte ich euch jetzt gerne mitnehmen. Ich bin mir sicher, dass ihr in diesem Buch einiges über mich erfahren werdet, was ihr bisher noch nicht gewusst habt.

Über mich selbst sage ich immer gern: »Ich bin der Erfolgreichste der Erfolglosen dieser Branche.« In dem Satz lasse ich natürlich gerne meine Selbstironie sprechen. Und ich finde sowieso, dass man lieber mit einem Augenzwinkern durchs Leben gehen sollte, als alles verkniffen auf die Waagschale zu legen. So habe ich es jedenfalls immer gehalten, und mir ist dadurch vieles leichter gefallen. Auch wenn es vielleicht nach den vielen Geschichten, die aus den Medien von mir bekannt sind, unglaubwürdig klingt, aber ich war früher tatsächlich ein schüchterner und verklemmter Typ (mein Vater nannte mich manchmal sogar lachend »Klein-Klemmi«). Erst die Musik hat mir auf ihre Weise zu mehr Selbstbewusstsein verholfen. Sie war schon immer mein Motor. Sie war meine Medizin und meine Therapeutin.

Wahrscheinlich habe ich deshalb auch nach all den vielen Jahren niemals den Spaß und den Ehrgeiz bei meiner Musik verloren. Jeden Tag, wenn ich nicht gerade auf Tour bin, arbeite ich mit Freude an neuen Songideen. Immer auch in der Hoffnung, dass vielleicht mal wieder ein ganz großer Hit entstehen könnte.

Ja, mein Musikerherz spielte immer schon eine wichtige Rolle in meinem Leben und hat es in vielerlei Hinsicht beeinflusst. Letztlich waren es ja meine Songs, die meine berufliche Laufbahn gesteuert haben. Ich möchte sogar behaupten, meine Songs haben mein Handeln und Verhalten in der Öffentlichkeit beeinflusst. Und ohne Umhang und Krone wäre der Song »Ich bin der König von Mallorca« wohl kaum so aufgefallen!

Ich bin mir ziemlich sicher, dass viele von euch gar nicht wissen, warum und wie ich zu der Bezeichnung und dem dazugehörigen Titel »König von Mallorca« gekommen bin. Viele Medien schreiben heute noch: der selbst ernannte König von Mallorca. Doch so war das gar nicht. Ich wäre nie auf die Idee gekommen, mich selbst so zu nennen. Es war letztlich Zufall. Wie so vieles in meinem Leben. Davon werde ich euch gern im Kapitel »König von Mallorca« mehr erzählen.

Ich habe schon viele verrückte Sachen gemacht, die sich wahrscheinlich kein anderer getraut hätte. Aber es hat mir manchmal auch schlicht diebische Freude bereitet, gegen den Stachel zu löcken, auch wenn es vielleicht bei dem ein oder anderen ein Naserümpfen ausgelöst hat. Und vieles davon werde ich in diesem Buch offenbaren. Ich habe meine Erfahrungen gesammelt, habe mich weiterentwickelt, aber auch alte Sichtweisen verändert. Letztlich war für mich alles Geschehene zu der jeweiligen Zeit richtig und wichtig, sodass ich heute sagen kann: Es war alles am besten!

Ich bin echt dankbar, dass ich genau dieses Leben führen darf, und wenn es da oben jemanden im Himmel gibt, der seine Hand über mich gehalten hat, dann sage ich ihm aus tiefstem Herzen: DANKE!

Meine Karriere war alles andere als gradlinig und schon gar nicht geplant. Ich erzähle euch nachher in einem Kapitel noch über meinen Song »Ein Bett im Kornfeld«. Der ist ja damals richtig erfolgreich gelaufen. Ich hatte aber das Pech, dass genau zur selben Zeit der Kassettenrekorder mit Aufnahmefunktion auf den Markt kam. Ihr könnt euch vorstellen, was passierte? Alle haben diese Aufnahmefunktion genutzt und dadurch den Titel nicht mehr gekauft. Dazu später mehr.

Auch in meinem Leben gab es Höhen und Tiefen, und manche Hürden galt es zu überwinden. Na klar, es lief nicht immer alles glatt, ich habe viele Fehler gemacht, die ich mir und anderen im Nachhinein gerne erspart hätte. Aber gerade diese Tiefen und auch die Fehler haben mich um wertvolle Erfahrungen reicher gemacht und mir letztlich die Augen für das Bessere, das andere oder das Neue geöffnet. Meine Frau sagt immer: »Du bist wie ein Stehaufmännchen. Fallen, Krone richten, weiterlaufen!«

Ja, so bin ich wirklich. Ich resigniere nicht. Ich schaue mir meine Fehler an und versuche es dann besser zu machen, auch wenn ich mich dabei nicht immer wohl in meiner Haut fühle. Gerade wenn es schwierig wird, sagt mir meine innere Stimme: Jetzt erst recht! Aufgeben gibt es für mich nicht.

Diesen Kampfgeist haben mir meine Eltern vererbt. Darüber bin ich sehr froh. Generell haben mir meine Eltern Bodenständigkeit beigebracht. Sie sagten immer: »Merke dir eines: Hochmut kommt vor dem Fall. Geh lieber bescheiden durchs Leben.«

Und von daher kommt vielleicht auch meine Aversion gegen Bezeichnungen, die manche Medien gern benutzen, wie »Star« oder »Schlagerstar«. Ich finde, das hört sich ziemlich hochgestochen an, und das habe ich nie gemocht. Im Gegenteil, wenn ich über mich als Sänger spreche, dann sage ich schon mal: Ach, ich bin doch nur ein kleiner »Heiopei« oder »Schlagerfuzzi«. Immer mit einem kleinen Lächeln, aber ein bisschen Wahrheit liegt da schon drin.

Zum Glück nehme ich mich nicht allzu ernst. Ich bin einfach ein Mensch wie jeder andere auch, und mein Job ist es, Musik zu machen und die Leute damit zu unterhalten. Im Grunde genommen ein Dienstleister. Und das mit dem Dienst leisten, das nehme ich verdammt ernst. Ich bin von Haus aus ein richtiger Workaholic. Mittlerweile habe ich dank meiner Frau ein gutes Maß für die Arbeit gefunden, aber früher war ich in der Hinsicht echt verrückt. Ramona meinte mal, ich hätte ein Leben auf der Überholspur geführt. Und wenn ich es aus heutiger Sicht betrachte, bin ich nicht nur im übertragenen Sinne mit Scheuklappen über die Autobahn gerast (siehe Kapitel »Abenteuer«), um bloß alles mitzunehmen, was mir angeboten wurde. Es ist gut, dass ich das geändert habe. Da bin ich mit zunehmendem Alter besonnener und vorsichtiger geworden. Schließlich möchte ich noch viel Zeit mit meiner Familie verbringen können. Das ist früher leider häufig zu kurz gekommen.

Rückblickend kann ich doch sehr glücklich über den Verlauf meines Lebens sein. Ich sage das auch immer wieder gern: Für vieles, was mir in meinem Leben widerfahren ist, kann ich einfach nichts. Alles ist einfach irgendwie passiert. Durch Zufall oder Schicksal? Wie auch immer. Ich habe immer alles so genommen, wie es kam, und entsprechend darauf reagiert.

Dass ich jetzt dieses Buch schreibe, hat sich auch einfach so ergeben. Ich habe nach der Verlagsanfrage erst einmal überlegt, ob ich überhaupt ein Buch schreiben möchte. Da ich aber schon häufig meiner Familie, Freunden, Kollegen, den Medien und auch Menschen, die gerne meine Musik hören, Geschichten aus meinem Leben erzählt habe, manchmal stundenlang, habe ich mir gedacht, dass ich diese Geschichten eigentlich auch aufschreiben kann. Somit habe ich mich dann doch dazu entschlossen, dieses Buch zu schreiben, denn »Was einmal war das kommt nie wieder«. Und ich habe wirklich viel zu erzählen, was man über mich bisher bestimmt nicht wusste.

Oder wusstet ihr, dass ich privat ein eher in mich gekehrter Mensch bin? Ja, tatsächlich! Ich kann mich gut allein beschäftigen. Wenn wir bei einer TV-Produktion sind oder bei einem Job und ich im Backstagebereich warten muss, beschäftige ich mich gerne am Laptop mit meinen Songs. Ich sitze dann völlig in Gedanken versunken mit meinem Latte macchiato am Tisch.

Manche Kollegen machten sich sogar schon Sorgen um mich und dachten, es ginge mir nicht gut, weil ich dabei offenbar manchmal einen sehr eigenartigen Gesichtsausdruck annehme. Aber das ist einfach meine Denkmimik! Wenn ich mich konzentriere, sehe ich vielleicht ernster aus, als man mich sonst kennt.

Deshalb passiert es manchmal, dass mich Menschen, die mich nicht kennen, sogar für arrogant halten. Ich bin vielleicht ein komischer Typ, aber ganz bestimmt nicht arrogant. Meine Mimik spielt mir da leider manchmal einen Streich. Also Leute, wenn ihr mich mal so hochkonzentriert oder gedankenversunken sehen solltet, am Laptop, keine Panik! Es geht mir gut! Sprecht mich ruhig an. Ich freue mich darüber und spiele dann auch gleich einen Song von mir vor. (Eine fürchterliche Unart von mir!)

Manchmal bin ich auch einfach ein wenig verpeilt, begreife Dinge erst später als andere. Ich kann mir auch keine Namen merken, das wird noch häufiger ein Thema sein. Damit habe ich schon in meiner Schulzeit Probleme gehabt. Und selbst wenn ich jemanden über viele Jahre hinweg kenne, begegne ich ihm irgendwann bei einer Produktion, stehe vor ihm, weiß genau, dass wir uns kennen, aber der Name ... der fällt mir einfach nicht ein. Das tut mir in dem Moment leid, aber ich kann wirklich nichts dafür. Diese Schwäche begleitet mich schon mein ganzes Leben lang.

Vielleicht bin ich mitunter ein komischer Typ, aber einer mit viel Herz. Und im Herzen bin ich manchmal noch »das Männlein« (wie mich meine Eltern zu meinem Leidwesen immer genannt haben) mit dem Schleswiger Dialekt und einer kleinen Portion Schalk im Nacken. Ich liebe, was ich tue. Und das aus tiefstem Herzen.

Jetzt steigt ein. Wir machen einen Ausflug in die verschiedenen Abschnitte meines Lebens. Ich freue mich, dass ich euch davon erzählen darf.

Viel Spaß beim Lesen!

Euer Jürgen

Irgendwann, irgendwo, irgendwie

(Aus dem Album »Irgendwann … mit dir sofort«, 1990)

M ein Vater war Chirurg, hat aber während des Zweiten Weltkriegs als praktischer Arzt beim Militär
gearbeitet und war in den letzten Kriegsjahren in Norwegen stationiert. Und meine Mutter war die Tochter
des Opernsängers Georg Buttlar und zu der Zeit als
Telefonistin bei der Armee tätig. Ratet mal, wo? Genau,
auch in Norwegen – nur so konnten sich die beiden begegnen und ineinander verlieben. Und das Ergebnis dieser Begegnung war ich. Muss ich erwähnen, dass beide
extrem gut aussehende Menschen waren? Natürlich
nicht, denn irgendwoher muss ich das ja haben. (Den
Satz wird meine Frau bestimmt streichen wollen, aber
ich finde ihn lustig.)

Leider war ich für meine Mutter eine komplizierte
Schwangerschaft, was die Suche nach einer geeigneten
Klinik, vor allem zu jener Zeit, enorm erschwerte. Deshalb durfte sie gemeinsam mit meinem Vater in den Wochen vor der Geburt nach Berlin zurückkehren, wo es
allerdings in diesen letzten Kriegsmonaten auch keine

Klinik, keinen Kreißsaal mehr gab, in denen man auf eine Steißgeburt vorbereitet gewesen wäre. Es erwies sich als hilfreich, dass mein Vater einen Tipp von einem Kollegen bekam, in Nauen gäbe es eine Klinik, die solche Geburten durchführte. Schnell machten sie sich auf den Weg dorthin, und so kam ich in Brandenburg zur Welt. Nicht irgendwann, sondern am 2. April 1945.

Als Steißgeburt lag ich falsch. (Das ist mir später ab und an auch noch manchmal passiert.) Damals kam ich sozusagen mit dem Hintern zuerst auf die Welt, war also eine sprichwörtlich schwierige Geburt. Und jetzt bitte keine dummen Bemerkungen, liebe Freunde, ich habe dazu in meinem Leben schon genug Frotzeleien gehört. – Übrigens ist mir durch meinen Geburts-Tag zumindest der »Aprilscherz« gerade so erspart geblieben.

Mein Vater hatte kurz vor meiner Geburt ein Angebot bekommen, als Arzt bei der Flugstaffel in Jagel in Schleswig-Holstein zu arbeiten, und weil sich gegen Kriegsende die Luftangriffe auf Berlin häuften, flogen meine Eltern gleich nach meiner Geburt mit mir nach Jagel, mit einer der letzten Militärmaschinen vom Typ JU 52. Sozusagen im Tiefflug, unter dem Radar der angreifenden englischen Maschinen, und wie durch ein Wunder ist nichts passiert.

Da fällt mir ein: Ich glaube, es war 2018, da hatte ich an einem Tag drei Auftritte (zu der Zeit habe ich so etwas noch gemacht). Da diese Auftritte aber unmöglich mit dem Auto zu realisieren gewesen wären, stellte man meiner Tourbegleitung und mir einen Privatjet. Der erste Auftritt war in Hamburg, mittags um 13 Uhr.

Von dort ging es per Privatmaschine nach Berlin, wo ich um 17 Uhr einen Auftritt auf der Waldbühne hatte. Dann weiter nach Dresden, wo ein Auftritt um 21 Uhr geplant war.

Bei der Landung am Flughafen Dresden traute ich meinen Augen kaum. Auf dem Grünstreifen bei der Start- und Landebahn stand genau so eine Maschine (JU 52) wie die, mit der ich damals mit meinen Eltern aus Berlin-Nauen ausgeflogen worden war. Da wir gut in der Zeit lagen, bekam ich noch die Gelegenheit, mir die Maschine aus der Nähe anzuschauen. Das war ein sehr emotionaler Moment für mich, den ich auf einem Foto festgehalten habe. Dieses Foto findet ihr auch hier im Buch.

Und so wuchs ich im hohen Norden auf. Meine Mutter und mein Vater waren wirklich toll. Und ich hatte eine wunderschöne Kindheit. Die Moltke-Kaserne in Schleswig wurde damals gerade zu Wohnungen umgebaut und für Flüchtlinge und Aussiedler geöffnet. Auch wir wohnten dort, denn mein Vater hatte auf dem Gelände die kleine Klinik. Auf dem großen Exerzierplatz traf ich immer andere Kinder, und es war für uns ein einziger großer Spielplatz. Die langen Flure luden zu Wettrennen ein, für mich war das eine herrliche Zeit. Mein Vater allerdings hatte als Chirurg alle Hände voll zu tun. Eines Tages sagte er, dass er gerne wieder umsatteln und als praktischer Arzt arbeiten wolle. Er habe genug vom Operieren, denn »die Patienten uff dem OP-Tisch reden nicht mit mir«. Mein Vater hatte ein ganz weiches Herz und versteckte seine raue Schale hinter seinem Berliner Dialekt. Seine Herkunft hat er nie verleugnet, und ich liebte es, wenn er so herrlich Berlinerisch sprach.

Wenig später zogen wir nach Schleswig um, in die Bellmannstraße. Dort richtete mein Vater im Erdgeschoss unseres Hauses seine kleine Praxis ein. Einmal, als ich Stubenarrest bekommen hatte, weil ich wieder irgendeinen Blödsinn gemacht hatte, schaute ich aus meinem Zimmerfenster auf die Straße, wo der Wagen meines Vaters stand. Mein Vater wollte sich gerade auf Praxisfahrt (heute nennt man das »Hausbesuche«) begeben, und offenbar merkte er, dass ich ihm von meinem Zimmerfenster aus zuschaute. Er guckte nach oben und hat wohl auch gesehen, dass ich einen ziemlich traurigen Blick hatte.

Jedenfalls legte er seinen Zeigefinger auf seine Lippen, was so viel heißen sollte, dass ich das für mich behalten sollte, und winkte mich zu sich herunter. Ich rannte zu ihm, und er sagte: »Setz dich mal ganz schnell in den Wagen. Ich nehme dich mit auf Praxisfahrt!«

Das war typisch für meinen Papa. Er hatte unheimlich viel Empathie. Die brauchte er bei seinem Beruf, aber so war er einfach auch. Ich erinnere mich noch ganz genau an jenen Tag und sehe ihn vor mir. Wie er mich zum Wagen geholt und mitgenommen hat. Praxisfahrten haben mir immer sehr gut gefallen. Wir fuhren damals auch zu sehr vielen Bauern, und ich habe viel Zeit auf den Feldern, in Schweine- oder Kuhställen verbracht, während mein Vater die Patienten versorgte. Das mochte ich, und es war mit ein Grund, warum ich Arzt werden wollte. Ich bin gerne mit ihm zu seinen Patienten im ganzen Landkreis gefahren, habe viele Bauern kennengelernt und als »Sohn vom Doktor« auch manche Leckerei zugesteckt bekommen. Herrlich!

Schon als Kind mochte ich die Natur. Meine Eltern hatten damals eine Haushälterin, weil meine Mutter als Sprechstundenhilfe im Arztbetrieb meines Vaters eingebunden war und nur wenig Zeit hatte, sich um alles selbst zu kümmern. Tante Erna, wie unsere Haushälterin hieß, kümmerte sich um den Haushalt, kochte das Mittagessen, putzte die Wohnung und die Praxis und wusch unsere Wäsche. Wir verstanden uns unheimlich gut.

An den Wochenenden im Hochsommer bin ich als kleiner Junge immer sehr früh aufgestanden. Tante Erna und ich hatten uns oft verabredet, dann in den Wald zu gehen, der ungefähr zwanzig Minuten Fußweg von unserem Haus entfernt war. Wir gingen in der Morgendämmerung los, und erst wenn wir den Wald erreichten, wurde es ganz langsam ein bisschen heller. Das war wunderschön, und ich konnte sehen, wie sich die Tiere auf den Waldwegen verhalten, sah Hasen mitten auf dem Weg sitzen und irgendwas in sich »hineinmümmeln«. Oder ich begegnete einem Reh, das mich völlig verdutzt anschaute, weil es sich wunderte, dass da um diese Zeit ein Mensch vorbeikam, und deshalb kurz innehielt, anstatt sofort zu fliehen. Das waren unvergessliche, schöne Momente, die mir viel in meinem Leben gegeben haben.

Musik war damals noch nicht so sehr mein Thema – mit einer Ausnahme. Meine Mutter hat zwar als Sprechstundenhilfe meines Vaters gearbeitet, aber weil mein Opa Sänger war, liebte sie die Musik und hat mir abends immer etwas vorgesungen. Als ich klein war, war »Der Mond ist aufgegangen« mein Lieblingslied, und wenn ich ehrlich bin, habe ich heute noch Tränen in den Augen, wenn ich dieses Lied höre. Ich selbst habe damals übrigens nicht gesungen, aus irgendwelchen Gründen mochte ich meine Stimme nicht besonders. (Sagt jetzt nichts Falsches!) Und mich allein nach vorne, ins Rampenlicht zu stellen – das war schon gar nichts für mich, dazu war ich viel zu schüchtern.

Ich hatte eine tolle Kindheit, und meine Eltern haben meine Interessen und Ambitionen immer unterstützt. Nicht jedes Mal ohne Gegenwehr, aber letztlich dann eben doch.

Später, ich muss so dreizehn gewesen sein, wollte ich unbedingt Musik machen, also bekam ich eine Gitarre (damals war »die Klampfe« total in) und auch einen Gitarrenlehrer. Ich lernte erst einmal alle Akkorde und ersparte mir auf diese Weise, nach Noten zu spielen, ich kann nämlich keine, aber dazu später mehr. Meine Banjo-Zeit kam etwas später. Die Gitarre hatte einen unschätzbaren Vorteil: Man konnte sich daran festhalten und wunderbar dahinter verstecken. Das kam mir sehr entgegen, denn ich war sehr schüchtern – auch dazu später mehr.

Als Kind habe ich mir immer eine Märklin-Eisenbahn gewünscht, also schenkten mir meine Eltern Schienen, Trafo, eine Lok und ein paar Wagen. Als ich um eine Vergrößerung von Anlage und Wagenpark bat, sagte mein Vater: »Wir haben dir die Grundlage für eine Eisenbahnanlage geschenkt, das kostet aber alles Geld. Um den Wert von Geld zu ermessen, werde ich dir eine Arbeit besorgen, dann kannst du dir deine Eisenbahn selbst erarbeiten. Einverstanden?«

Klar war ich einverstanden, ich fühlte mich ernst genommen und schon fast erwachsen. Und dabei war ich damals gerade mal zehn oder elf Jahre alt. Also besorgte mir mein Vater bei einem seiner Patienten einen Job bei der Kartoffelernte. Und ich trat diesen Job an. Ein Traktor mit mehreren Wagen fuhr vorweg, und wir bückten uns, sammelten die Knollen auf und warfen sie in die Wagen.

Und wir bückten uns und sammelten.

Und bückten uns und sammelten.

Die anderen waren alle älter als ich, hatten schon mehr Kraft und Ausdauer, aber ich dachte an meine Eisenbahn und bückte mich und sammelte. Das war eine harte Arbeit für mich zarten Knaben. Wer schon mal auf dem Feld gearbeitet oder auch nur zu Hause bei der Kartoffelernte im kleineren Garten geholfen hat, der weiß, wovon ich rede.

Und dann bekam ich von der ganzen Sammelei Hunger. Richtigen Hunger.

Mittags gab es Grießbrei mit Apfelmus, ich hätte dafür glatt fünf Sterne vergeben. Ich wusste bis dahin nicht, wie lecker Grießbrei schmecken kann.

Ich habe die ganze Erntesaison über geholfen und war stolz, mir anschließend von dem Geld zwei Waggons für meine Eisenbahn kaufen zu können.

Diese Arbeit auf dem Feld war wirklich sehr anstrengend, und ich merkte: Ich musste kräftiger werden, musste mehr Muskeln entwickeln. Um also mehr Kraft zu sammeln und weil ich auch nach der Schule oft dringend Bewegung brauchte, bin ich viel mit dem Fahrrad unterwegs gewesen. Zum Beispiel fuhr ich an den

Nachmittagen gern nach Böklund, um dort die leckeren Würstchen für Familie und Freunde zu besorgen.

Und ich habe etwa zu jener Zeit zum ersten Mal in meinem Leben versucht, auf Skiern zu stehen. Das waren allerdings Bretter aus den Wehrmachtsbeständen, viel zu groß und unhandlich für mich, und die »Hüttener Berge« bei uns im platten Schleswig-Holstein waren auch nicht gerade die Alpen – aber Spaß gemacht hat es dennoch.

Später kam mir das auf einer Skifreizeit in Hindelang zugute, und bis heute laufe ich gern Ski. Na gut, *bis heute* wäre übertrieben. Ich glaube, das letzte Mal war 2016. Ich wollte immer ein Crack werden, aber (ich sagte ja schon, ich bin ehrlich) ich habe das nie geschafft. Ramona behauptet, ich würde alle Läufer, die besser sind als ich, sofort in deren Spuren verfolgen, aber das ist natürlich total übertrieben. Finde ich. Ich bin nur Mittelklasse. Na gut, gehobene Mittelklasse. So ein bisschen rückwärtsfahren kann ich sogar auch.

Meine Kindheit schätze ich als sehr positive, schöne Zeit ein, unübertrieben. Allerdings hatte ich das oben schon erwähnte Handicap: Ich war unheimlich schüchtern (deshalb der Spitzname »Klemmi«). Ich war immer schon schlank, fast zart, hatte dank meiner Eltern (wie erwähnt) ein gutes Aussehen mitbekommen, und manche tuschelten schon, dass ich wohl schwul sein müsse.

Das führte dazu, dass kein männliches Wesen mich umarmen durfte, nicht einmal mein Vater. Das wollte ich einfach nicht. Aus lauter Angst, dass das die Gerüchte verstärken könnte, die mich dennoch viele Jahre begleitet haben. Ich habe wirklich nichts gegen Schwule, das wäre in meiner Branche ja auch ziemlich idiotisch, vor allem in der heutigen Zeit – aber mich hat es genervt, immer wieder darauf angesprochen zu werden.

Denn ich fand Mädchen ganz toll, und wie sollte mich ein Mädchen ernst nehmen, wenn es dachte, ich wäre schwul? Nie im Leben hätte ich damals den Mut gehabt, ein Mädchen anzusprechen. Ich erinnere mich noch, dass eines Tages zwei tolle Mädchen an mir vorbeigingen und mich offensichtlich mit Wohlwollen betrachteten. Sofort lief ich knallrot an. Und hörte die eine zur anderen sagte: »Gott, ist der süüüüß! Hast du gesehen, dass der ganz rote Ohren bekommen hat?« – Seit dem Tag ließ ich die Haare wachsen und achtete immer peinlich darauf, dass die Ohren bedeckt waren. Und wenn mein Vater mich in Schleswig zum Friseur Borstel (der hieß wirklich so) schickte, durfte dieser maximal die Spitzen schneiden – alles andere machte ich lieber selbst. Meine Haare waren vorne damals zwar kürzer, aber an den Seiten ließ ich sie wachsen. Meine Ohren mussten schließlich bedeckt sein, sonst fühlte ich mich unsicher.

Übrigens habe ich bis heute immer lieber selbst eine Schere dabei und achte auf die richtige Länge. Ich habe da meine Vorstellungen, wie die Haarlängen an den Seiten fallen sollen. Und wenn ich mal länger auf Tour bin, bleibt auch manchmal keine Zeit für einen Friseurbesuch. Dann hole ich einfach schnell wieder meine Schere.

Natürlich fanden meine Eltern die langen Haare scheußlich, aber diese Diskussionen fanden wohl in den Sechzigerjahren in vielen Familien statt.

Musikalisch tendierte ich übrigens damals noch nicht so sehr Richtung Pop oder Rock, sondern eher zum Jazz.

Man darf nicht vergessen, dass in den Sechzigerjahren in Deutschland Instrumentalmusik absolut angesagt war. Die amerikanischen Soldaten brachten nicht nur den Rock 'n' Roll, sondern auch die Musik von Glenn Miller mit zu uns, und die »Moonlight Serenade« ist bis heute ein Knaller.

Dixieland war beliebt, Papa Bue's Viking Jazzband aus Dänemark hatte mit einer verjazzten Version von »Schlafe, mein Prinzchen, schlaf ein« einen Charterfolg, das Orchester von Billy Vaughn machte »Sail Along Silvery Moon« zum Ohrwurm, und Nini Rosso brachte »Il Silenzio« sogar wochenlang auf Platz 1 der Hitparaden.

Ich war ein großer Fan von Chris Barber, durfte sogar auf ein Konzert von ihm in der Kieler Ostseehalle. Da war ich etwa vierzehn oder fünfzehn Jahre alt. Meine Mutter begleitete mich. Sie war immer genauso musikinteressiert wie ich. Und diese Leidenschaft für den Jazz brachte meinen Vater auf eine Idee. Für meine eher extrovertierten Eltern war meine große Schüchternheit ein Problem, sie hatten schon überlegt, mich in eine Therapie zu schicken.

Da hörte mein Vater über Patienten, dass eine Jazzband aus Schleswig – sie hörte auf den klangvollen Namen »Die Schnirpels« – einen Banjospieler suchte. Eines Tages kam er zu mir und sagte: »Du hast übrigens einen Vorspieltermin.« Mir rutschte sofort das Herz in die Hose. »Wie denn, wo denn, wann denn?«

Er ließ mich wissen: »Eine Band sucht einen Banjospieler.«

Was zur Hölle war ein Banjo? »Ich kann aber nicht Banjo spielen.«

»Dann lernst du es eben.«

»Und ich habe kein Banjo.«

»Gleich kommt dein Gitarrenlehrer, bringt ein Banjo mit, und dann hast du die erste Stunde. Ich hab für alles gesorgt.«

»Und wann ist der Termin?«

»In drei Wochen.«

Kann ein Herz noch tiefer rutschen?

Also lernte ich Banjo spielen, auf irgendeinem zufällig vorhandenen Instrument. Es klang schrecklich. Mein Gitarrenlehrer sagte: »Lass einfach die unteren Seiten erst mal weg, bis du das Instrument besser kennenlernst.«

So ein Banjo hat mit einigem guten Willen optische Ähnlichkeiten mit einer Gitarre, das ist aber auch schon alles. Ein Geiger kann ja auch nicht gleich Gitarre spielen, bloß weil beides aus Holz ist und einen Steg und Saiten hat. Das Banjo spielt sich ganz anders, weil die Stimmung der Saiten eine ganz andere ist. Ich trickste das Banjo einfach aus, indem ich es wie eine Gitarre stimmte, und so halte ich es bis heute.

Also übte ich.

Und übte.

Ich hatte schließlich genau drei Nummern drauf.

Und dann kam der Vorspieltermin. Ich fühlte mich scheußlich, so müssen sich die Kandidaten beim Supertalent fühlen, wenn sie zur ersten *audition* geladen sind. Man darf nicht vergessen, ich war vierzehn und sah aus wie zwölf. Ich trat also an mit meinem Banjo. »Was willst du denn hier, mein Junge?« Die erste väterliche Frage, und ich wurde knallrot. »Ich soll hier vorspielen!«

»Aha, und was?«

»Na, Banjo.« Ich wartete auf allgemeines Gelächter, aber alle blieben ruhig.

»Na, dann zeig mal, was du kannst, Kleiner!«

Ich packte mein Instrument aus und spielte »Take Your Pick«, einen der drei Titel. Ich spiele den übrigens auch heute noch ab und an bei Konzerten, weil das eine absolut wirkungsvolle Nummer ist. Ich war schon fast fertig, da rief jemand laut: »Stopp!«

Aus! Das war's! Ende der Karriere, bevor sie überhaupt begonnen hatte.

»Spiel das noch mal.«

Ich tat es.

»Okay, du bist in der Band! Willkommen bei den Schnirpels!«

Ich glaube, ich habe einen so roten Kopf bekommen, dass man mich problemlos als Spot hätte einsetzen können. Aber ich war jetzt wirklich Mitglied in einer Band – meine erste echte musikalische Station. Meine Eltern waren total stolz auf mich. Und ich auch. Wieder so ein Meilenstein in meinem Leben, der nicht von mir geplant war. Es war einfach so.

Aber natürlich ging das »normale« Leben weiter und ich weiter zur Schule. Ich hatte damals einen Musiklehrer, der darauf bestand, dass wir ausschließlich nach Gehör arbeiteten. Das Lernen von Noten empfand er als überflüssige Einengung, weil ja schließlich alle Noten schon mal irgendwie geschrieben waren und die Noten uns deshalb nur kreativ behindern würden. Wir sollten frei empfinden und improvisieren. Okay, im Jazz kam mir das zugute, aber leider kann ich deshalb bis heute keine Noten lesen. Ich schreibe und lerne ausschließlich nach Gehör.

Dies allerdings ist dafür gut ausgebildet, auch später brachten mir Bandkollegen immer ihre Instrumente, weil ich diese »so gut stimmen« konnte.

Diese freie Arbeitsweise kam meiner natürlich gegebenen spätpubertären Faulheit sehr entgegen. Lernen war eher lästig und hielt mich von der Musik ab. Ich gebe zu, ich war kein besonders guter Schüler. Und dicke Bücher erzeugten augenblicklich so etwas wie eine Allergie, die mir empfahl, mich von diesen Wälzern fernzuhalten.

Wie so viele Schüler meiner Generation befassten wir uns im Deutschunterricht mit Thomas Mann, und eigentlich gehörten für Kinder aus Schleswig-Holstein die Lübecker »Buddenbrooks« zur Pflichtlektüre. Nur nicht für Jürgen aus Schleswig. Das Buch war einfach zu dick, und die Fernsehserie gab es noch nicht. Schade, hätte mir bestimmt geholfen. Wobei ich auf der anderen Seite gar kein Seriengucker war oder bin. Obwohl ... heutzutage schon. Allerdings schaue ich, gemeinsam mit Ramona, ausschließlich »Der Bergdoktor«. Schade, dass die Staffeln immer so schnell vorbei sind. Wir lieben diese Serie. Zum einen, weil wirklich tolle Schauspieler dabei sind, unter anderem Mark Keller, den ich sehr gut kenne, und zum anderen, weil die Sendung am Wilden Kaiser spielt. Da geht uns immer das Herz auf. »Martin, mein einziger Freund.« – Herrlich. Aber ich komme vom Thema ab, also zurück zu den Buddenbrooks.

Besonders schade auch deshalb, weil literarische Abhandlungen im Abitur Thema wurden. Und in der mündlichen Prüfung in Deutsch bekam ich zwei Texte vorgelegt – einer gehörte zur hohen Literatur, der andere eher in den Bereich Kitsch. Ich sollte herausfinden und begründen, welcher Text wohin gehörte.

Anwesend waren mein Deutschlehrer, den ich durchaus mochte, und der Direktor der Schule, der mich weniger mochte, weil ihm meine musikalischen Aktivitäten ein Dorn im Auge waren. Ja, hätte ich Geige gespielt ...

Also las ich die Texte. Mir war schnell klar, welcher Text in welche Kategorie gehörte. Der eine schwadronierte von Kandelabern und anderen unmöglichen Ausstattungsstücken, das troff nur so von Kitsch. Also interpretierte ich drauflos. Mein Deutschlehrer versuchte noch, mich zu unterbrechen, aber der Direktor griff ein: »Lassen Sie nur, das ist doch hochinteressant, was Herr Drews da sagt.« Bei meiner Frau wären in so einer Situation sofort alle Alarmsignale angegangen, aber ich merkte nichts und machte munter weiter. Das geht mir noch heute so. Bis ich mal merke, dass mich jemand auf die Schippe nimmt ... das dauert.

Und so verriss ich Thomas Mann nach allen Regeln der Kunst.

Daraufhin durfte ich das Jahr wiederholen. Dann hatte ich zwar mein Abi, aber die »Buddenbrooks« habe ich bis heute nicht gelesen. Übrigens wird über die Abifeier später noch ein Geständnis zu lesen sein.

Nach dem Abi ging mein Vater selbstverständlich davon aus, dass ich Medizin studieren würde. Und ich fand das Fach auch interessant und habe mich wirklich bemüht. Aber mein Gedächtnis spielte mir einen Streich, Namen und Formeln kann ich mir einfach nicht merken – also strich ich nach vier Semestern, die ich in Kiel absolvierte, die Segel.

Meine Eltern haben sich übrigens damit arrangiert. Nach einem Konzert mit den »Schnirpels« in Hamburg kamen sie zu mir in die Garderobe, und mein Vater sagte: »Mein Sohn (wenn er Hochdeutsch redet, wird es feierlich), deine Mutter und ich haben den Abend genossen. Du kannst zwar nichts, aber das machste richtig gut!«

Bis heute behalte ich alle Texte, ich kann nach Gehör Musik machen, aber Namen und Begriffe auswendig lernen und behalten – no way. Nach wie vor ist mein Namensgedächtnis ganz einfach Ramona, die kann das. Und ihren Namen habe ich noch nie vergessen und werde es auch nie.

Barfuß durch den Sommer

(Aus dem Album »Barfuß durch den Sommer«, 1977)

Erinnert ihr euch noch an die Zeit, als an den Autobahnauffahrten die jungen Leute versuchten, eine Mitfahrgelegenheit zu bekommen? Früher war Trampen eine tolle Möglichkeit, um mit niedrigem Budget weit zu reisen. Gerade Jugendliche und Studenten haben es viel und gerne genutzt, und damals hat man sehr häufig Leute mit hochgehaltenen Pappschildern, auf die sie ihr Reiseziel gepinselt hatten, an Ortsausgängen oder auch an den Autobahnen warten sehen. Aber es war auch nicht ganz ungefährlich. Heute ist das kaum noch vorstellbar. Da nutzt man lieber Mitfahrzentralen, wo sich Fahrer und Mitfahrer zuvor mit den Personalien registrieren müssen. Es läuft kaum noch etwas anonym. Weitaus sicherer als zu meiner Zeit. Oder die Bahn bietet extra Spartarife für Schüler und Studenten an. Die Möglichkeiten sind da heute vielfältiger und ganz andere als damals.

Aber jetzt zu meiner Geschichte: Ich war gerade mal sechzehn oder siebzehn Jahre alt, da hatte ich mir in den Kopf gesetzt, auch in meinen nächsten Sommerferien zu trampen. Schließlich wollte ich bei meinen Klassenkameraden mitreden können. Und mein Ziel sollte ein ganz besonderes sein, nämlich Saint-Tropez. Schließlich war das damals einer der schillerndsten High-Society-Spots in Europa. Es war bekannt für Glanz & Glamour, für die rauschenden Partys der Stars – und der Wohnort von Brigitte Bardot.

Brigitte Bardot – oh mein Gott! Ich war immer hin und weg, wenn ich von ihr irgendwo Fotos in einem Magazin sah. Bin damals in alle Kinofilme gegangen, in denen sie mitspielte. Sie war das Sexsymbol meiner Zeit! Allein deshalb wollte ich unbedingt an die Côte d'Azur. Und das alleine, ohne meine Eltern! Wer weiß, vielleicht könnte ich diese umwerfende Frau dort irgendwo live sehen. Ich hatte gelesen, dass sich viele Stars gerne im Hafen von Saint-Tropez in dem bekannten Hôtel de Paris aufhielten und Brigitte Bardot dort Stammgast sei. Vielleicht wäre mir ja das Glück hold. Meine Eltern waren von meinem Vorhaben natürlich wenig begeistert, ließen mich aber letztlich ziehen. Sie vertrauten mir. Und das konnten sie auch.

Mein Vater hatte viel größere Sorgen, weil ich nur zweihundertfünfzig Mark mitnehmen wollte, was heute gerade mal hundertdreißig Euro wären. Er hatte Angst, ich würde mit dem Geld nicht hinkommen, und hätte mir gern noch etwas mehr mitgegeben. Aber ich lehnte ab. Ich hatte mir zum Ziel gesetzt, weitestgehend ohne Geld auszukommen – so wie es andere Tramper auch machten. Ich wollte mir selbst, aber auch meinen Eltern beweisen, dass ich es ohne einen finanziellen Extrapuffer schaffen würde.

Dann begannen endlich die langersehnten Sommerferien. Meine Eltern holten mich mit dem Auto von der Schule ab und hatten meinen kleinen, bereits gepackten Koffer und mein Zweimannzelt von zu Hause mitgebracht. Außerdem hatte mir meine Mutter einiges an Verpflegung eingepackt, damit ich wenigstens die ersten Tage genug zu essen haben würde.

Meine Eltern brachten mich direkt zur Ausfahrtsstraße am Ortsausgang von Schleswig. Dort stand bereits eine Reihe von anderen jungen Trampern. Nun hieß es hinten einreihen und warten. Man durfte sich um Gottes willen niemals vorne an die Spitze stellen. Da gab es ganz klare Regeln.

Mich konnte man jedenfalls nicht übersehen, nein, ich stach absolut aus dieser Tramper-Warteschlange heraus, was ich allerdings auch gleich an den musternden Blicken der anderen bemerkte. Der Grund war meine Kleidung: Ich trug ein blütenweißes Nyltesthemd (das brauchte man nicht bügeln, war leicht von Hand waschbar und trocknete schnell), eine weiße Jeans und schneeweiße Schuhe. Über dem Hemd noch einen roten Pulli mit V-Ausschnitt und meine »Pubertäts-Pelerine«, so etwas wie einen Trenchcoat.

Ich glaube, auffälliger ging es wirklich kaum, aber schließlich war ja mein Ziel das noble Saint-Tropez, da wollte ich auch passend gekleidet sein. In meinem kleinen, aber eleganten Koffer (optisch wie von Louis Vuitton) hatte ich nur die nötigsten Sachen zum Wechseln mitgenommen. Ich wollte mich nicht mit unnötig viel Gepäck belasten, und so hatte ich auch die Chance, in kleineren Autos mit weniger Platz mitfahren zu können.

Meine Wechselkleidung war übrigens auch ausschließlich weiß.

So stand ich also an der Ausfahrtstraße, auf dem hintersten Platz der Reihe, mit meinem Koffer und meinem Zweimannzelt. Ich sah aus wie aus dem Ei gepellt. Typischer Akademikersohn. Ich wartete noch keine zehn Minuten, da hielt weit vorne ein Wagen, und der vorderste Tramper rannte gleich in Richtung des Fahrzeugs. Aber der Fahrer fuhr plötzlich rückwärts und hielt dann genau vor mir an. Er fragte mich aus dem Fenster heraus, wohin ich denn wolle. Erstaunt, dass mein auffälliger Kleidungsstil tatsächlich Wirkung zeigte, antwortete ich schnell: »Richtung Basel!« Er antwortete: »Tut mir leid, Hannover ist Endstation für mich, aber bis dorthin nehme ich dich gerne mit.« Ich: »Hannover ist okay.«

Ich war froh, einsteigen zu können, denn wenn ich stehen geblieben wäre, hätte es sicherlich Ärger mit dem vordersten Mann gegeben. Die Fahrt dauerte etwa vier Stunden. In Hannover angekommen ließ ich mich am Hauptbahnhof absetzen, denn ich wusste, dort gibt es eine Bahnhofsmission. Ich brauchte eine preiswerte Übernachtungsmöglichkeit, denn abends wollte ich nicht mehr trampen.

Ein Hotel kam für mich nicht infrage, das stand fest. Ich hatte ja nur besagte zweihundertfünfzig Mark dabei, und die sollten mir für die nächsten sechs Wochen reichen.

Bevor ich aber die Bahnhofsmission aufsuchte, schaute ich mich nach der nächsten Telefonzelle um. Ich wollte mich ja bei meinen Eltern melden und ihnen mitteilen, wo ich mich gerade befand und dass es mir gut ginge.

Ein Telefon war schnell gefunden, und ich rief per R-Gespräch (so zahlten meine Eltern) an. Sie waren sehr erleichtert über meine erste Rückmeldung, und natürlich musste ich erst mal genau berichten.

Nach diesem Telefonat ging ich schnurstracks in die Bahnhofsmission. Dort bekam ich auch gleich ein Bett zugeteilt. Das kostete vielleicht ein oder zwei Mark. Damit man mir nachts nichts stehlen konnte, band ich mir meine Jacke um mein Handgelenk und legte mich so auf meinen Koffer und das Zelt, dass ich es sofort bemerkt hätte, wenn man es mir hätte wegnehmen wollen. Am nächsten Morgen wachte ich zwischen 5 und 6 Uhr auf, und es ging weiter.

Ich machte mich, nach einem kleinen Frühstück, auf den Weg zu der vierspurigen Schnellstraße, die aus Hannover hinausführte. Dort zu stehen war zwar nicht erlaubt, aber es half: Kurze Zeit später hielt ein Wagen. Vor mir stand ein nagelneuer zitronengelber Citroën mit roten Plüschsesseln. Damals hatten die Sitze noch keine Kopfstützen. In dem Wagen saß ein Typ, der mich musterte und fragte, wo ich hinwollte. Ich gab Auskunft: »Nach Saint-Tropez!« Er lachte und gab mir mit einer Geste zu verstehen, dass ich einsteigen sollte. Diesmal konnte ich bis Basel mitfahren. Nach einigen Stunden griff er hinter seinen Sitz und holte eine Blechdose mit Butterbroten hervor. Er bot mir auch eins an. Das habe ich dankend angenommen.

Es dämmerte bereits bei unserer Ankunft in Basel. Diesmal ließ ich mich schon am Ortseingang absetzen. Denn ich plante, heute Nacht in meinem Zelt zu übernachten, und das ging unbeobachtet nur in einem Korn-

feld, und ein solches hatte ich bereits unweit des Orts-
eingangsschildes gesichtet.

Nachdem der Fahrer weitergefahren war, lief ich in
Richtung des großen Ährenmeeres. Ich kam mir vor
wie ein Reh. Ich bin ganz weit in das Feld hineingelau-
fen und hab meine Spuren so gut es ging hinter mir
verwischt, damit man nicht auf den ersten Blick sehen
konnte, dass jemand dort unterwegs gewesen war.

Dann baute ich mein kleines Zelt auf, zog meinen
Sportanzug an, um meine schicken weißen Klamotten
zu schützen, und schlief bis in den frühen Morgen in
diesem Bett im Kornfeld. Am Morgen packte ich mein
Zelt wieder ordentlich zusammen und machte mich erneut schick zurecht.

Zunächst ging ich einige hundert Meter die Straße
entlang, denn ich sah dort mehrere Häuser und wollte
eine Bäckerei finden, um mir ein Weißbrot für den Tag
zu kaufen. Schnell wurde ich fündig und kaufte mir für
zwei Mark ein ganzes Weißbrot und dazu eine Flasche
Wasser für eine Mark. Es duftete so herrlich, dass ich
erst mal beherzt hineinbeißen musste. Langsam lief ich,
noch mein Brot kauend, wieder zur Straße rauf und wartete auf ein Fahrzeug.

Und das Schicksal schien es erneut gut mit mir zu meinen, denn ich stand noch nicht lange, da stoppte genau
vor meiner Nase ein neues weißes Mercedes Cabrio, mit
vier knallroten Sportsitzen und geschlossenem Verdeck.
Der Typ hinter dem Steuer trug fingerlose Handschuhe,
wie sie die Sportwagenfahrer früher immer getragen
haben. Er fragte mich, woher ich komme und wohin ich
wolle. Nachdem ich ihm geantwortet hatte, lachte er

kurz und sagte: »Das passt ja gut, bei mir bist du richtig! Komm, steig ein! Ich nehme dich mit! Ich bin Werksfahrer und fahre die Route Napoléon entlang und muss den Wagen testen. Sind zwar viele Kurven, aber ich hoffe, du hältst das aus?«

Klar, dachte ich, kein Problem. Von wegen! Oh ja! Ich hielt es aus, aber mir war richtig schlecht, sage ich euch. Wir fuhren ohne einen einzigen Stopp bis nach Nizza durch. In Nizza angekommen fragte mich der Typ, in welchem Hotel er mich absetzen sollte, und ich antwortete ihm nur, dass ich in kein Hotel wollte. Daraufhin empfahl er mir einen guten Zeltplatz und fuhr mich sogar direkt hin. Dort wäre es zwar laut, weil der Flughafen in der Nähe sei, aber günstig. Mir war das egal. Ich hatte ja meine Ohropax dabei. Es war tatsächlich so laut, wenn die dröhnenden Passagiermaschinen beim Start über den Campingplatz schossen, dass ich das Gefühl hatte, mein Zelt flöge gleich weg. Aber auch diese Nacht überstand ich wohlbehalten.

Zu Fuß lief ich zur nächsten Ausfahrtstraße, welche direkt am Meer lag, in der Hoffnung, dass ich schnell weiter Richtung Saint-Tropez kommen würde. Aber diesmal wartete ich ohne Erfolg. Kein Wagen hielt an. So machte ich mich erst mal weiter zu Fuß auf den Weg. Nach einigen Kilometern sah ich aus der Ferne eine Bushaltestelle. Dort gerade angekommen fuhr auch sogleich der Bus ein. Ich fragte den Busfahrer nach Saint-Tropez, und er antwortete: »*Oui, oui, entrez!*« So viel Französisch verstand ich gerade noch. *Merci!* Ich fuhr mit bis zur Endstation, ein großer, staubiger Platz direkt vor dem Ortseingang Saint-Tropez.

Wie komme ich jetzt zum nächsten Campingplatz?, fragte ich mich, während ich mich wieder an die Straße stellte. Kurz darauf traute ich meinen Augen kaum, denn nach einiger Zeit hielt wieder ein weißes Mercedes Cabrio an, wieder mit roten Sitzen, nur diesmal mit offenem Dach. Dieser Wagen war damals eines der teuersten Autos von Mercedes überhaupt. Ich musste schmunzeln. In dieser Gegend war das offenbar das Standardmodell.

Der junge, gut aussehende, braun gebrannte Fahrer fragte mich in gebrochenem Englisch und mit französischem Akzent, wo ich denn hinwolle. Ich antwortete: »Eigentlich nur zum nächstgelegenen Campingplatz am Meer!« Und tatsächlich, er kannte einen, nur drei Kilometer entfernt: »Ich fahre dich gerne hin, steig ein!«

Während der Fahrt bemerkte ich seine eigenartigen Blicke, die mir etwas unangenehm waren. Als er dann auch noch meinte, ich könne auch bei ihm zu Hause übernachten, und er würde mich morgen auch gerne auf seine Jacht einladen, habe ich schnell kapiert, worauf er sehr wahrscheinlich aus war. Ich lehnte dankend ab und bat ihn, mich einfach nur an dem Campingplatz abzusetzen.

Auf dem Zeltplatz angekommen meldete ich mich beim Platzwart. Ich bekam einen Platz zugewiesen und machte mich an den Aufbau meines Zeltes. Dabei fühlte ich mich allerdings unangenehm beobachtet, denn zwei junge Typen schauten die ganze Zeit zu mir herüber und ließen mich nicht mehr aus den Augen. Das erinnerte mich wieder an die Blicke des Mercedes-Fahrers, offenbar hatten diese Typen die gleichen Absichten. Mit einem unguten Gefühl verschwand ich in meinem Zelt, konnte aber in der Nacht nicht wirklich schlafen, da ich wegen dieser Typen auf jedes Geräusch in meiner Umgebung achtete.

Gleich frühmorgens, als die meisten noch schliefen, baute ich schnell mein Zelt ab und in einer anderen freien und weniger einsehbaren Ecke anschließend wieder auf. Zum Glück war der Platz sehr groß. Ich ging ordnungsgemäß zum Platzwart, um meinen Umzug und meine Gründe dafür mitzuteilen. Dieser zeigte Verständnis und informierte mich auch gleich, dass sich bereits ein junger Mann mit einem weißen Mercedes Cabrio nach mir erkundigt hatte. Oh je, dachte ich, der verfolgt mich jetzt schon! Der Platzwart beruhigte mich aber und meinte, er habe ihm kein Wort über mich verraten. Seitdem kann ich mir vorstellen, wie sich Frauen fühlen müssen, die von Männern verfolgt werden.

Jetzt wollte ich aber endlich Saint-Tropez erkunden und den Jachthafen finden, wo dieses berühmte Hôtel de Paris liegen sollte. Ich traute mich jetzt aber nicht mehr zu trampen, sondern bin den Weg zum Hafen zu Fuß gegangen. Ich genoss den Spaziergang in der Sonne. Er führte direkt am Meer entlang, und ich pflückte mir unterwegs einige rot leuchtende Tomaten von den Stauden. Es gab dort ein ganzes Feld dieser Tomatenpflanzen. Die besten Tomaten meines Lebens. So köstlich aromatisch. Einfach der Hammer. Bald war ich am Ziel. Der noble Jachthafen von Saint-Tropez eröffnete sich vor meinen Augen. Ich war glücklich und stolz, es bis hierher geschafft zu haben, ohne viel Geld auszugeben.

Ich besorgte mir erst mal ein frisches Baguette, zur Feier des Tages auch noch einen kleinen Camembert dazu, setzte mich auf eine Bank und genoss mein Festmahl in der Sonne. Ich entdeckte dann auch das Hôtel de Paris, vor dem schick gekleidete Leute mit ihren Luxuskarossen vorfuhren. Manche wurden chauffiert, einige nahmen auf der wunderschönen Terrasse Platz.

Ich war sicher, wenn ich nur jeden Tag herkäme, könnte ich vielleicht das Glück haben, Brigitte Bardot zu Gesicht zu bekommen. Während ich so vor mich hin träumte, sah ich etwas weiter weg wieder die beiden Jungs vom Campingplatz.

Oh je, nicht dass die mich hier sehen, dachte ich und machte mich schnell wieder auf den Rückweg zu meinem Zelt. Ich konnte nicht anders und nahm mir von den Tomatenstauden noch schnell einen kleinen Vorrat mit. Die nächsten Tage verbrachte ich häufig am Strand unmittelbar an unserem Campingplatz und lernte dort ein paar Jungs aus Schleswig kennen, denen ich mich ein wenig anschloss.

Denn so fühlte ich mich auch etwas sicherer als ganz allein. Wir gingen schwimmen, quatschten viel, aßen auch mal gemeinsam, und abends zogen wir zusammen los in den Hafen von Saint-Tropez. Ich hatte echt Spaß mit ihnen.

Natürlich meldete ich mich auch immer mal wieder bei meinen Eltern. Die urlaubten gerade selbst auf Sylt und meinten, ich solle doch auch dorthin kommen. Das wollte ich aber nicht, denn mir gefiel es hier so gut. Es verging eigentlich kein Tag, an dem ich nicht im Hafen war. Ich konnte dort stundenlang sitzen und beobachtete dabei die ein- und ausfahrenden Jachten. Häufig waren auch die zigarrenförmigen Rennboote mit einem

Affenzahn in der Ferne zu sehen. Ich konnte den ganzen Tag hier verbringen und nur gucken. Luxusautos, Jachten und hübsche Mädchen ... toll! Aber ein Mädchen anzusprechen, das traute ich mich nicht. Dafür war ich viel zu schüchtern. Ich saß lieber nur da, guckte und genoss.

Dann kam der Tag der Tage. Ich saß mal wieder am Hafen, den Blick auf das Hôtel de Paris gerichtet, und bemerkte, dass sich dieses Mal eine Menschentraube vor der abgezäunten Terrasse des Hotels gebildet hatte. Da musste also irgendwer Interessantes sein. Also ging ich neugierig hin und schlängelte mich durch die Menschenmenge bis an den Zaun der Hotelterrasse. Wie vom Blitz getroffen erstarrte ich. SIE saß da! Brigitte Bardot! Sommerlich gekleidet und mit einem aufregendem Dekolleté! Jeder schaute sie an. Fotografen stritten sich um die besten Bilder. Es artete in ein ziemliches Gedrängel aus, bis ihre Security-Leute sie auf eine der Luxusjachten geleiteten. Die Jacht legte kurz darauf ab, und ich schaute ihr noch lange hinterher.

Nun hatte sich meine Reise wirklich gelohnt! Ich hatte jetzt viel zu erzählen. Dies tat ich dann auch sogleich aus der nächsten Telefonzelle per R-Gespräch mit meinen Eltern. Meine Ferienzeit neigte sich leider ihrem Ende entgegen, und mein Geld wurde auch knapper als gedacht. Meine Eltern schlugen vor, mir noch etwas Geld für ein Rückreiseticket mit der Bahn zu senden, damit ich auch garantiert heil und sicher wieder nach Hause kommen würde. Ich solle aber bitte direkt von Flensburg nach Sylt weiterfahren, denn sie wollten gerne noch einige Tage dort zusammen mit mir verbringen, bevor der Alltag für uns alle wieder startete.

Aufgrund meiner Erfahrung mit dem französischen Mercedes-Fahrer und den beiden Typen vom Campingplatz nahm ich ihren Vorschlag diesmal dankend an. Nachdem ich das Geld erhalten hatte, fuhr ich mit dem Bus nach Nizza zum Bahnhof. Dort kaufte ich mir ein Bahnticket bis Flensburg.

Die Fahrt dauerte anderthalb Tage und war mit einigem Umsteigen verbunden. Erst spät in der Nacht kam ich in Flensburg an, somit war eine sofortige Weiterfahrt nach Sylt nicht möglich, und ich musste die Nacht noch am Flensburger Bahnhof verbringen. Leider gab es dort keine Bahnhofsmission. Irgendwann entdeckte ich aber einen großen Busch, welcher genug Platz unter den Ästen hatte. Unter diesem Busch würde man mich nicht so schnell entdecken. Ich legte mich samt meinem Gepäck darunter, um ungestört etwas schlafen zu können.

Nach ein paar Stunden wachte ich durch ein Geraschel neben mir im Busch auf. Erst dachte ich, man wollte mich beklauen, aber dem war zum Glück nicht so. Ich bemerkte aber schnell aufgrund des strengen Geruchs den wahren Grund dieses Raschelns. Jemand erledigte gerade direkt neben mir, ohne mich zu bemerken, seine Notdurft. Ich verhielt mich ganz ruhig. Dann verließ die Person zwar meinen Schlafplatz, aber ich wechselte dann doch lieber die Seite des Busches. Meine weißen Klamotten waren mittlerweile allesamt grau. Und in diesem Aufzug fuhr ich am nächsten Morgen mit dem ersten Zug nach Westerland. Am Bahnhof empfing mich mit offenem Mund und aufgerissenen Augen mein Vater. »So dünn und so dreckig habe ich dich noch nie gesehen, mein Sohn! Du siehst ja aus wie ein Oberpenner. Aber schön, dass du ansonsten wieder wohlbehalten da bist.«

Im Hotel wartete dann meine Mutter freudig auf meine Ankunft. Auch sie meinte, ich sei aber ziemlich schlank geworden. »Und ein ordentliches Bad scheint dir auch gutzutun.« Freudig stieg ich erst einmal in die Badewanne, anschließend schlüpfte ich in die frische Kleidung, die meine Mutter mir von zu Hause mitgebracht hatte. Ich fühlte mich wie neugeboren. Es war schon schön, wieder bei meinen Eltern zu sein. Beim Abendessen erzählte ich ihnen ausgiebig von meinen Erlebnissen.

Ich brauch´ne Band!

(Aus dem Album »Bloß nichts versäumen«, 1980)

Inzwischen schreiben wir das Jahr 1966 (Mann, ist das lange her), und ich war heiß auf eine Musikkarriere. Also bewarb ich mich bei den überall aufkommenden Talentwettbewerben, heute würde man »Casting-Shows« dazu sagen. Und ich hatte Glück! Ich durfte beim »Beat-Band-Ball« in der Kieler Ostseehalle antreten – diesmal nur meine Gitarre und ich, keine Band. Ob ich stolz war? Ich platzte fast vor Freude.

Gut, diese Freude bekam einen kleinen Dämpfer, weil nicht ich gewann, sondern eine Band aus Schleswig-Holstein, die in der Szene schon recht bekannt war und etliche Fans hatte – Chimes of Freedom.

Drei super Musiker, deren Repertoire dem Zeitgeist entsprechend eher etwas anstrengend war und sich an Bob Dylan und den Byrds orientierte und nicht wie ich an den Beatles oder den Beach Boys.

Worum ich sie aber echt beneidete, war die Tatsache, dass mit dem Gewinn dieses Wettbewerbs auch ein echter und wahrhaftiger Vertrag mit einer Plattenfirma verbunden war. Richtig in einem professionellen Studio arbeiten zu dürfen und anschließend auch noch eine echte Vinylplatte in den Händen zu halten, die dann in Läden käuflich erwerbbar sein würde. Das musste der Himmel sein!

Die glücklichen Gewinner waren Enrico Lombardi (der hieß wirklich so, kein Künstlername, ein waschechter Italiener mit blonden Haaren, spielte Klavier und Bass), Gerd Müller (nicht der Fußballer, ein super Gitarrist) und Bernd Scheffler (als Drummer war er der Dritte im Bunde). Komisch war nur, dass die drei so wirklich glücklich gar nicht wirkten, als wir uns anschließend noch auf ein Getränk zusammensetzten. Den Grund erfuhr ich schnell – die Firma wollte, dass sie ihren musikalischen Stil etwas ändern und kommerzieller werden sollten, was besonders Bernd nicht wirklich behagte. Aber das war genau mein Thema! Ich versuchte ihnen klarzumachen, dass sie dafür UNBEDINGT noch einen weiteren Gitarristen und Sänger benötigen würden, und – welch ein Zufall! – ich hätte da auch einen Vorschlag ...

Und so wurde ich Ende 1966 Mitglied bei Chimes of Freedom. Wir arbeiteten an neuen Songs, die durch unseren vierstimmigen Satzgesang noch interessanter und dadurch noch kommerzieller wirkten, sich aber doch vom lauten Beat der damaligen Szene absetzen sollten. Es gab immer wieder Diskussionen vor allem mit Bernd, der alles zu Kommerzielle rundheraus ablehnte. Aber mit unserer Spielfreude und dem super aufeinander abgestimmten Gesang hatten wir uns sehr bald beim Publikum einen Namen gemacht, auch wenn bei der Mehrheit eher Bands aus England oder den USA angesagt waren und nicht so sehr solche aus Deutschland. Die Charts wurden damals angeführt von »Yellow Submarine« von den Beatles und allein acht Wochen von »Bend It« mit Dave Dee, Dozy, Beaky, Mick & Tich, vielleicht erinnert ihr euch daran.

Natürlich gab es Ausnahmen – The Rattles mit Achim Reichel oder auch The Lords aus Berlin mit ihrem »Gloryland«. Der Manager dieser Lords sah uns bei einem Auftritt und setzte uns den Floh ins Ohr, dass eine deutsche Band auch einen deutschen Namen braucht, selbst wenn sie auf Englisch singt (das war damals so üblich). So wurden aus den Chimes of Freedom einige Zeit später Die Anderen.

Wir bekamen einen Kontakt (von wem, weiß ich nicht mehr genau) zu der seinerzeit größten deutschen Plattenfirma, der Ariola in München. Damals war dort alles, was in der deutschen Musikszene Rang und Namen hatte, unter Vertrag. Und wir nun auch! Unser Ansprechpartner war ein aus Tirol stammender junger Musikproduzent, dessen Weltkarriere zu diesem Zeitpunkt niemand erahnen konnte – Giorgio Moroder.

Er erfand später den »Munich Sound« und machte nicht nur Donna Summer zu einem Star. Ein ganz Großer in der Musikbranche! Und noch ein sehr wichtiger Mann der Szene hat schon zu dieser Zeit für uns produziert: Ralph Siegel. (Im Zuge dieser Zusammenarbeit entstand 1968 die LP »Kannibal Komix«.)

Wir waren also nun »unter Vertrag«, und das sprach sich herum. So machte uns zum Beispiel einmal ein junger Berliner Produzent das Angebot, uns künftig zu produzieren und auch für uns zu schreiben. Ich fand das

super, denn dieser junge Mann war bereits sehr erfolgreich und hatte eindeutig bewiesen, dass er es draufhatte.

Ich sah uns schon mit einer »Goldenen Schallplatte« ...
Aber zu früh gefreut. Bernd lehnte diesen Musikpro-
duzenten komplett ab. Er sei viel zu kommerziell! – Ja,
genau das war es doch, was wir eigentlich wollten. Aber
der Deal kam nie zustande. Dumm gelaufen, denn das
Angebot kam von Drafi Deutscher. Tja, weine nicht,
wenn der Regen fällt ...

Aber zum Trübsalblasen hatten wir nicht lange Zeit,
denn wir bekamen kurz darauf das Angebot, in einer
großen Talentshow des ZDF mitzumachen – der »Show-
Chance« im Jahr 1967. Prime Time! Vor einem Millio-
nenpublikum. Dazu mussten wir uns etwas ganz Besonderes einfallen lassen. Und dieser Einfall kam von
Enrico. Er entwarf so etwas wie eine neue Banduniform,
ganz im Stil der damaligen Mode. Leider gibt es davon
noch Fotos – knallgelbe Jacken, tiefschwarze Kniebundhosen und weiße, lange Strümpfe. Dafür hatte sich die
Erfindung des Farbfernsehens echt gelohnt!

Vielleicht war die Jury anschließend farbenblind, aber
zumindest war sie nicht taub, denn wir siegten haus-
hoch. »I've got Rhythm« – nein, *wir* hatten den Rhythmus und siegten in der Kategorie »Gesangsgruppen«.
Yeah!

Und auch die Ariola ließ sich nun nicht lumpen und
verschaffte uns danach einen Produktionstermin im
Mekka des Musikbusiness. Nein, nicht mehr Kiel und
Schleswig-Holstein – wir zogen ein im Mutterland des
Beats und in die Pye Studios in London! Der schottische
Arrangeur und Dirigent Nick Welsh, später auch be-

kannt als »King Hammond«, leitete ein großes Orchester, Gerd und Enrico hatten wunderbare neue Songs dafür geschrieben, zum Beispiel »Sardegna« – ein Titel, der später Filmkarriere machte. Dazu erzähle ich gleich noch etwas.

Wir waren die mit Pop-London Gesalbten, und wir waren großartig! – Fanden zumindest wir. Alle anderen fanden uns irgendwie ... anders. Das sollte ja auch so sein, und doch waren wir auch irgendwie Mainstream. Schließlich hofften wir ja, Geld zu verdienen, dafür hatte mich die Band zu ihrem »Manager« gemacht – ich war zuständig für Verträge und Kohle, quasi der Finanzminister. Das wiederum brachte manche Konflikte mit Bernd mit sich, der alles wollte – nur eben keinen Mainstream. Wir waren ja Die Anderen.

Dieses Image pflegten wir. Wir legten uns einen Tourbus zu, den wir mit Gardinen und Teppichboden ausstatteten und Heinz-Herrmann nannten, warum auch immer. Damals fanden wir das lustig – und eben anders. Wir spielten uns die Finger wund, und Heinz-Herrmann wurde unsere zweite Heimat. Wir traten überall auf, wo man uns hören wollte oder auch nicht, aber das gehört dazu.

Dafür hörten uns auch Menschen, von denen wir es nie vermutet hätten. Hans-Jürgen Syberberg zum Beispiel, ein mehrfach preisgekrönter Filmregisseur, dessen Filme über König Ludwig, Karl May oder Richard Wagner große cineastische Erfolge waren.

Bernd knüpfte einen Kontakt, wir spielten ihm unplugged vor, denn Bernd fand, dass Gerds »Sardegna« die passende Musik für ihn wäre, weil er für seinen Arthouse-Film »Wieviel Erde braucht der Mensch?« noch auf der Suche nach einem Titelsong war.

Als er diesen Song von uns hörte, war seine Suche beendet. Er nahm unseren Titel. Ich sage ja: großartig! – Es gab allerdings auch ein paar andere Filme, doch dazu an anderer Stelle mehr.

Ein wichtiger Meilenstein in der Karriere der Anderen war die bereits erwähnte LP »Kannibal Komix«, die 1968 auf den Markt kam. Diese LP bekam der US-Filmemacher George Moorse, der in München lebte, in die Hände. Scheinbar gefiel ihm die Musik auf unserer LP so gut, dass er sie als Soundtrack für seinen Gespensterfilm »Das Haus in Weiß« einsetzte, der an die »Magical Mystery Tour« der Beatles erinnerte.

Das ZDF drehte ein Kulturfeature »Zwischen Beat und Bach« – und wir waren dabei. Und in der ZDF-Show »Für jeden etwas Musik« traten wir mit einem großen Sinfonieorchester auf und spielten einen Song als Bearbeitung von einer Wagner-Arie aus den »Meistersinger von Nürnberg«. Also mehr anders geht wirklich nicht.

In Kiel waren wir inzwischen weltberühmt, nicht nur in den Musikgeschäften hingen Plakate mit Die Anderen. Wir aber hatten das Gefühl, das man aus Westernfilmen kennt: »Die Stadt ist zu klein für uns« – und so zogen wir nach Hamburg. Heute würde man sagen in eine »WG«, damals war das dann schon eine »Kommune«, drunter machten wir es nicht. Wir fanden ein Haus in Niendorf, Enrico wohnte im Dachgeschoss, Bernd und ich im ersten Stock und Gerd mit seiner Lebensabschnittsgefährtin (und Ehefrau) Ingrid im Erdgeschoss. So musste ein Künstlerleben sein.

Und dann kam ein Abend, nach dem wirklich alles ganz anders wurde. Ein paar amerikanische Produzenten wurden auf die sich entwickelnde Musikszene in Deutschland aufmerksam und wollten eventuell Bands unter Vertrag nehmen. Dazu organisierten sie ein Casting in der damals angesagtesten Musikkneipe Deutschlands, dem »Star-Club« auf der Großen Freiheit in Hamburg St. Pauli, in dem auch die Beatles ihre Karriere begonnen hatten.

Und wir waren dabei. Übrigens auch der oben schon erwähnte Kollege Achim Reichel, der inzwischen aber nicht mehr bei The Rattles war, sondern mit Wonderland eine neue Gruppe gegründet hatte, die ausgerechnet und für uns unpassenderweise zu dem Zeitpunkt mit »Moscow« einen Erfolg in den Charts vorweisen konnte. Wir rechneten uns daher eigentlich keine großen Chancen aus, aber kneifen gab es nicht.

Wonderland hatte nicht nur einen sehr guten Keyboarder mit englischen Wurzeln, der auf den klangvollen Namen Les Humphries hörte und die Amis beeindruckte, sondern die Band hatte auch einen bombastischen Sound und einen bombastischen Bühnenaufbau, dagegen wirkten wir wie eine Provinzband aus Schleswig-Holstein. Ach ja, das waren wir ja eigentlich auch.

Aber wir kämpften.

Und sangen.

Und wir gewannen! – Amerika, wir kommen!

Aber leider konnten sich selbst die kreativsten amerikanischen Köpfe nicht vorstellen, dass eine Band mit dem Namen Die Anderen in den USA Begeisterung auslösen konnte. Also musste schon wieder ein neuer Name her, und die Wahl fiel auf Apocalypse. Das hätte uns damals stutzig machen müssen, aber wer glaubt schon an böse Omen ...

Wir nicht, wir legten mit Begeisterung los, neue Songs wurden geschrieben und dem amerikanischen Markt angepasst. Giorgio Moroder produzierte mit großem Orchester, mit Big Bands und Chören – Les Humphries schrieb uns die englischen Texte, und großartige Arrangeure mixten Klassik, gregorianische Gesänge und Jazzelemente in unsere Musik. Jetzt klangen wir zwar komplett anders, waren aber eben die Apocalypse.

Und genau die kam dann auch. Denn noch bevor das amerikanische Publikum lernen konnte, wer sich hinter der Band Apocalypse verbarg und was diese Gruppe auszeichnete, ging unsere Plattenfirma Colossus, die damals für die Vermarktung unserer Songs in den USA zuständig war, in Konkurs, und vorbei war es mit dem Traum von der USA-Karriere, die Devise hieß stattdessen: »Zurück nach Deutschland!«

Nur hatte sich unsere Musik eben inzwischen, wie beschrieben, verändert, und unsere letzten Aufnahmen verstaubten unter Apocalypse in den Regalen, denn in Deutschland kannte uns ja niemand unter dem Namen. Außerdem konnten wir nicht mehr einfach unsere Songs wie bisher zu viert spielen – wir hätten immer ein Orchester und Chöre gebraucht –, und wer konnte das schon bezahlen? Damals gab es ja auch nicht die technische Möglichkeit mit vorgefertigter Playbackunterstützung vom Band aufzutreten. Und in keinem Fall wollten wir mit abgespeckten Versionen unser

Publikum betrügen, das wäre Verrat an unserer Musik gewesen. Die Deutschen hörten Heintje, der seit Wochen die Hitparaden beherrschte, emotionale Texte statt purem Rhythmus.

Mir kam die Idee, einfach auf eigene Faust bei der Polydor in Hamburg vorstellig zu werden. Von dieser Idee erzählte ich unserem Drummer Bernd Scheffler. Der hielt mich für verrückt und meinte, wir würden da doch bestimmt keinen Fuß in die Tür bekommen. Ich ließ mich davon aber nicht abbringen, ganz im Gegenteil. Seine Skepsis stachelte mich erst recht an.

Ich sagte zu Bernd, er brauche nur ein paar schrille Sachen anzuziehen und mich zu begleiten. Alles andere sollte er mir überlassen. Gleich am nächsten Vormittag, in der Hoffnung, dass der Chef von Polydor in der Firma sein würde, begann ich mit der Umsetzung. Ich zog einen zweifelsohne sehr auffallenden lilafarbenen Anzug an, den ich in London erstanden hatte. Damit sah ich aus wie ein englischer Popstar. Fand ich zumindest. Bernd war ebenfalls sehr wild gekleidet und sah aus wie ein ausgeflippter Rockstar. So marschierten wir direkt ins Hauptportal der Polydor in Hamburg am Glockengießerwall.

Am Empfang fragte uns der Pförtner, mit wem wir denn verabredet wären? Ich antwortete ganz schnell und selbstbewusst: »Mit Herrn Drechsler.« (Damals Chef von Polydor.) »Wir sind verabredet.« (Notlüge!) »Sagen Sie mir doch bitte schnell, wo ich ihn finde.«

Und tatsächlich bekam ich eine Antwort: »Treppe hoch, gleich erste Tür! Ich melde Sie schon mal telefonisch an.«

»Nein, nein, das brauchen Sie nicht, er weiß schon Bescheid!«, entgegnete ich schnell, um bloß nicht aufgehalten zu werden. Und war schon halb auf der Treppe. Oben angekommen klopfte ich an die Tür mit der Aufschrift »Sekretariat Ossi Drechsler«. Es folgte ein sehr höfliches »Ja bitte?« Ich öffnete die Tür und sah direkt in das Gesicht der hinter dem Schreibtisch sitzenden Sekretärin, die fragte, mit wem wir denn verabredet wären. Ich brauchte zum Glück gar nicht zu antworten, denn genau in diesem Moment ging rechts von ihrem Schreibtisch die Tür auf. Ossi Drechsler höchstpersönlich stand direkt vor uns. Er schaute uns fragend an und wollte wissen, wer wir denn seien, und bevor die Sekretärin mir ins Wort fallen konnte, erwiderte ich postwendend: »Wir sind heute nur zu zweit hier, sind aber insgesamt vier Sänger einer Popgruppe und würden Ihnen gerne unbedingt a cappella etwas vorsingen. Hätten Sie bitte einen Termin für uns?«

Seine Sekretärin, übrigens keine Geringere als Ragnhild (»Hildchen«) Heck (später Ehefrau von Dieter Thomas Heck), guckte uns verwundert an. Herr Drechsler wies sie dann tatsächlich an, uns bald einen Termin zu geben. Geschafft! Das hätte mir keiner zugetraut. Klar war das noch kein Plattenvertrag, aber immerhin hatten wir einen Termin. Und so erschienen wir kurze Zeit später, zu viert, bei Herrn Drechsler im Büro. Wir sangen den Song »The Autumn Leaves«. Bei der Hälfte des Songs rief er plötzlich laut: »Stopp, genügt!« Wir waren überrascht und dachten: Das war es jetzt, wir können einpacken und gehen. Aber nein, er sagte zu unser aller Überraschung: »Ihr seid gut! Richtig gut. Wir nehmen euch! Ihr habt einen Deal.« Wir haben uns so sehr gefreut. Am liebsten hätten wir ganz Hamburg umarmt. Die Anderen waren wieder da! Schon bald hatten wir wieder unsere ersten Buchungen.

Hierzu fällt mir noch ein prägendes Erlebnis ein: Wir, Die Anderen, bekamen eines Tages das Angebot, eine Woche auf einem Flusskreuzfahrtschiff mitzufahren, um jeden Abend dort als Band für circa eine halbe Stunde aufzutreten. Wir waren überrascht über diese Anfrage, freuten uns aber sehr, dass man überhaupt Interesse an uns hatte. Selbstverständlich konnten wir so ein Angebot nicht ausschlagen. Es stellte sich heraus, dass der damals sehr bekannte und beliebte Schweizer Schlagersänger und Showmaster Vico Torriani auch dabei war und die Schiffstour letztlich eine Vico-Torriani-Fankreuzfahrt war.

Wir waren uns eigentlich sicher, dass auf dem Schiff somit ja nur Schlagerfans sein werden, welche mit unserer Musik wahrscheinlich nicht viel anfangen konnten, und hatten ehrlich gesagt auch ein wenig Angst vor den Auftritten. Wie würden die Fans von Vico Torriani auf uns reagieren? Würden sie uns überhaupt hören wollen? Oder würden sie uns gar auspfeifen? Egal, da mussten wir jetzt durch. Wann bekommt man schon so ein Angebot!

Wir sagten selbstverständlich zu und reisten nach Basel, wo das Schiff lag und dann Richtung Rotterdam ablegen sollte. Als wir auf das Schiff geführt wurden, begrüßte uns ein sehr höflicher und gut gekleideter Herr.

Es war Vico Torriani höchstpersönlich, der uns hier in Empfang nahm. Unsere ganze Gruppe war von der

offenen Herzlichkeit dieses Mannes ausgesprochen angetan. Wir freuten uns sehr, so freundlich empfangen
zu werden. Herr Torriani zeigte uns gleich das Schiff
und natürlich die Bühne, auf welcher wir schon in zwei
Stunden proben könnten. Wir machten uns schnell in
unseren Kabinen frisch und gingen aufgeregt zur Probe.
Auch Vico Torriani war anwesend, schließlich wollte er
hören und sehen, was wir seinen Fans bieten würden.

Unsere Aufregung steigerte sich, und wir begannen,
unser übliches Programm zu spielen. Als wir fertig
waren, applaudierte er. Wir waren unsicher. Meinte er
das wirklich ernst, oder tat er es nur aus Höflichkeit?
Wir trauten uns schließlich, ihm zu erzählen, dass wir
unsicher seien, ob das Publikum unsere Musik mögen
würde. Es seien ja Schlagerfans, die eigens wegen Vico
Torriani diese Reise gebucht hätten.

Erstaunlicherweise beruhigte uns Vico: »Jungs, macht
euch keine Sorgen, ihr macht das großartig. Spielt einfach so wie immer, und ich verspreche euch, das Publikum wird euch lieben!« Wir hofften, dass er recht haben
würde, und fieberten unserem Auftritt am Abend entgegen. Es war unglaublich, Vico ging auf die Bühne und
verkaufte uns seinen Fans wie Weltstars! Er moderierte
uns großartig an. Die Leute feierten uns bereits nach unseren ersten Songs. Wir waren so erleichtert und glücklich. Dieser Mann hatte es fertiggebracht, sein Publikum,
das ja eigentlich Schlagermusik liebte, auch für unsere
Musik zu begeistern. Wir waren völlig von den Socken
und hatten größte Ehrfurcht vor diesem Showtalent.

Vico Torriani war ein unterhaltsamer und vor allen
Dingen warmherziger Mann, welcher dazu auch noch

sehr gut kochen konnte. Gleich am ersten Abend nach unserer Show führte er uns in die Schiffsküche und begann einfach zu kochen, während er mit uns redete. Er kochte für uns alle und erzählte dabei seine Geschichten. Dieser Mann war ein ganz Großer, wir hatten höchsten Respekt vor ihm und seinem Erfolg. Seine Einladung zum Essen nahmen wir sehr gerne an. Es schmeckte fantastisch, und wir hatten einen sehr netten und unterhaltsamen Abend. Auch die nächsten Abende ließ er es sich nicht nehmen, für uns zu kochen, und verriet uns, dass er schon lange ein Fan von Die Anderen sei. Das machte uns Mut weiterzumachen. Wir waren richtig traurig, als die Reise zu Ende ging und wir unser Ziel in Rotterdam erreicht hatten.

Die Anderen waren zugegebenermaßen mit Vorurteilen an Bord gegangen, ein ganz besonderer Mensch aber hatte es geschafft, dass wir während dieser Reise unsere Vorurteile schließlich über Bord geworfen haben. Er hat uns gelehrt, die Menschen einfach so zu nehmen, wie sie sind. Egal welche Musik, egal welche Vorliebe, egal welche Farbe ... Am Ende sind wir doch alle gleich.

Seitdem waren Die Anderen die größten Vico-Toriani-Fans!

Die alten Konflikte brachen allerdings einige Zeit später doch wieder auf – Kunst gegen Kommerz, Selbstverwirklichung oder Fremdbestimmung? Das war bei uns nicht anders als bei vielen anderen Bands, und leider endete es auch genau wie bei unseren großen Vorbildern, den Beatles sowie Abba, oder bei vielen weniger bekannten Formationen. Das Ende kam schneller als erwartet.

Gut zwei Jahre nach unserem Treffen in der Ostseehalle hatten wir am 28. Dezember 1968 wieder ein Konzert in Kiel. Und auch wenn es damals niemand ahnte – das wurde der letzte Auftritt von Die Anderen. Nach dem Auftritt verließ Bernd nicht nur sofort die Bühne, sondern auch gleich die Band – und Die Anderen waren Geschichte.

Schade, denn eigentlich waren Die Anderen nicht nur anders, sondern auch besonders. Ein deutscher Discjockey hatte mir damals geschrieben: »Endlich! Endlich wieder eine deutsche Gruppe mit internationalem Format. Toi, toi, toi!« – Aber wie bei vielen Bands waren es eben interne Reibereien über die musikalischen Ziele, die letztlich zum Auseinanderbrechen der Gruppe führten.

Jeder ging nun seiner Wege, meine führten (wie viele Wege) nach Rom – aber das ist ein neues Kapitel.

Mama Loo

(Aus dem Album »Glanz und Gloria«, 2007)

Wie schon erwähnt brachte unsere Plattenfirma Die Anderen Ende der Sechziger mit Les Humphries zusammen, der dann sogar unser Produzent wurde. Les war ein bei der britischen Marine ausgebildeter Musiker, ein brillanter Kopf – wie ich finde, ein Genie der Popmusik. Aber auch ein Mann mit vielen Gesichtern – und ich sollte sie alle kennenlernen.

Zuerst der Musiker.

Er hatte ein unglaubliches Gespür für den Zeitgeist und beherrschte nahezu alle musikalischen Stile. Er war ein toller Keyboarder, der plötzlich ein Piano-Solo in eine Chopin-Etüde wechseln ließ und problemlos wieder den Absprung zum Pop schaffte.

Es gab damals eine Plattenfirma mit Namen Europa, die veröffentlichte LPs mit Coverversionen aktueller Hits, die fast genauso klangen wie die Originale, aber deutlich weniger kosteten, weil es eben nicht die Originale waren.

Im Arrangieren dieser »So-tun-als-ob-Songs« war Les ein Meister, und er hat damit viel Geld verdient.

Übrigens stammt von ihm auch die Titelmusik zu der über viele Jahre national und international erfolgreichen ZDF-Krimiserie »Derrick« – ich sagte ja, ein Mann mit vielen Qualitäten.

1969 eroberten die Edwin Hawkins Singers mit »Oh Happy Day« die internationalen Charts, und plötzlich war Gospelmusik der neue Bringer. Les hatte die Idee, ein Album zu machen, auf dem Traditionals wie »We Are Goin' Down Jordan« oder »Michael« ebenso zu finden waren wie neue Titel und auch solche, die so klangen als ob.

Eines Tages rief er mich an und spielte mir ein Lied vor, das ging so: »Ma-Ma-Ma-Mamamama Loo«. Ich sagte zu ihm, dass das aber verdammt nach »Barbara Ann« von den Beach Boys klänge und dass er da sicher Ärger bekäme. Da sagte er zu mir, und das vergesse ich nie: »Ich teile lieber und bekomme 50 Prozent von einem Nummer-1-Hit als 100 Prozent von nichts.« Und da hatte er absolut recht.

Ich sagte ihm allerdings voraus, dass er wohl in Deutschland dafür kaum einen Partner finden würde, und genau so war es. Wo er diese Nummer auch vorstellte, überall gab es für ihn eine Absage.

Einige Monate später klingelte erneut mein Telefon, und Les war dran. »Was machst du am Sonntag?« Ich hatte noch nichts vor. »Dann komm nach Amsterdam. Wir haben Gold!« Ich fragte erstaunt, was denn da »Gold« hätte, und erfuhr, dass das erste Album der Les Humphries Singers und die Single »To My Father's House« seit Wochen Nummer 1 in den Niederlanden war und dass »Mama Loo« ein echter Knaller sei. Das Dumme war nur, dass es die Les Humphries Singers gar nicht gab. Die LP war eine reine Studioproduktion mit ein paar zufällig zusammengemischten Backgroundsängern.

Kurz darauf kam eine erneute Nachfrage von ihm: »Ist eigentlich deine Freundin auch da?« Ich bejahte. »Sie soll mitkommen!« Ich erwiderte, dass sie aber Model sei und keine Sängerin. *»She only has to open her mouth and to look pretty«* – sie solle nur den Mund auf- und zumachen und gut aussehen, denn die Musik kam ja ohnehin vom Band.

So wurde ich Mitglied der Les-Humphries-Singers, und Les rief an dem Tag noch ein paar andere ihm bekannte Sängerinnen und Sänger an, die sich dann alle in Amsterdam trafen. Wieder einer dieser Zufälle, die ich am Anfang erwähnte. Es war nicht geplant, nein, es ist einfach so passiert.

Das war der Start für eine unglaubliche Karriere: Innerhalb von knapp sechs Jahren verkauften wir insgesamt über achtundvierzig Millionen Schallplatten – eine immense Zahl! Und unsere Tourneen waren immer ausverkauft, aber nicht nur das, wir bekamen auch vom Feuilleton gute Kritiken. So erinnerten den Kritiker der Nürnberger Nachrichten die »Sänger und Zuhörer an eine Lottogemeinschaft nach fünf Richtigen mit Zusatzzahl«. Und das Neue Blatt gab uns den Spitznamen »die singende UNO«. Ich hatte übrigens besonderen Spaß an meinem Soloauftritt mit »Send Me No More Letters«.

Zu dem Song habe ich dann auch einen deutschen Text verfasst, und »Schreib mir keine Briefe« kam später sogar als Single heraus, natürlich arrangiert von Les Humphries – Ehrensache!

1976 nahmen wir dann am »Eurovision Song Contest« teil, der damals noch »Grand Prix Eurovision de la Chanson« hieß. Ralph Siegel hatte (mal wieder) das Teilnehmerlied geschrieben, das auf den klangvollen Titel »Sing Sang Song« hörte. Wir landeten auf Platz fünfzehn von achtzehn Teilnehmern, und das rigorose Statut des Grand Prix tat neben dem einfallslosen Titel das Übrige. Wir waren im Normalfall etwa zwölf bis achtzehn Mitglieder im Chor, es durften in Den Haag aber nur sechs Leute auf die Bühne. Und Les, der uns immer am Piano begleitete, musste vom Orchestergraben aus dirigieren.

Die Humphries Singers standen für Party, gute Laune, Fröhlichkeit – und plötzlich war damals alles nur noch Reglement und Steifheit, das passte einfach nicht zusammen. Heute wäre das etwas anderes, der ESC ist bunt und vielfältig, damals war er eher uniform und (nun ja) einfältig. Gewonnen hat übrigens das britische Quartett Brotherhood of Man mit dem Titel »Save Your Kisses For Me«.

Und dieser Auftritt beim ESC war der Anfang vom Ende der Gruppe. Bald darauf musste Les über Nacht Deutschland verlassen, weil er enorme Steuerschulden hatte. Er hat unser Land erst nach der Verjährung dieser Schulden Anfang der Neunziger wieder betreten.

Eine erste Reunion gab es dann 1991, das funktionierte noch einmal prächtig, wir waren zu Gast bei »Wetten, dass..?«, und die Singers traten damals als Vorgruppe der Tournee von Howard Carpendale auf. Aber irgendwie war die Luft raus, der Musikgeschmack ein anderer geworden, und schon 1993 war wieder Schluss.

Aber ich merke, ich schweife mal wieder ab, wir waren

ja bei den vielen Gesichtern von Les Humphries. Also: Les konnte unglaublich autoritär sein.

Es war »sein« Name, wir waren »seine« Gruppe, er war *the brain,* und sein Wort galt. Punkt. Nun waren wir eben kein gewachsener Chor, sondern eine willkürlich zusammengewürfelte Truppe aus lauter Solisten, und ein alter Musikerspruch lautet: »Viele gute Solisten bilden noch kein gutes Orchester.«

Und da ist etwas dran, denn eigenwillige Künstlerpersönlichkeiten ordnen sich ungern unter. Deshalb hatte die Gruppe auch eine unglaubliche Fluktuation. Man wusste manchmal vor einem Auftritt nicht genau, wer denn dieses Mal dabei sein würde, die Zahl schwankte stark, und nicht immer kannte man jeden oder jede der Mitwirkenden. Aber es waren wirklich super Musiker mit von der Partie.

Neben mir am Mikro war John Lawton, ein Mann mit einer unglaublichen Stimme, der auch das Solo auf »Mama Loo« mit dieser wahnsinnig hohen Stelle singt. Er wurde später der Leadsänger von Uriah Heep.

Oder Liz Mitchell, die später die Stimme von Boney M. wurde. »Rivers of Babylon« ist nach wie vor All-Time-Hit in Deutschland.

Dabei war auch Henner Hoier, ein schon zu der Zeit in Norddeutschland bekannter Solist, der auch in etlichen Bands sein Können unter Beweis gestellt hatte.

Christopher Yim, ein lebendiges Gummiband, wirbelte über die Bühne und zeigte dabei rasante und oft sehr lustige Kung-Fu-Choreografien.

Und nicht zuletzt Jimmy Bilsbury, Co-Autor und Arrangeur vieler unserer Songs. Les und er haben sich gebraucht und gehasst, was leider auch dazu führte, dass Jimmy den Kampf mit dem Alkohol aufnahm und verlor.

All diese Persönlichkeiten versuchte Les mit Druck zusammenzuhalten. So haben wir zum Beispiel eine Werbekampagne für einen großen Uhrenhersteller gemacht. Die Chormitglieder bekamen jeder eine Uhr, das große Honorar ging an Les Humphries. Kein Wunder, dass es immer wieder Streit und Zoff gab. Wir standen mit unserer wilden Mischung für Völkerverbindung, wir standen für »Hair« – also die Auflehnung gegen das Althergebrachte. Aber Les stand hauptsächlich für das Geschäftliche. Heute wissen wir, warum wir so häufig in der Schweiz und in Liechtenstein auftraten. Damals hatten wir davon keine Ahnung.

Und Les konnte sehr jähzornig sein.

Auch dazu kann ich eine Geschichte erzählen: Eines Abends war ich zu Gast bei einem Auftritt von Les mit irgendeiner seiner Gruppen und hörte mir das Konzert an. Hinterher, wie man so plaudert unter Kollegen, gab ich ihm den freundschaftlichen Tipp, doch seine Boxen anders aufzustellen. Sie stünden so, dass er an den Keyboards den Sound nicht so gut hören könne, und dadurch sei er manchmal zu laut. Ein absolut gut gemeinter Ratschlag. Leider übersah ich, dass Les wohl schon mehr als ein Glas getrunken hatte, ich wunderte mich nur, dass die Atmosphäre schlagartig ausgesprochen eisig wurde.

Les bekam einen ganz starren Blick, der mir sofort das Blut in den Adern gefrieren ließ. Plötzlich sah ich, wie er etwas in die Luft warf und wieder auffing, und ehe ich michs versah, hatte er ein Butterflymesser in der

Hand, das er langsam zu meinem Gesicht führte. Ich bekam es wirklich mit der Angst zu tun und versuchte, ihn zu beruhigen.

Er aber zischte mir zu: »*Do never ever again tell me what I have to do, or I'll kill you*« – sag mir nie wieder, was ich zu tun habe, oder ich bringe dich um. Dann drehte er sich um und ging.

Am nächsten Morgen entschuldigte er sich bei mir, es sei wohl doch zu viel Alkohol im Spiel gewesen, aber ich ahnte, dass man gerade dann sehr vorsichtig mit ihm sein musste.

Les hatte einen sehr skurrilen Humor.

In der Anfangszeit hatte er eine Souterrainwohnung in Hamburg-St. Pauli. Eines Tages meinte er, ich solle doch mal vorbeikommen, er hätte da einen super Titel für mich. Klar bin ich zu ihm hin. Da gab es in der Wand im oberen Bereich so ein kleines Fenster, das führte zu einem Lichtschacht, über dem ein Gitterrost war, über das die Leute auf dem Bürgersteig hin und her liefen. Unter diesem Fenster stand sein Fender-E-Piano.

Er sagte zu mir, ich solle mal an das Fenster treten und nach oben schauen. Da stand auf dem Gitterrost eine junge Frau, der man unter den Rock schauen konnte – und sie hatte darunter sonst NICHTS an. Les grinste. »Die habe ich extra für dich bestellt.« Haha, sehr komisch!

Oder ein anderes Beispiel – 1998 rief Les bei verschiedenen Leuten an, gab sich als sein Bruder aus und überbrachte ihnen die Nachricht von Les' vermeintlichem Tod. Viele fielen darauf rein, ich gestehe: Ja, auch ich – und ich machte sogar beim Bayerischen Rundfunk eine

Nachrufsendung auf ihn. Das hat ihm sicher absoluten Spaß gemacht. Dann aber letztlich nicht verhindert, dass er 2007 tatsächlich in England starb. Ich war bei seiner Beerdigung, denn ich verdanke ihm einiges und habe viel bei ihm gelernt.

Les konnte auch extrem freundlich und liebevoll sein – manchmal.

Seine Ehe mit Dunja Rajter hat nicht gehalten, aber er hat sich auch nach der Scheidung immer bemüht, zu ihr und der Familie einen guten Kontakt zu behalten.

Im Jahr 2007 haben sich dann ein paar »Ehemalige« erneut zusammengefunden, um unter dem Namen The Original Singers an Les Humphries und seine Musik zu erinnern, denn viele der Songs machen einfach auch heute noch gute Laune und sind längst zu Evergreens geworden, denken wir nur an »Mexico«. Nach und nach haben sich mehr und mehr Ex-Singers dazugesellt, und seit 2011 gibt es die Gruppe (allerdings ohne mich) wieder unter dem alten Namen. 2012 wurde sogar ein neues Album mit dem Titel »Forever Young« veröffentlicht.

Aber auch ich singe »Mama Loo« noch immer gern auf meinen Konzerten, und meine Fans und ich feiern damit einen genialen Komponisten und Musiker mit all seinen Licht- und Schattenseiten. Danke, Les! Es war eine großartige Zeit!

So wie im Film

(Aus dem Album »Irgendwann – mit dir sofort«, 1990)

Es ist manchmal verrückt, wie die Wege des Lebens verlaufen. Um ein Haar hätte aus mir auch ein Filmschauspieler werden können. Irre, oder? Und dabei kann ich nix dafür, das hat sich so ergeben. Aber von vorn:

Meine Gruppe Die Anderen trat häufig auch im Fernsehen auf, ich erzählte schon davon. Wir waren jung, sahen nicht schlecht aus und kamen an. Das fiel dann auch den Kollegen vom Film auf, denn seit den Sechzigerjahren war der deutsche Kinofilm wieder im Aufwind. Erfolgreich waren die Krimiverfilmungen nach Edgar Wallace, die Karl-May-Verfilmungen und auch die sogenannten »Pauker-Filme«. Und ein Produzent, dessen Namen ich natürlich längst vergessen habe, schlug unsere Gruppe der Firma von Franz Seitz vor, der die Rechte gekauft hatte, um die Pauker-Filme zu produzieren.

Die Vorlage des ersten Films »Zur Hölle mit den Paukern« stammte sogar von einem echten Lehrer, von dem Pädagogen Herbert Rösler (der sie unter dem Pseudonym Alexander Wolf veröffentlichte), und das Buch trug den Untertitel »Memoiren einer Schulzeit«, wobei schließlich sogar der Erfolg des Films den des Buches in den Schatten stellte.

Die offizielle Kritik nahm die Satire »Zur Hölle mit den Paukern« freundlich auf, der NDR nannte sie sogar »wirklichkeitsnah, wie es seit Tucholsky kein deutscher Satiriker mehr fertigbrachte«. Dieser Film machte den jungen Hansi Kraus zum Star. Für mich war aber auch Theo Lingen ein absoluter Star dieser Filme. Er spielte von der ersten Folge an den Oberstudienrat Dr. Taft – hinreißend und wahnsinnig exzentrisch. Ich fand ihn damals super und liebe Theo Lingen noch heute.

Aber auch die übrige Darstellerriege konnte sich sehen lassen, alles schon damals sehr erfolgreiche Künstler. Peter Alexander, Uschi Glas, Günther Schramm, Hannelore Elsner, Georg Thomalla und Gila von Weitershausen gehörten dazu und eben wir – Die Anderen.

Ich empfand das Angebot, in diesem Film mitzuwirken, sofort als Riesenchance für die Band, um unsere Musik zu promoten, und forderte, dass wir mindestens einen Song performen durften, was uns auch zugesagt wurde. Die übrigen Bandmitglieder waren allerdings weniger euphorisch, weil das schließlich so gar nicht unsere Zielgruppe sei und wir uns mit einem komödiantischen deutschen Film völlig falsch »verkaufen« würden. Ich aber redete mir den Mund fusselig, und wir traten schließlich tatsächlich an. Gut, es war nicht Hollywood, aber das konnte ja noch kommen.

Dann kam die Kostümprobe, und da fiel sogar mir nichts mehr ein. Wir wurden in schwarze Kniebundhosen gesteckt und bekamen blütenweiße Rüschenhemden dazu. Kommentar der Kostümbildnerin: »Wie niedlich!« – Gruselig! Wir waren Rockstars, und Rockstars sind vielleicht wild, laut, aggressiv – aber in gar keinem Fall niedlich.

Natürlich standen wir dennoch zu unserem Wort und waren dabei, aber diese Kostüme haben mir meine Bandkollegen lange nicht verziehen. Gut, dass es damals noch kein Facebook oder Instagram gab.

Als kurze Zeit später Die Anderen letztlich dennoch Geschichte wurden, zog es mich nach Rom. Die »Cinecitta« war damals die europäische Antwort auf Hollywood. Viele Schauspielerinnen und Schauspieler, Produzenten und Drehbuchautoren lebten und arbeiteten dort, und ich schaffte es irgendwie, dass ich binnen kurzer Zeit auch in diesen Kreisen Anschluss fand.

Man fragte mich, ob ich nicht in dem Kurzfilm »La notte dei fiore« eine kleine Rolle als Sänger übernehmen wolle, der in einer schönen Nacht ein romantisches Lied zur Gitarre sang. Das klang für mich wie eine machbare Herausforderung, und ich sagte zu. Der Film wurde wahrlich kein Blockbuster, aber dennoch müssen ihn ein paar Leute gesehen haben, denn ich bekam daraufhin eine Einladung zu einem Vorsprechen bei Luchino Visconti, der für seinen Film »Ludwig II« noch nach Darstellern suchte.

Natürlich ging ich hin und … Es wurde nix. Ich war nicht allzu enttäuscht, denn ich hatte mir da ehrlicherweise ohnehin keine großen Hoffnungen gemacht. Aber dieses Casting führte immerhin dazu, dass ich die Bekanntschaft mit dem Hauptdarsteller in Viscontis Film machte, mit Helmut Berger, der ebenfalls in Rom lebte. Bei einem Treffen nahm er mich zur Seite und verriet mir unter dem Mantel der Verschwiegenheit, dass ganz viele Macher hier in Rom unheimlich »auf mich stehen« würden. Wenn ich nur nicht immer so abweisend wäre und ein klein wenig auf diese Männer zugehen würde, dann hätte ich wirklich eine reelle Chance auf eine Karriere beim Film.

Ehrlich, mir ist völlig egal, wer mit wem schläft und warum – das ist allein deren Sache. Und es war kein Geheimnis, dass die sogenannte »Besetzungscouch« nicht nur für junge Frauen reserviert war, sondern dass auch Männer dort »gecastet« wurden. Aber ich fragte mich: Wollte ich das? War es mir das wert? Die Antwort fiel für mich klar und eindeutig aus: Nein!

Ich hatte für mich ein ganz klares Bild vor Augen, wie die Person aussehen müsste, mit der ich mein Leben und mein Bett teilen wollte. Damals hatte diese Vision keinen Namen, heute weiß ich: Sie hieß und heißt Ramona.

Ich lehnte also alle Avancen ab, lernte aber durch Visconti auch dessen Produzenten für den Ludwig-Film kennen, Dieter Geissler. Seine Produktionsfirma »Dieter Geissler Film GmbH« arbeitete in den Siebzigerjahren häufig mit italienischen Partnern zusammen. Sein größter Erfolg war später »Die flambierte Frau«, mit dem Gudrun Landgrebe zum Star wurde, und für die filmische Adaption des Romans »Die unendliche Geschichte« erhielt er 1985 sogar den Bayerischen Filmpreis.

Dieser Dieter Geissler hatte also aus irgendwelchen Gründen einen Narren an mir gefressen und ließ für mich sogar eine Rolle in einen Film hineinschreiben, der

1972 entstand und in Italien »La polizia ringrazia« hieß, auf Deutsch trug er dann den Titel »Das Syndikat«.

Italien in den frühen Siebzigern. Auf den Straßen Roms kämpft ein italienischer Kommissar gegen eine Gruppe von falschen Polizisten, die Exekutionen an freigelassenen Übeltätern durchführen. Zu spät merkt er, dass auch seine Vorgesetzten und führende Politiker Teil der geheimen Feme-Organisation sind. In dieser Situation geschieht ein erneutes Kapitalverbrechen, als bei einem Raubüberfall zwei Menschen erschossen werden, wobei Polizeiwaffen und Polizeiautos in die Verschwörung verwickelt sind. Der Täter (den spielte ich) und sein Komplize entkommen, weil die Polizei nicht auf sie schießt, um sich nicht erneuter Kritik auszusetzen.

Dieser Film wurde in Italien und Frankreich zunächst verboten, aber nachdem er sogar nach England und in die USA verkauft wurde, gab man ihn schließlich in Italien frei, und er war dann dort sehr erfolgreich. Das führte dazu, dass ich oft auf der Straße erkannt wurde, wobei mich viele wegen meines Aussehens für einen Italiener hielten und versuchten, mich in ein Gespräch zu verwickeln. Das hat leider selten funktioniert, denn mein Italienisch für den Text im Film war ja nur auswendig gelernt. Aber ich liebte Rom, hatte sogar eine kleine Wohnung in der Nähe des Kolosseums und fand die Umgebung großartig.

In Deutschland hingegen nahm von dem Film kaum jemand Notiz, obwohl mit Mario Adorf sogar eine prominente deutsche Besetzung vorhanden war.

Aber immerhin – dieser Film verschaffte mir in »Malastrana« (»Das Todessyndrom«), wieder eine Geissler-

Produktion, im selben Jahr gleich noch eine Rolle – erneut an der Seite von Mario Adorf und sogar von Barbara Bach, die 1977 Bond-Girl wurde und später Ringo Starr heiraten sollte.

In diesem Film wird in einem Park in Prag der anscheinend leblose Körper des Journalisten Gregory Moore gefunden und zur Untersuchung ins Leichenschauhaus gebracht. Keiner bemerkt bei den Vorbereitungen für die Obduktion, dass Gregory noch lebt.

In Rückblenden sehen wir, dass er einer ganzen Serie mysteriöser Entführungen auf die Spur gekommen war. Dahinter schien ein satanischer Kult zu stecken, der bei seinen Orgien junge Mädchen opfert. Durch diese Nachforschungen war er jedoch auch den Anhängern des Kults aufgefallen und selbst in Gefahr geraten ...

Zwar war ich dort »nur« als Straßensänger unterwegs, aber immerhin. Meine Filmkarriere nahm Fahrt auf. Und Dieter Geissler bot mir an, dass ich auch in einer Fortsetzung von »Das Syndikat« wieder dabei sein könne, diesmal mit einer noch größeren Rolle. Ich kann nix dafür, die Angebote kamen, ohne dass ich mich aktiv darum beworben hätte. Und ich überlegte tatsächlich ernsthaft, ob ich nicht die Musikkarriere an den Nagel hängen und mir stattdessen eine Zukunft im Filmgeschäft sichern sollte.

Da erreichte mich ein Anruf von Les Humphries, denn die Les Humphries Singers waren inzwischen recht erfolgreich geworden und meine Soloauftritte darin, mit immerhin drei Nummern, waren fester Bestandteil des Programms. Les wollte eine Tournee machen und hatte dafür auch die Zusage und sogar schon die Finanzierung – hundertsechsundzwanzig Tage am Stück, manchmal sogar Doppelvorstellungen. Leider gab es darin keinen einzigen freien Tag, an dem ich hätte hin und zurück nach Rom reisen und drehen können. Ich musste mich also entscheiden – und zwar schnell, so sehr übte Les Druck aus.

Mann, das war eine schwere Entscheidung. Der Kölner Udo Kier, damals schon ein Hollywoodstar, der zu der Zeit ebenfalls in Rom lebte und zum Kreis um Visconti und Helmut Berger gehörte, redete auf mich ein. »Du Vollidiot! Weißt du, wie viele Schauspieler hier in Rom sitzen und auf solche Chancen warten, und du überlegst ernsthaft abzusagen?« Ja, ich überlegte tatsächlich ernsthaft.

Denn trotz aller Erfolge – ich selbst traute mir komischerweise eine Filmkarriere nicht zu, ich konnte auch gar nicht verstehen, was die anderen alle an mir fanden. Und auch wenn mich die Filmarbeit wirklich und aufrichtig reizte, meine eigentliche Priorität würde doch immer die Musik bleiben, das ist mir damals klar geworden.

Und so entschied ich mich auch: Ich sagte den Film ab und ging mit Les Humphries auf Tournee. Ja, und auch das habe ich bis heute nie bereut.

Dennoch behielt die Filmbranche für mich ihre Faszination, und Dieter Geissler versuchte immer wieder, mich doch noch zu überreden, und wir drehten später noch etliche Filme, auf die ich heute nicht besonders stolz bin, die aber eben zu meinem Leben gehören und zum Teil durchaus ein großer Spaß waren.

Egal ob »Es knallt – und die Engel singen« gemeinsam mit Les Humphries oder »Das Porno-Haus von Amsterdam«, für das Les und ich sogar die Musik machten – die

Siebziger- und Achtzigerjahre brachten eben nicht nur Arthouse-Filme hervor. Wobei ich an den manchmal bescheuerten Titeln meiner Filme wirklich unschuldig bin, ich war da ja nur Gesichtsvermieter, und bei einem Titel wie »Ein Kaktus ist kein Lutschbonbon« – da fragt man sich doch echt, was die Autoren da geraucht haben müssen.

Daher kommt es, dass ich bis heute gerne mal durchs Bild in einem Film hüpfe, wenn ich die Idee lustig und meine Rolle passend finde. Das war bei Hape Kerkeling und »Horst Schlämmer« ebenso wie im »Ballermann 6« mit Tom Gerhard. Ich weiß ja, dass ich für meine Darstellungskunst in diesen Filmen keinen Oscar bekommen werde, aber mir macht es Spaß. Und wenn das Publikum daran auch sein Vergnügen hat, dann immer wieder gern.

Allerdings bleibe ich jetzt auch in den Filmen lieber in Deutschland, da verstehe ich jedenfalls die Texte – wenn ich sie denn in mein Hirn geprügelt habe. Ich habe mal in einem französischen Kinofilm mitgespielt und musste dort natürlich auch den Text auf Französisch abliefern. Nun spreche ich leider diese Sprache nicht, also habe ich das Ganze nach Lautschrift gelernt. Das war schon schwierig genug für mich. Noch schlimmer war es aber, dass ich die Stichworte nicht richtig verstand, auf die ich reagieren sollte. Mit Unterstützung der Kollegen hat das irgendwie geklappt, aber es war mir eine Lehre, denn ich kam mir vor wie ein Volldepp. »Bleibe im Lande und nähre dich redlich« – so lautet ein altes Sprichwort.

Ich habe in den letzten Jahren in einigen schönen Filmen mitwirken dürfen. Unter anderem in dem Film »Verdammt verliebt auf Mallorca« mit Stephan Luca und

Valerie Niehaus, was auch sehr lustig war. Dann hatte ich eine kleine Gastrolle in der Serie »Blockbustaz« von Eko Fresh sowie 2012 in »Notruf Hafenkante« mit Gerit Kling. Auch in der Nachmittagskultserie »Rote Rosen« spielte ich eine kleine, bescheidene Rolle.

Ich freue mich immer, wenn ich etwas Neues machen kann, und habe jedes Mal eine Menge Spaß dabei. So traf ich zum Beispiel vor Kurzem bei den Dreharbeiten zu »Um Himmels Willen« (bei der Serie hatte ich ebenfalls eine kleine Gastrolle) meinen langjährigen Freund Fritz Wepper wieder und durfte mit ihm arbeiten. Fritz und ich kennen uns schon aus meinen Münchener Jahren, und wir haben beide einen ähnlichen Musikgeschmack. Damals haben wir gemeinsam Songs von Cat Stevens fast in Endlosschleife gehört und laut mitgesungen.

Auch jetzt hatten wir wieder eine schöne Zeit zusammen und haben viel über das gemeinsam Erlebte geredet. Und sehr viel gelacht. Vor allem, weil wir alle gemeinsam (mit den Nonnen) einen urkomischen Titel gesungen haben. In jeder Drehpause haben wir den Text geübt, und das ganze Team war schon leicht genervt von dem Titel. Das führte dazu, dass Fritz und ich den Titel für ein kleines Video gemeinsam gesungen haben. Nur so zum Spaß! »Oh du my Darling, lass dich verführen ... ich will deinen Herzschlag im Mondschein spüren ... Tage und Nächte, wir beide vereint, werden wir glücklich sein!«

Und den Text habe ich überall geübt, bei TV-Produktionen, bei Auftritten und sogar im Flugzeug. Ich bin einigen Leuten damit auf die Nerven gegangen. Aber es war megalustig. Und diesen Text werde ich mit Sicherheit nie vergessen.

Zeit ist eine lange Straße

(Aus dem Album »Zeit für meine Songs«, 1974)

Als ich anfing, professionell Musik zu machen, da war »Single« die Bezeichnung für eine kleine Schallplatte, außerdem gab es noch Langspielplatten und Tonbandgeräte (falls ihr euch noch daran erinnert). Das berühmte TK42 von Grundig war ein echter Verkaufsschlager, und Tonbänder waren häufig die Grundlage erfolgreicher Partys, weil man nicht so oft wechseln musste und die Musik nach eigenem Geschmack »gemischt« werden konnte.

In den Tonstudios standen riesige Bandmaschinen mit extra breiten Tonbändern, damit die 24-Spur-Geräte auch alles aufzeichnen und man später gut mixen konnte. Wenn ich das mit der Technik von heute vergleiche – in meinem Haus auf Mallorca ist mein privates Studio in einer kleinen Kammer untergebracht, die eigentlich mal als Vorratskammer gedacht war. Darin gibt es nur ein wirklich gutes Mikrofon, einen Laptop, Lautsprecher – sonst nix. Mann, was hat sich die Technik verändert.

Und für die Verbraucher kam erst die Musikkassette, mit der ich auch viele Jahre noch gereist bin, danach dann der Walkman, schließlich die CD – und heute streamt man auf Spotify. Eigentlich irre, oder?

Auch unser Verhältnis zur Musik hat sich verändert. Musik ist heute aus unserem Alltag überhaupt nicht mehr wegzudenken. Radio, TV, Internet halten Musik vierundzwanzig Stunden bereit, auf Spotify können wir unsere eigenen Playlists erstellen, und wenn ich mal irgendein Callcenter anrufen muss, dudelt mir minutenlang Musik ins Ohr, genau wie im Fahrstuhl und an vielen anderen Orten. In Filmen, in der Werbung – man kann sich der Musik nicht entziehen.

Gleichzeitig wird der Wert von Musik immer weniger. Als ich anfing, kostete eine »Single«, also eine Schallplatte mit je einem Titel auf der A- und der B-Seite, jeweils fünf Mark, und eine Langspielplatte mit zehn bis zwölf Titeln kostete um die zwanzig Mark. In Euro wären das zwei Euro fünfzig für die Single und zehn Euro für die LP. Heute bekommen sie für neunundvierzig Cent bei Amazon jeden gewünschten Song, und bei Spotify können sie sich (gegen Werbung) die Playlist sogar kostenfrei erstellen. Bei uns im Norden sagte man früher: »Wat nix kost, dat is nix.« Und diese Haltung »Musik ist billig und ständig verfügbar« hat für uns Künstler leider inzwischen eine hohe und wirtschaftlich negative Bedeutung.

Ich will gar nicht klagen oder jammern, aber mich beschäftigt das wirklich. Schließlich ist das mein Beruf, und der Begriff kommt (für mich zu Recht) aus dem Wort »Berufung«. Mich beschäftigt diese Veränderung deshalb, weil die Folgen deutlich spürbar sind.

Ich hatte schon die »Goldene Schallplatte« erwähnt, die man als Künstler für zweihundertfünfzigtausend verkaufte Singles bekam. Danach würde es heute keine solchen Auszeichnungen mehr geben.

Früher ging man auf Tournee, um ein fertiges Album werblich zu unterstützen. Heute machen viele Sänger und Gruppen Tourneen, um überhaupt noch Musik zu verkaufen.

Unverändert blieb all die langen Jahrzehnte nur der wirklich kreative Prozess, Musik und Texte zu erdenken, zu schreiben, zu arrangieren. Und auch wenn ich selbst keine Noten schreiben kann (die Gründe habe ich ja schon erwähnt), so muss ich das theoretisch auch gar nicht mehr machen, denn selbst dafür gibt es heute ein Programm, und ein Computer erkennt die Töne und kann diese selbsttätig in Noten umsetzen. Das Texten finde ich hingegen eher schwierig, die richtige Zeile zu finden, den eingängigen Satz – darum ringe ich oft wochenlang. Gute Texter haben wirklich meine Hochachtung!

Manche Computer können gesprochene Worte direkt in Buchstaben umsetzen, aber ich habe das einmal versucht – was dabei entstand, wäre nie im Leben ein Hit geworden, weil das Kauderwelsch niemand verstanden hätte. Dabei sind die Texte enorm wichtig. Nehmen wir nur das bereits häufig erwähnte und noch öfter gesungene »Bett im Kornfeld«. Das war ja eine Coverversion vom Song »Let Your Love Flow« der amerikanischen Band Bellamy Brothers, hatte also einen englischen Text und benötigte deshalb dringend deutsche Worte.

Ich wollte das Lied anfangs gar nicht singen – ich wollte überhaupt nicht auf Deutsch singen. Hätte man den Begriff damals schon gekannt, dann hätte ich gesagt: »Total uncool!« Ich hatte immer in englischer Sprache gesungen, ich liebte Rockmusik, besonders die Gruppe Vanilla Fudge mit ihrem »Psychedelic Rock«. Bassläufe mit Flageoletts, so wie Tim Bogert von Vanilla Fudge das meisterhaft spielte – das war meine Welt. Und nicht deutscher Schlager.

Aber Siggi Loch, der damalige Chef meiner Plattenfirma Warner, ließ nicht locker. Ich aber auch nicht. Dabei gab es durchaus deutsche Musiker, die mir gefielen – Reinhard Mey zum Beispiel. Aber ich war mir sicher, dass mir so etwas wie seine meisterhaften Beobachtungen des Alltags, die er dann zu Songs verarbeitete, nie im Leben einfallen würde. Ich sah mich schon als Straßenmusiker mit dem aufgestellten Hut vor mir enden.

Ja, ob ihr das nun glaubt oder nicht – Existenzängste kenne ich so gut wie jeder Künstler, irgendwie gehören die auch dazu, genau wie das schreckliche Lampenfieber vor jedem Liveauftritt. Man kann und darf sich nie allzu sicher sein. Schon aus Respekt vor dem Publikum.

Und wie um meine These zu beweisen, nahm ich ein paar Songs in deutscher Sprache auf, mit (wie ich mir sicher war) grottenschlechten Texten. Ich glaube, bei Warner haben sie sehr gelacht, aber Siggi Loch, der alte Fuchs, hatte erreicht, was er wollte – ich habe mich mit deutschsprachiger Musik beschäftigt. Und kurze Zeit darauf bekam ich von ihm einen Text zugeschickt, den Michael Kunze geschrieben hatte. Nun war Michael Kunze schon damals (und heute noch viel mehr) einer der erfolgreichsten und meistbeschäftigten Texter, und viele große Hits stammen aus seiner Feder. Aber ich, in meiner Rockmusik-Arroganz, fand das alles damals viel zu seicht.

Und genau das teilte ich Siggi mit, verbunden mit einem »Und dazu fällt mir auch keine Melodie ein – zu diesem Text mit dem weichen Daumen«. Siggi wies mich zwar darauf hin, dass es sich um »Daunen« handelte, ließ aber ansonsten meine Litanei über sich ergehen und teilte mir dann mit, dass es dazu schon eine Musik gäbe, die er mir gerne zukommen lassen würde. Und dann kam eben dieses »Let Your Love Flow« von den Bellamy Brothers. Gut, das war immerhin ein Hit aus den USA, aber das war doch (pfui) ein Schlager!

Und da machte mir Siggi einen Vorschlag, über den ich zumindest nachdachte: »Dann sing es doch einfach etwas höher, das klingt sofort rockiger.« Okay, coole Idee, das habe ich versucht. Es war so herausfordernd und anstrengend, das zu singen, dass ich darüber komplett vergessen habe, dass ich das ja eigentlich überhaupt nicht singen wollte. Und ich wollte schon aus Prinzip nie das singen, von dem andere Leute wollten, dass ich es singe. Schließlich hatte ich mir deshalb ein eigenes Tonstudio eingerichtet, damit mir niemand etwas vorschreiben konnte.

Dennoch nahm ich in ebendiesem eigenen Studio die Nummer auf und gab sie bei Warner ab, damit die liebe Seele Ruh hatte. Kurze Zeit darauf kam die Bitte, dass ich die Nummer doch noch einmal in den Union Studios in Berlin einsingen sollte. Warum? Das hatte ich doch bereits getan.

Nun ja, war die Antwort, es könnte vielleicht noch etwas weniger »eigenwillig« sein. Ich weiß, ich neige zu

Schnörkeln und Verzierungen beim Singen, und das gefällt sicher nicht jedem. Und zum Schlager passt es auch nicht immer, aber das hatte ich mir in meiner Zeit mit der Jazzband angewöhnt. Und damit sichergestellt war, dass ich den Song diesmal wirklich »richtig« singe, gab man mir mit Ralph Siegel einen Aufpasser mit ins Studio.

Ja, DER Ralph Siegel, der schon damals ein Meister der Schlagerhits war. Und dann stand ich da und wusste: Alles schön gerade und kommerziell, keine Koloraturen – das war die Ansage. Scheußlich!

Das Aufnahmestudio war etwas erhöht, und dann stand ich da oben und sah durch die große Glasscheibe Ralph Siegel und Michael Kunze, die der Aufnahme mit Argusaugen und ebensolchen Ohren folgten.

Ich bemühte mich, die Nummer möglichst nonchalant einzusingen, und freute mich, dass ich dann doch ein oder zwei kleine Schlenker und Extravaganzen ohne Anmerkungen seitens der Kontrolleure unterbringen konnte. Dann war der erste Aufnahmedurchgang beendet.

Am Ende der Aufnahme sah ich, wie die beiden »Aufpasser« je ein Glas in der Hand hielten und sich zuprosteten. Und ich fragte: »Wer hat denn Geburtstag? Ich würde gerne mitfeiern!« – Darauf antwortete Michael Kunze: »Nein, wir stoßen auf einen Hit an.« Ich erwiderte: »Wollt ihr mich ...?« (Ich sag das hier jetzt nicht.) Darauf Ralph Siegel: »Nein, du bist fertig, vielen Dank, das war super – wir nehmen das so.«

Der Rest ist Geschichte. Der Titel, den ich absolut nicht singen wollte, wurde mein größter Hit. Das lief damals so gut, dass wir kurz davor waren, GOLD für diese Single zu bekommen. Und hier kommen wir zu dem Thema »Kassettenrekorder« und warum er mir kein Glück gebracht hat, denn die Einführung des Kassettenrekorders hat meine erste Goldverleihung praktisch verhindert.

Zunächst schnellten die Verkaufszahlen wie erhofft in die Höhe, damals musste ein Song zweihundertfünfzigtausend Einheiten verkaufen, um diesen Status zu erreichen. Wir hatten ihn schon fast erreicht, und meine Plattenfirma war sich ganz sicher, dass wir den Rest auch noch schaffen würden. Man hatte sogar seitens der Plattenfirma die »Goldene« bereits zum Pressen in Auftrag gegeben. Doch der Verkauf stockte plötzlich kurz vor dem Ziel.

Der besagte Kassettenrekorder mit Aufnahmefunktion kam auf den Markt. Damit entdeckten alle Radiohörer ein neues Hobby, nämlich die Musik kostenlos aufzunehmen. Die meisten Rundfunksender reagierten auf die Publikumswünsche folgendermaßen: Sie kündigten die Songs meist mit einem »Und jetzt zum Aufnehmen, der neueste Titel von ...« (es folgte der Name des Interpreten) an. Das hatte leider zur Folge, dass sich die Leute deutlich weniger Singles kauften und ihre Musik nun im Radio mitschnitten. Für uns Künstler eine ziemlich unglückliche Situation.

Die Verleihung fiel also aus.

Jahre später kam der Stein aber noch mal ins Rollen. Die Initiatorin dafür war meine Managerin, Christine Knoche-Gaydos. Sie kontaktierte, ohne mich in Kenntnis zu setzen, alle wichtigen Instanzen, um genaue Verkaufszahlen ab der Veröffentlichung 1976 bis zum Jahr 2018 zu erfassen. Es wurde erneut recherchiert und festgestellt, dass die offiziellen Verkäufe erst ab 1999 überhaupt wieder archiviert wurden.

Verkaufszahlen vor 1999 sind leider nicht mehr nachvollziehbar. Sie sind einfach »verschollen«. Durch nachträgliche Hochrechnungen und Vergleiche kam man zu dem Schluss, dass der Titel damals sogar weit *über* dem Goldstatus gelegen haben musste und bis heute sehr wahrscheinlich schon Platinstatus erreicht hätte. Aber von alldem ahnte ich nichts. Sollte ich auch nicht, denn man plante daraufhin, mich mit einer nachträglich verliehenen »Goldenen« zu überraschen. Und das passierte dann genau 2018 in der Sendung »Das große Fest der Besten« mit Florian Silbereisen.

Ich kann euch sagen, das war ein sehr emotionaler Moment für mich. Die Redaktion der Sendung hatte heimlich meine Tochter Joelina eingeladen, die kam plötzlich nach meinem Auftritt auf die Bühne und überreichte mir die »Goldene Platte« für »Ein Bett im Kornfeld«. Ich war total überwältigt!

Übrigens fällt mir zum »Kornfeld« noch eine schöne Geschichte ein, die mein Kollege Ibo, der leider viel zu früh verstorben ist, zwar schon ein paarmal erzählt hat, die ich aber immer wieder lustig finde.

Bei einem Auftritt mit diesem Song trug ich eine ganz enge schwarze Lederhose. Die fand ich damals total irre. Doch plötzlich, mitten im Lied, als ich mich doch etwas mehr bewegt habe als geplant, da machte es laut »ratsch«, und die Hose ist mir direkt am Hintern gerissen. Ich habe mir nichts anmerken lassen. Von hinten kam schnell ein

Techniker an und hat mir mit schwarzem Isolierband die Hose geflickt – es lebe die Technik! Gut, dass er zufällig auch schwarzes Isolierband hatte, wobei ... Rot-weißes Absperrband wär auch lustig gewesen.

Glücklicherweise kam mir nicht nur in dieser, sondern auch in anderen kritischen Situationen immer wieder der Zufall zu Hilfe. So stand ich vor Jahren einmal auf dem Weg nach Wiesbaden in Siegburg an einer Tankstelle, da rief mich ein damaliger Bekannter an. Er war ganz aufgeregt, fragte, wo ich wäre, und sagte, er hätte einen echten Hit für mich. Allerdings sagte er das öfter mal, weswegen ich zunächst skeptisch war.

Der Titel, so sagte er, solle heißen »Irgendwann, irgendwo, irgendwie sehn wir uns wieder«. Diese Zeile hatte es mir sofort angetan, sodass ich – ohne den Titel überhaupt gehört zu haben – meinte: »Super, das ist es.« Mein Bekannter sagte, wenn ich Zeit hätte, solle ich am besten sofort nach Hennef in das Studio fahren. Der Produzent suchte wohl noch einen Sänger für diesen Titel. Erfreulicherweise befand ich mich ja in der Nähe.

Nun ja, ich hatte gerade nichts Dringendes zu tun, Wiesbaden konnte warten, und ich habe mich dann tatsächlich auf den Weg gemacht. In Hennef angekommen (wie haben wir das damals eigentlich ohne Navi alles gefunden?) traf ich auf den Produzenten und Besitzer des Studios »Helmuth Rüssmann«. Das Studio war riesig – und ganz still und leise in einer Ecke saß ein junger blonder Mann. Der sagte zuerst kein Wort. Nur: »Geh mal da rein. Wir wollen uns mal deinen Stimmenklang anhören.«

Ich ging zu dem Mikrofon, man setzte mir den Titel auf die Ohren, und ich sang ihn einfach mal. Plötzlich kam der blonde junge Mann aus seiner Ecke auf mich zu und sagte: »Sing das mal so und so.« Das habe ich gemacht. Später habe ich erfahren, dass dieser blonde junge Mann der Komponist war, der auf den Künstlernamen Jean-Pierre Valance hörte.

Ich ließ mir die 2 mal 24 Spuren des Titels mitgeben und habe selbst noch ein bisschen an ihm gearbeitet. Dann haben wir den Song Götz Kiso vorgespielt, der damals der Chef meiner neuen Plattenfirma Polydor war. Der sagte sofort: »Das wird ein Hit.« Somit kam der Titel als meine erste Single bei Polydor auf den Markt.

Ich habe danach mit diesem Team noch eine ganze Reihe von Titeln produziert, und es war eine tolle Zeit. Übrigens hat in diesem Studio auch Wolfgang Petry seine ganzen Hits aufgenommen.

Der nächste Zufall passierte kurze Zeit später. Ich war gerade auf Promotiontour und tingelte von Radiosender zu Radiosender, um Interviews zu geben und dabei die neue Nummer vorzustellen. Ich kam gerade von einem Termin beim NDR Kiel, damals Welle Nord. Da erhielt ich einen Anruf eines Freundes: Ich sollte unbedingt mal zu RSH (das private Radio Schleswig-Holstein) fahren. Der Sender war schon damals sehr erfolgreich. Mir schien es aber aufgrund ihrer Chart-orientierten und eher internationalen Musikmischung undenkbar, dass die sich überhaupt für mich interessieren. Nachdem ich mich zunächst ein bisschen geziert hatte, fuhr ich aber schließlich doch dort vorbei.

Und wie es der Zufall wollte: Ich fuhr vor, betrat das Gebäude, und in dem Moment querte eine junge blonde Frau meinen Weg. Ich sehe das heute noch vor mir.

Diese Frau stoppte auf einmal und sagte: »Mensch, Jürgen, was machst du denn hier?«

Sie kannte mich also, und ich musste sie offensichtlich auch kennen. Also theoretisch. Praktisch fiel mir natürlich ihr Name nicht ein, weil ich die ja immer vergesse. Heute habe ich den drauf. Sie heißt ... Na, ist nicht mehr so wichtig. Ich erklärte ihr, dass ich gerade auf Promotour war und einfach nur mal beim Sender »Hallo« sagen wollte. Sie fragte gleich, ob ich meine Single dabeihätte. Klar, hatte ich, aber ich wollte sie ihr nicht geben, weil ich dachte, die würden mich sowieso nicht spielen. Ich war ja nur der Jürgen Drews.

Schließlich hat sie mich doch überredet, und ich habe ihr den Titel gegeben und ihr gesagt, der wäre aber nur für sie zu Hause. Daraufhin fragte sie, ob ich noch etwas Zeit hätte, dann würden wir später einen Kaffee zusammen trinken, sie hätte erst eine Sitzung. Nach einer halben Stunde kam sie wieder und sagte: »Power Rotation. Bingo!« Sie war nämlich, was ich nicht wusste, bei RSH Redakteurin und hatte den Titel direkt mit in eine Abhörsitzung genommen.

Die haben den Titel dann wirklich überall eingesetzt, und zwar so, wie es das damals in Deutschland noch nie bei einem deutschen Schlagertitel gegeben hat. Er wurde sogar in Norddeutschland vor einem Fußballspiel gespielt. So wurde der Titel ein echter Hit, und ich bekam dafür sogar die »Goldene RSH«. Selbst der Sender NDR2, der damals absolut keinen Schlager, sondern nur Rock und Pop spielte, kam danach nicht umhin, diesen Titel einzusetzen.

Allerdings tat sich damals meine Musik in Süddeutschland schwer. Zwei der damals bedeutendsten Sender in Deutschland (ich nenne keine Namen) haben den Titel komplett ignoriert. Es war ja Schlager.

Dann passierte Folgendes: Ein bayerischer Sender wollte sich über den Titel ein wenig lustig machen, um den Leuten zu zeigen, wie schlimm diese Musik ist, und spielte den Refrain immer mal wieder an, kombiniert mit lustigen Kommentaren.

Und es passierte das, was häufig passiert, wenn man parodiert – dadurch wurde die Nummer erst richtig bekannt. Vor allem in Bayern. Und daraufhin zogen die anderen Sender tatsächlich nach. Das war dann der Durchbruch in Deutschland.

Damals waren die Radiostationen noch immens wichtig, um neue Titel vorzustellen und auch durchzusetzen. Heute ist es leider so, dass immer weniger Radiosender Schlager spielen, und so muss man den Fokus immer mehr auf die Liveauftritte legen, um dem Publikum nah zu sein. Denn schließlich sind es ja genau die Menschen, die uns live erleben, die dann unsere Titel auf ihre Playlists setzen, zu unserer Musik feiern und sie auf diese Weise verbreiten.

Deswegen trete ich nach wie vor so gerne auf, auch und vor allem auf Mallorca. Dort ist das Publikum entspannt, sie verbinden die Musik mit fröhlichen Urlaubstagen und netten Menschen und nehmen meine Songs damit ganz anders wahr. Sie spielen sie zu Hause als Erinnerung an eine tolle Zeit und erzählen anderen davon. Auch das schafft eine große Verbreitung, so wie es früher nur Fernsehen und Radio tun konnten. Andere Zeiten, andere Sender.

Aber wichtig ist und bleibt, dass die Musik handgemacht ist – egal wo auf der Welt. Ich war ja auch mal ein paar Jahre in den USA, weil ich nach dem Erfolg vom »Kornfeld« lange mit dem Etikett des »Schlagerheinis« gehadert habe. Ich wollte ernst genommen werden. Ich war gerade dreiundzwanzig und fühlte mich nicht reif für »Shalala« und »Dibidib«. Ich gebe zu, das war etwas hochnäsig, aber ich war einfach ehrgeizig und wollte es unbedingt im Mutterland des Showbusiness schaffen. »If you can make it there, you'll make it anywhere«, so heißt es nicht umsonst in »New York, New York« (Wenn du es dort schaffst, dann schaffst du es überall).

Also nahm ich etliche Titel in englischer Sprache auf, darunter auch »Don't Want Nobody« – eine Nummer, die es in den amerikanischen Billboard-Charts immerhin bis auf Platz 36 schaffte. »JD« nannte ich mich, und ich sah mich schon auf Platz 1. Ich lernte Joachim Kühn kennen, einen grandiosen Jazzpianisten, der viele meiner Songs neu arrangierte und ihnen damit eine ganz neue Dimension und Tiefe verschaffte. Und er brachte mich in Los Angeles mit Musikern zusammen, deren Professionalität ich zutiefst bewunderte.

Besonders gute E-Bass-Spieler hatten es mir angetan, ich habe das vorher schon mal erwähnt, weil die mit ihrem Können vielen Songs erst den richtigen Drive gaben. Ich erinnere mich dabei besonders an einen Musiker, dessen Namen ich mir extra vom Plattencover herausgesucht hatte, ihr erinnert euch – er hieß Tim Bogert und spielte bei Vanilla Fudge, später bei der Band Cactus.

Unglaublich, was der aus seinem Instrument herausholen konnte. Ja, so müsste man spielen können. Natürlich hatten wir in L. A. auch viele gute Musiker, die Aufnahmen waren wirklich eine Freude, und einige der Songs spiele ich auch heute noch gerne Freunden und Besuchern vor – besonders »A Lot Of Things« hat es mir angetan.

Ich weiß noch, dass ich dem damaligen Studiobassisten intensiv von meiner Liebe zu diesem Instrument vorschwärmte und ihm erzählte, wie sehr ich immer schon für Vanilla Fudge und deren wundervollen E-Bassisten schwärmte, von dem er vielleicht schon einmal gehört hätte, der hieße Tim Bogert. Und er sagte: »*May I introduce myself* (Darf ich mich vorstellen) – *my name is Tim Bogert.*«

Wo ist das Mauseloch, wenn man es braucht ... Aber so kennt man mich. Ich und mein Namensgedächtnis. Da wünschte ich mir so manches Mal, dass sich der Boden auftut.

Die Jahre in Los Angeles sind Geschichte – wie man weiß, wurde nichts aus der großen Karriere in den USA, und das ist auch okay so, zumal ich da in bester Gesellschaft bin. Trotzdem bin ich froh, es versucht zu haben. Ich habe wunderbare Kolleginnen und Kollegen kennengelernt und viele Erfahrungen gemacht, die ich nicht missen möchte.

Klar, es war nicht leicht, als ich wieder zurückkam, und ich musste hart kämpfen, viel arbeiten, um hier wieder den Anschluss zu finden. Auch privat hatte ich ein paar Probleme, 1985 scheiterte nach nur vier Jahren meine erste Ehe. Aber »Zeit ist eine lange Straße«, und es ist gut, dass wir nichts, aber auch gar nichts voraussehen können. Weder unsere Erfolge noch unsere Fehler oder Niederlagen. Oder wie die Amerikaner sagen: »Es ist nicht schlimm hinzufallen, es wäre schlimm, nicht wieder aufzustehen.«

Eine Reise ins Nirwana

(Titel der ersten Single aus dem Jahr 1973)

Anfang der Siebzigerjahre war es in der Künstlerszene gang und gäbe, nicht nur kreative Dinge auszuprobieren, sondern auch persönliche Grenzen zu überschreiten. Dazu gehörte auch der Konsum sogenannter »bewusstseinserweiternder Drogen«. Die Beatles schrieben darüber einen Song – »Lucy in the Sky With Diamonds«.

Ihr erinnert euch an Namen wie Janis Joplin und Jim Morrison von The Doors, tolle Musiker, denen nur leider auch die Drogen zum Verhängnis wurden.

Auch die Zeit, in der ich bei den Les Humphries Singers war, wurde von einer gewissen »Drogensucht« der Jugendlichen begleitet. Vor allen Dingen »Dope« (so etwas wie Haschisch) gab es überall. Wir nannten es damals *a piece of shit*. Es wurde in eine Zigarette eingestreut, und das war dann der bekannte Joint. Einmal habe ich damals daran gezogen, weil ich es ausprobieren wollte, um kein Außenseiter zu sein. Ein total desaströses Erlebnis, ich habe das Zeug absolut nicht vertragen.

Ich habe mich in eine Ecke setzen müssen und konnte nicht aufhören zu husten, so hat der Tabak meine Lunge gereizt. Ein Zug, das war's. Unangenehm.

Ein weiteres Mal habe ich dann doch so einen ganz kleinen Krümel *piece of shit* in eine kleine Pfeife aus Perlmutt hineingebröselt, dann ein Feuerzeug darübergehalten, sodass der Stoff ein wenig anfing zu glühen, damit man daran ziehen konnte. Ich brauchte davon nur ein ganz kleines bisschen einzuatmen, und schon war ich auf dem »Trip«. Der sah so aus, dass jede positive Emotion, die ich sowieso fühlte, sich noch verstärkte. Es gibt auch einen »Ess-Trip«. Da möchte man dann das, was man auch sonst schon gern isst, noch lieber essen, weil man es als noch geschmacksintensiver empfindet.

Ich erzählte meinem Vater davon. Schließlich war er Arzt, und ich wollte wissen, ob es schädlich ist, wenn ich so etwas mache. Er sagte: »Ja, sicher ist das schädlich. Eine gesunde Droge ist das nicht. Aber wenn du es in so einem geringen Maß hin und wieder mal machst, dürfte es aus medizinischer Sicht keine negativen Folgen haben.«

Irgendwann saßen wir abends zu dritt im Wohnzimmer. Meine Mutter, die in solchen Dingen schon immer neugierig oder eher wissbegierig war, fragte plötzlich: »Kann ich das, wovon ihr da gesprochen habt, auch mal probieren? Ich würde gern mal ausprobieren, was das für ein Gefühl ist!« Ich bot ihr an, mal einen ganz kleinen Zug an meiner Dope-Pfeife zu nehmen. Und mein Vater meinte in seinem herrlichen Berliner Dialekt: »Dat will ick jetzt aba auch mal probieren!« Beide nahmen einen ganz kleinen Zug. Für meinen Vater war der Abend danach gelaufen. Er wurde total müde und ist sofort ins Bett gefallen. Bei ihm wirkte das Zeug wie ein Schlafmittel. Und meine Mutter? Die ging auf einen Trip.

Ihre Augen wurden immer größer, und sie schaute alles genau an. Dann sagte sie: »Du, sag mal, wie schön ist dieses Wohnzimmer? Wie schön sind diese Farben? Und unser Kronleuchter. Ist dir schon mal aufgefallen, wie schön er eigentlich ist?« Sie flippte total aus, stand auf und schaute durch das Fenster in unseren Garten. »Was haben wir doch für ein tolles Grundstück. Wie schön ist unser Rasen! Und die Blumen dahinten. Das ist ja alles unglaublich schön.« Ich schaute meine Mutter an und sagte nur: »Mama! Du bist stoned!«

Das war der Trip, auf den sich meine Mutter begeben hatte. Sie hat später noch davon geschwärmt und meinte, sie könnte die Leute verstehen, die das hin und wieder machen. Ja, so war meine Mama. Aber es blieb für sie trotzdem eine einmalige Sache. Sie hat das Zeug danach nie wieder angerührt, aber sie konnte mitreden.

Um noch einmal auf »leichte Drogen« zurückzukommen: Auch bei den Les Humphries Singers war das ein Thema. Und auch wenn Les es verboten hatte, Kokain zu schnüffeln, so zog der eine oder andere doch immer mal eine »Straße«.

Dabei zieht man so eine ganz kurze Kokainlinie auf einem kleinen Spiegel und saugt das Zeug dann mit einem selbst gebastelten »Strohhalm« in die Nase – und bekommt danach diesen Kokain-Flash. Neugierig, wie ich war, wollte ich das auch mal ausprobieren.

Ich erzählte meinem Vater von diesem Vorhaben, der davon allerdings wenig begeistert war. Er erklärte mir, ich solle das lieber lassen, Kokain sei eine echte Einstiegsdroge und sehr gefährlich. Ich entgegnete, dass ich es ja nur ein einziges Mal ausprobieren wollte. »Okay«, sagte er, »aber erzähl mir, wie es war, damit ich dich notfalls davon abhalten kann, es noch mal zu machen. Nur für den Fall, dass es dir gefallen sollte.« Ich versprach es ihm.

Dann kam der Tag, an dem ich es ausprobieren wollte. Ich erzählte John Lawton davon, der damals der beste Sänger war, den wir bei den Les Humphries Singers hatten (als sich die Les Humphries Singers auflösten, ging er als Sänger zu der bekannten Rockgruppe Uriah Heep). Er meinte kopfschüttelnd: »DU willst 'ne Linie ziehen? Ich glaub es nicht. Aber wenn du unbedingt willst, dann tu, was du nicht lassen kannst. Erzähl mir später, wie es war.«

Abends hatten wir einen Auftritt. John und ich waren bei den Les Humphries Singers Mikrofonnachbarn, das heißt: Vor uns stand ein Ständer mit zwei Mikrofonen dran. Während wir da so unseren Auftritt machten, ich nach vorne musste oder eher durfte, um meine drei eigenen Lieder zu singen, dachte ich die ganze Zeit: Wow! Meine Güte, bist du ein geiler Sänger. Das ist ja unglaublich. Ich fand mich unheimlich toll und dachte mir: So geil habe ich in meinem Leben noch nie gesungen.

Am nächsten Tag im Bus (ich bin damals oft mit dem Rest der Les Humphries Singers im Bus von Stadt zu Stadt gefahren) kam John Lawton zu mir und fragte mich, was gestern Abend mit mir los gewesen wäre.

Und ich dachte in freudiger Erwartung, er würde mir jetzt sagen, wie unglaublich ich war und dass alle von mir begeistert wären. Im Gegenteil. Er sagte: »Ich hab noch nie gehört, dass du so extrem unter oder über dem Ton singen kannst, wie du es gestern gemacht hast. Das muss man auch erst mal können. Das war so schräg, dass wir uns innerlich alle die Ohren zugehalten haben. Was war denn los mit dir?«

Ich antwortete: »John, du warst doch dabei, ich hatte 'ne Linie gezogen.«

John hat sich vor Lachen gar nicht mehr eingekriegt. Als er wieder halbwegs reden konnte, sagte er mir nur, ich sollte das bloß nie wieder machen, sonst würde ich als Sänger definitiv ausfallen. Das war mir eine Lehre.

Leider bin ich dann doch noch ein einziges Mal rückfällig geworden. Als ich 1973 nach Berlin fahren wollte, um den Titel »Reise ins Nirwana« aufzunehmen, dachte ich mir, komm, nimmst heute mal ein bisschen, dann bist du cool drauf und besonders gut im Studio. Dachte ich. Dummerweise hatte ich an diesem Tag nicht mal was gegessen.

Ich flog also mit der damals noch existierenden Fluggesellschaft Pan Am nach Berlin-Tempelhof (der Flughafen Tegel wurde damals hauptsächlich für die internationalen Flüge genutzt). Mein Kopf dröhnte, und mir ging es einfach schlecht. Als wir in Berlin landeten, weiß ich noch, wie ich ganz langsam, wie in Zeitlupe, von meinem Sitz aufgestanden bin. Ich sehe heute noch die silbernen Nähte des Sitzpolsters vor mir, die für die Pan-Am-Maschinen typisch waren.

»Ich bin auf einer Reise ins Nirwana – Und ich gehe einen ungewissen Weg«, diese Textzeile konnte ich nur unterschreiben. Ich war vollkommen stoned. In Tempelhof wurde ich von einem Mitarbeiter des Studios abgeholt. Kaum sah er mich, da schrie er schon aus der Ferne durch die ganze Halle so richtig auf Berlinerisch: »Hallo, Jürgen, hier bin ick!« Die riesige Ankunftshalle verstärkte noch sein ohnehin kräftiges Organ, und ich dachte, mir platzt die Schädeldecke.

Nach dieser akustischen Katastrophe erwartete mich vor der Tür noch die optische – ein grasgrüner Opel! Nein, eher froschgrün – so eine völlig undefinierbare, verblichene Farbe, die meinen ohnehin überreizten Augen in ihrer Hässlichkeit richtig wehtat. Ich sehe dieses Auto noch heute vor mir, es hat sich unauslöschlich eingebrannt. Im Auto legte der Studiomitarbeiter, der mich abholte, eine Kassette mit dem Playback des Songs ein, den ich einsingen sollte. Zu allem Überfluss machte er das Radio richtig laut. Ich war völlig gaga im Kopf und fand den Song auf einmal richtig grässlich.

In meinem eingetrübten Hirn trudelten die Texte durcheinander, und ich fand Zeilen wie »Hallo, gelobtes Land, wir kommen, ja wir schreiben unser Gestern in den Wind« in dem Moment einfach nur noch schlimm. Natürlich war das ungerecht, aber ich war schlicht nicht Herr meiner Sinne. Im Studio angekommen bin ich sofort aufs Klo und habe mir alles noch mal durch den Kopf gehen lassen.

Dann wollten wir mit der Aufnahme beginnen. Ich betrat die Gesangskabine und hörte den Titel über Kopfhörer. Wieder richtig laut. Es ging einfach nicht. Ich konnte nicht mehr.

In meinem Kopf drehte sich alles. Also sagte ich, höflich, wie ich bin – und bisher hatte ja auch noch niemand gemerkt, dass ich stoned war: »Es tut mir wahnsinnig leid, aber mir geht es richtig schlecht!« Ich war wohl wirklich kreideweiß, denn als ich um die Verschiebung der Aufnahme bat, hat mir niemand widersprochen. Man hat mich freundlicherweise direkt wieder zum Flughafen gefahren, und ich bin nach Hause geflogen.

Wir haben den Termin kurze Zeit später nachgeholt, und Warner Records veröffentlichte diesen Song von Joachim Heider. Und ich habe nie mehr solches Zeug angerührt!

Zu diesem Titel gibt es aber noch eine Geschichte. Ich hatte im selben Jahr noch Filmaufnahmen für die Krimikomödie »Es knallt – und die Engel singen« in Barcelona. Und da ich einen Gangster spielte, ging das nicht mit wallendem Haar – also mussten die Haare ab.

Vorsorglich, weil ich ja auch noch auf der Bühne stand und mich mit kurzen Haaren überhaupt nicht mochte, hatte ich mir eine Perücke von meinen abgeschnittenen Haaren machen lassen. Grundsätzlich hatte ich also damit kein Problem, dass ich sie mir für den Film abschneiden lassen musste, denn die wachsen ja wieder – wenn auch sehr langsam. Das braucht Zeit – und die hatte ich plötzlich nicht mehr. Denn meine Plattenfirma gab richtig Gas in der Vermarktung des »Nirwana«-Songs, und ich bekam einen Auftritt bei Dieter Thomas Heck in der »ZDF-Hitparade«.

Es sollte mein erster Auftritt in dieser Sendung sein, und ich durfte diesen Titel dort singen. Damals, muss man wissen, wurden in der »ZDF-Hitparade« alle Titel live gesungen. Und es musste nicht nur so klingen wie auf der Schallplatte, ich sollte auch so aussehen wie auf dem Plattencover – und auf dem hatte ich noch lange Haare. Gut, dass ich mir die Perücke hatte anfertigen lassen.

Ich reiste nach Berlin mit dieser Perücke an. Jürgen Drews kam mit einer großen Hutschachtel ins Hotel – sicher ein schönes Bild. Fehlte nur noch der Kosmetikkoffer. Ich war ohnehin schon nervös genug, und jetzt kam ich mir auch noch ziemlich blöd vor. Glücklicherweise lernte ich an dem Tag Costa Cordalis kennen.

Am Tag der Livesendung sitze ich also im Studio und habe Lampenfieber ohne Ende. Man hatte mich im Publikum platziert. Das machte die Regie gerne, weil ein Auftritt zwischen Zuschauern sehr viel Nähe ausdrückte, und das kam immer gut an. Der Techniker gab mir schon das Mikrofon, das hatte damals noch ein ganz langes Kabel, Funkmikrofone kamen erst sehr viel später auf den Markt. Ich hatte mich richtig schick gemacht: schwarzes Hemd, weit aufgeknöpft, ein helles gestreiftes Sakko, und die Perücke saß perfekt.

Plötzlich spürte ich eine Hand auf meiner Schulter, und die unverkennbare Stimme von Michael Holm sagte lobend: »Tolle Haare – ich wünschte, ich hätte so eine Mähne!«, und dabei ließ er kurz eine Haarsträhne der Perücke durch seine Hand gleiten. Mein erster Gedanke war: Und wenn die Perücke jetzt verrutscht ist?

Ich konnte das nun ja nicht mehr kontrollieren und fing sofort an, mächtig zu schwitzen. Dieter Thomas Heck begann schon mit der Ansage, dann startete das Halbplayback mit der Musik, und ich musste aufstehen und den geprobten Weg gehen.

Mir floss das Wasser nur so den Rücken herunter, ich konnte an nichts anderes mehr denken als an die möglicherweise verrutschte Perücke. Es machte mich wahnsinnig, weil ich die ganze Zeit das Gefühl nicht loswurde, dass ich komisch aussehe. Mitten im Song war dann plötzlich der Text weg – ich wusste nichts mehr. Ich reimte mir irgendetwas zusammen, um die drei Minuten zu überstehen, die diese Reise ins Nirwana für mich dauerte. Ich fühlte mich buchstäblich »auf einem ungewissen Weg«.

Nach dem Auftritt bin ich sofort in die Toilettenräume gerannt und habe mich eingeschlossen. Ich hatte im Spiegel gesehen, dass die Perücke tadellos saß, aber mir war dennoch klar: Das war's! Meine Karriere ist zu Ende, bevor sie überhaupt begonnen hat. Ich bekomme nie wieder einen Auftritt im ZDF! So eine blöde Idee mit der Perücke!

Ich rief zu Hause an. Natürlich hatten meine Eltern den Auftritt mitverfolgt. Mir wäre ein Sendeausfall lieber gewesen. »Wat war denn det?«, fragte mein Vater. »Also, ick weeß nich ...« Dann wechselte er ins Hochdeutsche, und das bedeutete nie etwas Gutes. »Deine Mutter und ich haben mit Erstaunen deinen Auftritt verfolgt, aber ach, es fehlte uns etwas an Verständnis!« Geknickt gab ich zu: »Ich habe den Text vergessen!« Darauf er ganz trocken: »Na, det hamwa jemerkt!« – Und er lachte sich halb tot. Nur mir war überhaupt nicht zum Lachen zumute.

Erfreulicherweise gab es keine negativen Reaktionen, ich atmete auf. Niemand hatte wirklich gemerkt, dass ich bei dem Text improvisiert hatte. Aber ich bin seitdem immer besonders vorsichtig mit meinen Haaren und habe ja schon erzählt, warum ich sie meistens selbst

Meine Kindheit

Meine Mama ganz jung,
noch bevor sie meinen Papa
kennengelernt hat

»Das Männlein«, wie mich meine Eltern immer nannten. Scheinbar hatte ich als Kind schon Spaß daran, »König« zu spielen!

Mit meinem Papa bei einem Badeausflug

Das muss zu meiner Kindergartenzeit gewesen sein ▶

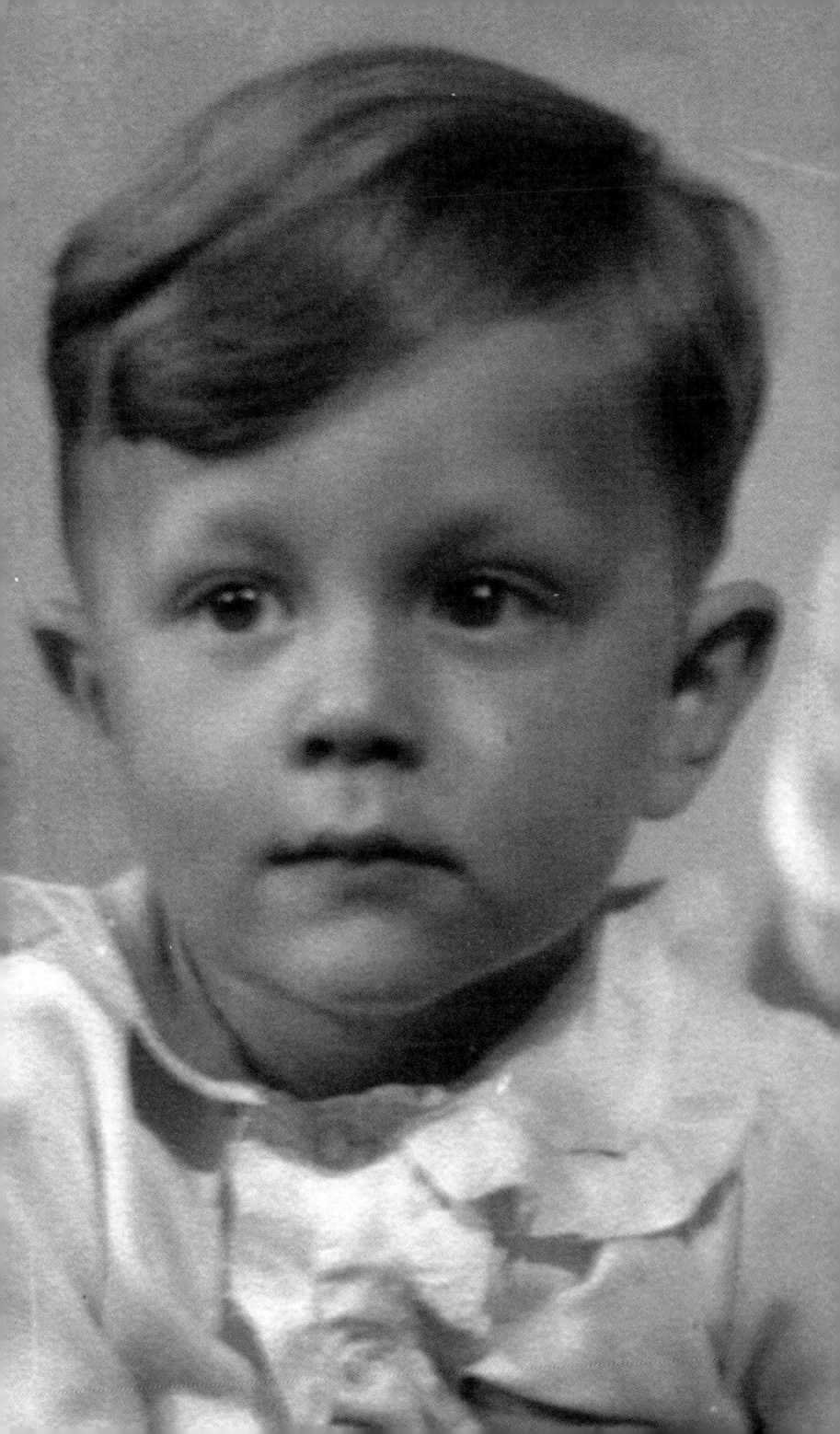

Mit meinem Papa

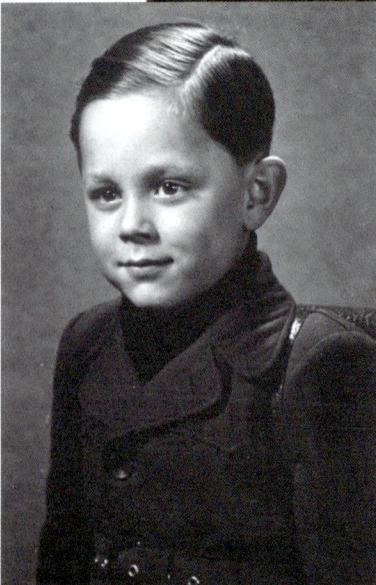

Einschulungsfoto

Strandbesuch mit einer befreundeten Familie, v.l. meine Mama, ich, unsere Freunde

Meine Eltern in ganz jungen Jahren

Meine Eltern bei einer Kreuzfahrt

Das ist eine der Maschinen, mit der meine Eltern und ich unmittelbar nach meiner Geburt von Berlin ausgeflogen wurden

Die Anderen

Autogrammkarten Die Anderen

Backcover »Somebody loves you« 1969

Die Anderen

1968 – Ausschnitt aus dem Film *Kannibal Komix – Das Haus in Weiß*

Ich in jung, mit den
Les Humphries Singers und solo

Da war ich 15 und spielte mit meinem Banjo im Sand von Sylt. Das war auf einer Klassenfahrt. Nur dass man meine Schulkameraden auf diesem Bild nicht sehen kann.

Gitarrenpflege muss auch sein!

Mit auf diesem Bild Liz Mitchel (roter Hut), später »Boney M.«

ca. 1972/1973

1975 Poster aus der Bravo

1975 Les Humphries Singers
(Ausschnitt aus dem Cover
»Party on the Rocks«)

1972 Studioaufnahmen, v. l.
Les Humphries, Henner Hoier, im
Hintergrund John Lawton

Backstage 1973

1975 Besuch von meinen Eltern bei einem
Konzert der Les Humphries Singers

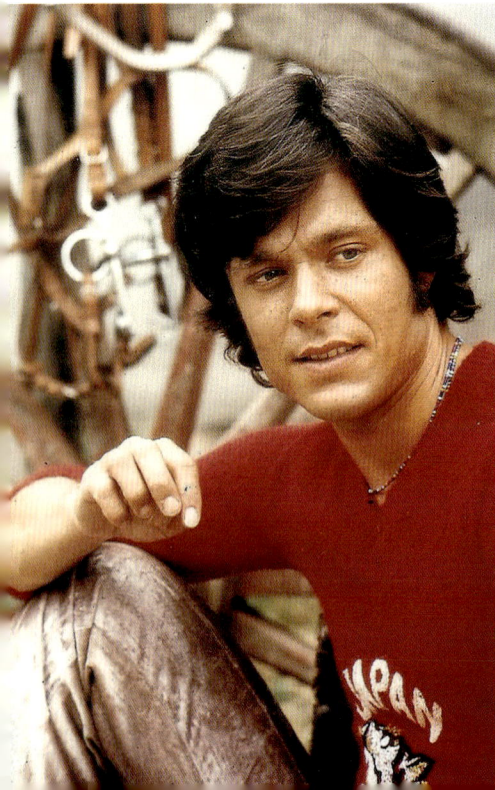

Auftritt Les Humphries Singers 1975

1975

Plattencover
»Family Show« 1975

Pressefotos 1976 –
Grand Prix de la Chanson

1976 John Lawton und ich –
Auftritt Grand Prix

1976 ZDF-Hitparade vor dem Auftritt mit
»Ein Bett im Kornfeld«

1976 ZDF-Hitparade

Auftritt 1976

Hitparaden-
Tournee 1977

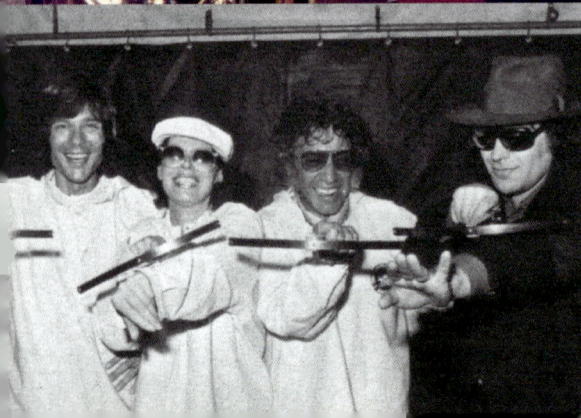

Promo-Bild für das Musical
»Tell« 1977

1977 »Barfuß durch den Sommer«
(Ostsee-Bädertournee)

1978 Shooting
zum Album
»Heute«

Bravo-Poster 1977

Shooting zum Album
»Barfuß durch den Sommer«

Mit Gipsy 1978 bei der
Hitparaden-Tournee

1978

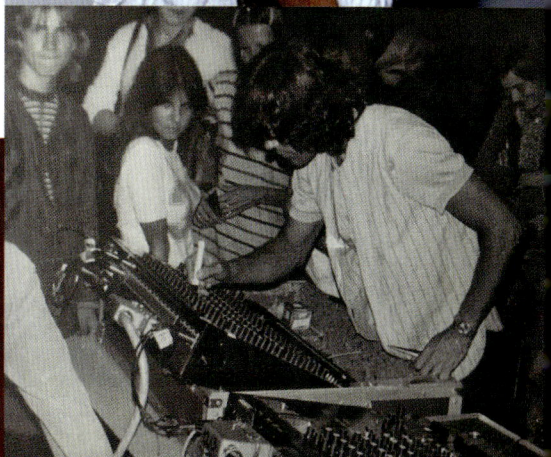

Discothekenauftritt 1978

Shooting zum Album
»Liebe im All«

◀ 1977 Pressefoto

1979 ZDF-Hitparade
»Du schaffst mich«

1978
Stadtfest Kassel

Discothekenauftritt 1978

Hettlage-Tournee 1978

Hitparaden-Tournee 1978

1979 Auftritt Zeltdisco bei Kassel

Pressefoto zum Album
»Rockig« 1979

1980 Beim Auftritt mit
meiner Band »Pick up«

ca. 1980/1981 ▶

Hitparaden-Tournee
1978

Auftritt 1979 in
Spangenberg

Pressefoto 1980 zu
»Bloß nicht versäumen«
(Album) und
»Dein Gesicht« (Single)

1980 Beim Auftritt mit meiner Band »Pick up«

Pressefoto 1984
(entstanden
beim Shooting zu
»Liebe im All«)

Meine Familie – die Hochzeit & Joelina

1994 Unterzeichnung der
Hochzeitsdokumente

1994 Ringetausch Hochzeit Mauritius

Hochzeitsfoto auf Mauritius 1994

1994

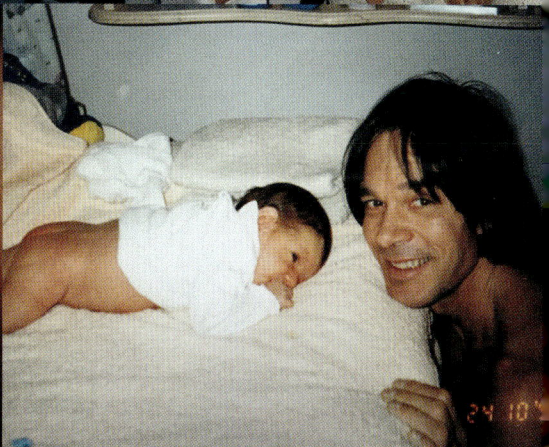

Joelina als Baby

In der Pause eines
Fotoshootings

Joelina und ich das erste Mal am Strand

Meine kleine Familie

Joelina und ich mit Fienchen an einem See in Österreich

Mit Joelina beim Musizieren

Joelina tanzt vor

Joelina in der Schule

Familienurlaub auf Mallorca

2012 Familienfoto unserer zweiten Hochzeit Venedig: Papa von Ramona, Ramona, ich, Joelina und Mama von Ramona

Kleine Pressefotosammlung

Shooting zu
»Ti Amo« 1987

Ende der 8oer Jahre

Shooting zum Album
»J.D.« 1992

Pressefoto Jürgen als
König von Mallorca ▶

Pressefotos 2012

Pressefotos 2017

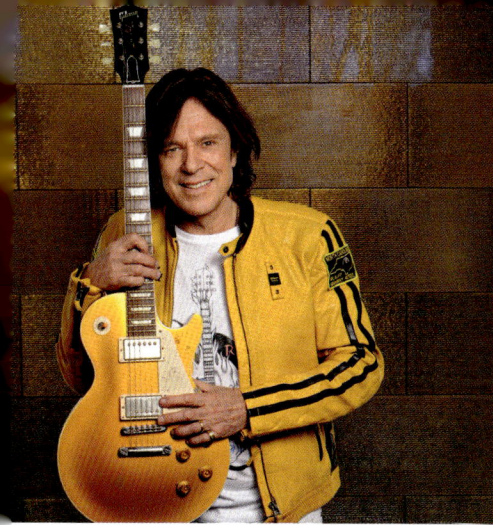

Pressefotos 2017

Pressefotos 2020

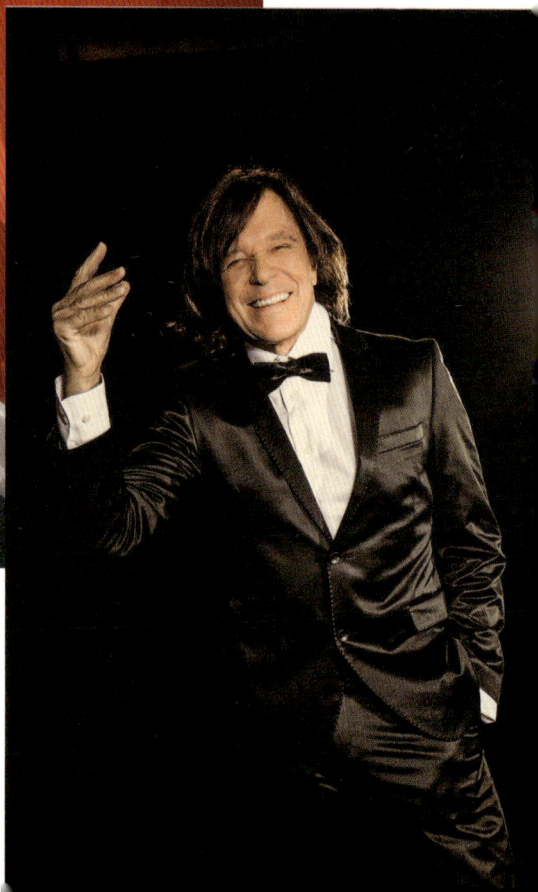

Pressefotos 2020

geschnitten und niemanden drangelassen habe. Denn wenn ich jemanden an meine Haarpracht herangelassen habe, ist es leider immer schiefgegangen.

Seit dem Erfolg des Musicals »Hair« war der sogenannte »Afrolook« in den Siebzigerjahren sehr populär, und meine damalige Freundin lag mir in den Ohren, dass ich mir unbedingt in meine schönen langen Haare eine Dauerwelle legen lassen sollte. Ich wollte das eigentlich nicht, aber sie überrumpelte mich mit vollendeten Tatsachen und hatte extra *den* Hamburger Star-Coiffeur nach München einfliegen lassen, damit er mich »verschönern« sollte. Und leider tat ich ihr den Gefallen.

Ich sollte nämlich am folgenden Abend in die USA fliegen, um den obersten Boss meiner Plattenfirma Warner zu treffen, und dachte, dass es vielleicht positiv sein könnte, sich dem allgemeinen modischen Trend anzupassen.

Also bekam ich in einem Münchener Salon von diesem Star eine Dauerwelle verpasst. Nun ja, wer's mag ... Ich fuhr nach Hause und legte mich ins Bett. Irgendwann in der Nacht musste ich kurz ins Bad, und um meine Freundin nicht zu wecken, machte ich kein Licht. Plötzlich sah ich, im Gegenlicht der draußen befindlichen Straßenlaterne, im Badezimmerspiegel eine mir unbekannte Gestalt und wollte schon um Hilfe rufen.

Das tat ich kurz darauf auch – aber aus einem anderen Grund. Ich schaltete das Badezimmerlicht ein und sah voller Entsetzen in den Spiegel. Meine Dauerwelle hatte sich durch das Liegen in ein Dach vor meiner Stirn verwandelt – in ein sehr stabiles Dach! War bestimmt praktisch bei Regenwetter, aber wie das aussah ...

Ich fluchte wie ein Rohrspatz und habe sofort morgens früh den Friseur in München herausgeklingelt, in dessen Salon diese Tat stattgefunden hatte. Er erkannte meine Notlage und war wenig überrascht. »Ich dachte mir so etwas schon«, bemerkte er lakonisch. Na super! Und jetzt? »Das ziehen wir wieder raus!« Was er dann auch tat.

Ihr könnt euch vorstellen, dass ich vor meiner Reise in die USA reichlich aufgeregt war. Wie schon erwähnt war meine Plattenfirma zu dieser Zeit Warner Brothers, deren Hauptsitz in New York war.

Das »Bett im Kornfeld« lief damals ja sehr gut, und so hatte der oberste Boss in den USA gesagt, er wolle doch den jungen Mann mal kennenlernen, der in Deutschland so erfolgreich damit sei.

Für mich war das natürlich eine große Ehre, überhaupt dorthin eingeladen worden zu sein. Aber der Höhepunkt sollte erst vor Ort stattfinden. Am Abend fand in New York nämlich ein großes Fußballspiel der Mannschaft New York Cosmos für das deutsche Fernsehen statt, und ich wurde mit einem Hubschrauber ins Stadion geflogen. Wir landeten mitten auf dem Spielfeld, wo mich kein Geringerer als Franz Beckenbauer in Empfang nahm. Wir schauten uns gemeinsam das Spiel an. Und das war ein unvergessliches Erlebnis für mich.

Ein Bett im Kornfeld

(Aus dem Album »Ein neuer Anfang«, 1976)

H ier ist Berlin, das Zweite Deutsche Fernsehen präsentiert Ihnen Ausgabe Nummer eins der ›Hitparade‹ – am Mikrofon Ihr Dieter Thomas Heck! Danke schön.«

Mit diesen Worten begann 1969 eine neue Ära im deutschen Show- und Musikgeschäft. Ausgerechnet 1969, im Jahr des politischen Aufbruchs, trat da plötzlich zur besten Sendezeit ein Mann im Fernsehen auf, der den deutschen Schlager feiern wollte und sich damit vom Pop-orientierten »Beat Club« der ARD abgrenzte. Immer schick in Anzug und Krawatte, mit seiner unverkennbar sonoren Stimme gehörte dieses »Es ist Samstag, 18 Uhr 43 – hier ist Berlin« sehr schnell zum bundesdeutschen Alltag.

Die Sendung sollte, das war die Absicht der Macher, vor allem auch die jungen Zuschauer erreichen – und das tat sie. Samstags in die Wanne und anschließend »Hitparade« gucken – das gehörte für viele Jahrgänge der Mittsechziger, der Siebziger und sogar der Achtziger zum Standardverlauf des Wochenendes.

Heck, der »Schnellsprecher«, der einen kompletten Fernsehabspann in wenigen Sekunden herunterrasseln konnte, ließ sich für die Präsentation der Künstler viel Zeit. Seine Ansagen gehörten zu den dicksten roten Teppichen, die man sich damals vorstellen konnte.

Er vermittelte seinem Publikum glaubhaft, dass er diese Musik liebte, und gab den Menschen das gute Gefühl, dass man sich für ein »Shalala« und »Dubidu« nicht schämen musste und dass es absolut in Ordnung war, wenn man die Texte auch verstand, die man da mitsingen konnte.

Und alle, die im deutschen Schlager Rang und Namen hatten, gehörten zu seinen Stammgästen – von Roy Black über Costa Cordalis, mit dem mich später noch so manches verbinden sollte, bis zu Gitte Haenning, Nena, Marianne Rosenberg oder später Nicole. Die Liste wäre unendlich lang.

So gut wie jeder war damals dabei. Dabei zu sein war für uns alles – die »Hitparade« zu gewinnen war natürlich noch schöner, denn dann durfte man noch zweimal wiederkommen, bis es hieß: »Dreimal dabei gewesen, bitte nicht wiederwählen.«

Neu war vor allem, dass alle Interpreten live singen mussten, nur Orchester und allenfalls der Background-chor kamen vom Band. Und das konnte jeden vor echte Herausforderungen stellen – ich gebe es zu, mich auch. Denn 1976 wurde ich erneut eingeladen zur »ZDF-Hit-parade«.

Ich schmiss mich ungeheuer in Schale, denn das musste bei »Hecki« schon sein: gebügeltes Hemd, helle Hose – mit Schlag, versteht sich, schließlich waren das die Siebzigerjahre – und dazu gelb-braune Lederstiefel. Heute bekomme ich nur vom Hinschauen Augenflimmern, aber damals war das absolut der Knaller. Nicht nur modisch waren die Siebziger eine verrückte Zeit!

Und dann stand ich da, in dem legendären Studio, vor mir das Mikrofon auf einem Stativ, meine Gitarre hatte ich umgeschnallt und auf Heckis Kommando: »Hier ist, mit der Startnummer 8, ›Ein Bett im Kornfeld‹, hier ist Jürgen Drews!«, startete der legendäre »Rainer am Pult« das Band mit dem Halbplayback. Mein Einsatz verlief topsicher, dann allerdings passierte es: Wie aufs Stichwort »kam da ein Mädchen her« – kam ein junges Mädchen mit einer Blume, die sie mir unbedingt überreichen wollte, auf die Bühne. Ich dachte mir, klasse – das passt doch super zum Text! Nur fiel der mir plötzlich nicht mehr ein.

Womit verdammt noch mal kam dieses junge Mädchen plötzlich her? Mit einer Blume? Nein, natürlich »mit einem Fahrrad« – aber da war es schon passiert. Ich nuschelte irgendetwas nicht Identifizierbares vor mich hin, gab dem Mädchen einen keuschen Kuss und murmelte »Schön, nicht?« – Gott sei Dank, damit hatte ich das Publikum auf meiner Seite und – was bei diesem Livegesang mindestens ebenso wichtig war – ich wusste auch, wie es im Text weiterging.

Dem Erfolg des Auftritts tat dieser kleine Patzer keinen Abbruch, ich war mit diesem Song dreimal dabei. Und das »Kornfeld« entwickelte sich zum absoluten Sommerhit – und ist es bis heute.

Bei meinem dritten Auftritt, zwei Monate später, trug ich dem Sommer dann auch Rechnung – Jeansweste auf bloßem Oberkörper, solariumbraun – man gönnt sich ja sonst nix.

Ich war von da an für eine Reihe von Jahren Stammgast, und es war eine großartige Zeit, denn trotz des natürlichen Wettbewerbs unter den Kollegen kam es einem immer wie ein großes Familientreffen vor. Das lag vorrangig auch an Dieter und vor allem an seiner schon erwähnten Frau Ragnhild, von allen nur »Hildchen« genannt, denn beide gaben jedem von uns das Gefühl, hochwillkommener Gast zu sein.

Und das Publikum feierte »seine« Stars der »Hitparade«. Nicht nur, dass die Sendung selbst viele Medienpreise abräumte, nein, das mit dem Feiern war durchaus wörtlich gemeint. In dem kleinen Studio der Berliner Union Film in Tempelhof war es zumeist für Interpreten, Publikum und Team unerträglich heiß.

Aber das gemeinsame Schwitzen erzeugte auch immer eine Bombenstimmung, die sich auch nach Hause und in die Wohnzimmer übertrug. Auf manchen alten Mitschnitten auf YouTube sieht man deutlich, dass die Künstlerinnen und Künstler nicht nur stimmlich glänzten, sondern auch im Gesicht. Es wurde ausnahmslos jeder Auftritt gefeiert – egal ob die anwesenden Zuschauer den oder die Künstler/-in kannten oder nicht. Ja, in der »Hitparade« hat manch eine Karriere begonnen.

Schon wenn man für die Sendung anreiste, standen unten vor dem Studio etliche Autogrammjäger, die Fan-Alben bereits aufgeschlagen und vorbereitet oder sogar mit den LPs ihrer Lieblingskünstler – immer in der Hoffnung auf einen persönlichen Eintrag oder ein kurzes

Gespräch mit ihrem Idol. Selfies waren ja damals noch völlig unbekannt, Datenschutz übrigens auch.

Denn es wurden bei jedem Auftritt immer die kompletten Kontaktadressen der Sängerinnen und Sänger oder die Anschriften der Plattenfirmen (wisst ihr noch, was Schallplatten sind?) eingeblendet. Bei mir stand dann immer »Jürgen Drews, Postfach 1151, 2380 Schleswig«. Heute bekämen Datenschützer dabei wahrscheinlich Schnappatmung, aber damals war das normal.

Diese Show und vor allem Dieter Thomas Heck waren Garanten für den Erfolg des deutschen Schlagers. Das ZDF hat das jüngst zum fünfzigjährigen Jubiläum der »Hitparade« mit einer von Thomas Gottschalk moderierten Show gefeiert, und auf YouTube sind die Clips aus der »Hitparade« so zahlreich, dass sie kaum zu zählen sind. Das Mitsingen und Mitklatschen waren Markenzeichen dieser Show und (wenn man ehrlich ist) passiert im Megapark von Arenal nicht viel anderes. Nur dass man heute mehr Selfies macht, als Autogramme zu verteilen.

Übrigens gingen wir mit der »Hitparade« auch auf Tournee. Unter den Kollegen herrschte immer eine tolle Stimmung, wie schon erwähnt, wir waren wie eine große Familie. Und so fühlte es sich auch an. Oder wie eine Klassenfahrt.

Viele von euch wissen vielleicht nicht, dass Bert (von Cindy & Bert) total den Schalk im Nacken hatte und gern die Kollegen veräppelte. Schade, dass er nicht mehr unter uns weilt.

An einem Tag jedenfalls, wir waren alle noch zusammen im Hotel, es war kurz vor der Abfahrt zum Auftrittsort, rief uns Bert alle plötzlich ans Fenster. Wir stürmten alle los, denn wenn Bert rief, war immer irgendwas los. Draußen sahen wir dann das Auto von Dieter Thomas Heck stehen. Diesen Anblick werde ich nie vergessen. Denn der Innenraum von Dieters Wagen war komplett voll mit Kronkorken – gefüllt bis an die Fenster. Was haben wir gelacht. Bis uns die Tränen kamen. Jedoch verstummten wir alle schlagartig, als wir Dieters Stimme durch die Hotelhalle dröhnen hörten und er uns alle zu sich hinzitierte, um die Kronkorken wieder einzusammeln. Haben wir dann natürlich alle zusammen gemacht. Lustig war's auf jeden Fall.

Ich war wirklich stolz, auf diesen Tourneen dabei sein und sogar zum Schluss der Show auftreten zu dürfen. Dabei – ich gebe es zu – ging es manchmal mit mir durch. Wenn die Stimmung super war, konnte es schon mal sein, dass das »Kornfeld« nicht nur drei, sondern sechs bis sieben Minuten dauerte.

Da aber zum großen Finale alle noch einmal auf die Bühne sollten, standen die Kollegen an der Seite der Bühne und zeigten auf die Uhr. Um sie ein kleines bisschen zu ärgern, sang ich dann extra erneut eine Strophe. Ich glaube, dafür bin ich heute noch bekannt. Wenn ich daran denke, sehe ich im Geiste einige meiner Kollegen ganz energisch mit dem Kopf nicken. Zugegebenermaßen habe ich die Angewohnheit, gern zu überziehen.

Während der letzten zwei Jahre hat sich das gebessert, aber ich bin halt so. Wenn ich auf der Bühne stehe und die Leute »Zugabe« rufen, dann habe ich das Gefühl, ihnen für ihr gezahltes Geld auch »viel« geben zu müssen.

Außerdem macht es mir ja auch Spaß. Es gibt unendlich viele Veranstaltungen, für die ich für fünfundvierzig Minuten gebucht wurde, letzten Endes aber dann über siebzig Minuten gespielt habe. Den Veranstaltern hat es meistens gefallen. Nur wenn mehrere Künstler im Programm waren, war das nicht immer lustig. Wenn ich darüber nachdenke, kann ich das auch verstehen. Wenn ich zu einer Veranstaltung komme, und es heißt, ich soll um 22 Uhr auftreten, es wird dann aber 23 Uhr, dann bin ich auch nicht unbedingt begeistert. Und heute weiß ich, dass es bei vielen Veranstaltungen eine Sperrstunde gibt, zu der die Musik aus sein muss, aber darüber habe ich mir früher keine Gedanken gemacht. Ich habe ganz bestimmt den einen oder anderen Kollegen zur Weißglut gebracht. Das tut mir im Nachhinein wirklich leid. Heute denke ich anders darüber.

Ich denke dabei an die großen »Schlagernächte«, das ist eine wirklich große Veranstaltungsserie, die sich in den letzten zwanzig Jahren etabliert hat und von meinen sehr guten Bekannten Manfred Schulte, genannt »Manni«, und Karl-Heinz Schweter ins Leben gerufen wurde.

Da treten an so einem Abend zehn bis zwölf Künstler auf. Jeder fünfundzwanzig, dreißig Minuten. Wenn man dann überzieht, dann kippt der ganze Ablauf. Es gibt ja auch Kollegen, die nach ihrem Auftritt direkt abreisen und ihren Flug bekommen müssen oder noch einen zweiten Auftritt irgendwo haben. Da wäre jede Verzögerung ein Fiasko. Aber wie gesagt, früher habe ich mir darüber keine Gedanken gemacht. Heute bin ich da ein ganzes Stück weiter. Auch wenn es mir oft sehr schwerfällt und ich gern länger auf der Bühne stehen würde.

An einem Abend während der »Hitparaden«-Tournee habe ich es aber wirklich übertrieben. Zwölf Minuten »Kornfeld«! Da riss selbst Hecki der Geduldsfaden. Verständlicherweise. Am folgenden Tag machte er vor meinem Auftritt seine Verabschiedung und moderierte mich dann wie folgt an: »Und jetzt kommt einer, auf den Sie schon den ganzen Abend gewartet haben. Er will mit Ihnen barfuß durch den Sommer aufs Dach ziehen und gemeinsam eine Nacht mit Ihnen im Kornfeld verbringen. Er ist für Sie da, so lange Sie möchten.« Und dann ging Dieter mit den anderen Kollegen ins Hotel, und ich stand da – und die Fans ließen mich erst nach Mitternacht von der Bühne.

Mir hat es Spaß gemacht, aber das hatte ich nun davon. Von da an war ich brav und habe mich immer an die verabredeten Zeiten gehalten. Ja, »Hecki« war ein guter Lehrmeister, und ich vermisse ihn sehr.

Als die Ära der »ZDF-Hitparade« im Jahr 2000 zu Ende ging, war das für uns alle sehr traurig. Die Sendung lief immerhin zweiunddreißig Jahre lang sehr erfolgreich. Und ich finde, eine solche Sendung fehlt einfach in der heutigen Zeit, weil ich behaupten möchte (und das darf ich, ich kenne das Business immerhin schon seit über fünfzig Jahren), dass sie einfach zeitlos war und auch heute noch absolut in die Zeit passen würde.

Mit Hecki und Hildchen hielten viele Künstler, so auch ich, über viele, viele Jahre Kontakt. Hecki war ein Freund, ein Vertrauter. Kaum jemand kannte die Branche oder die Künstler so gut wie er. Und kaum jemand war so gefürchtet wie er. Wobei das liebevoll gemeint ist. Hecki brachten alle, wirklich alle, den größten Respekt entgegen.

Wir mochten ihn einfach.

Aus dieser Zeit gibt es ein sehr witziges Foto! Hecki hatte die Angewohnheit, einen immer auf den Mund zu küssen. Ist nicht jedermanns Sache, meine eigentlich auch nicht, aber Hecki durfte das. Davon gibt es einen Schnappschuss, den ich euch nicht vorenthalten möchte.

Vielleicht bin ich blöd

(Aus dem Album »Schlossallee«, 2010)

Vielleicht bin ich blöd«, aber ich wollte immer schon einen Hund haben. Seit ich denken kann. Schon als Kind hab ich mir einen Hund gewünscht. Keine Katze, keine Fische, keinen Vogel – nein, ein Hund musste es sein. Und nicht zu groß, damit es nie so aussehen sollte, als ob der Hund mit mir spazieren ginge und nicht umgekehrt.

Unsere Wohnung in der Moltke-Kaserne hatte hohe Räume, die mir als Kind noch viel höher vorkamen, aber um die drei Meter Deckenhöhe waren es bestimmt. Und zu Weihnachten hatten wir immer einen riesigen Tannenbaum in der Wohnung, das ließen meine Eltern sich nicht nehmen. Unter dem Tannenbaum lagen immer große graue Wolldecken, um am Heiligabend die Geschenke vor neugierigen Blicken zu verstecken und um danach den Fußboden vor dem herabtropfenden Kerzenwachs zu bewahren. Die Feiertage verbrachten wir immer unter uns, denn wir hatten keine Verwandten in Schleswig-Holstein, und es war jedes Jahr etwas ganz Besonderes – einfach schön. Heiligabend kleideten wir uns festlich, und es gab mein ganz persönliches Festessen: Würstchen mit Kartoffelsalat.

Und – was damals noch viel wichtiger war – ich bekam wirklich tolle Geschenke von meinen Eltern. Von der Eisenbahn habe ich ja schon erzählt, aber auch sonst wurde ich von ihnen verwöhnt, da kann ich mich gar nicht beklagen. Ich bekam viele schöne Dinge – nur eben keinen Hund. Dabei stand der seit Jahren immer wieder ganz oben auf meinem Wunschzettel.

An einem dieser Weihnachtsabende, ich war so zehn oder elf Jahre alt, saßen wir nach der Bescherung beim Essen. Ich war ein bisschen enttäuscht, denn ich hatte wieder keinen Hund bekommen, aber ich versuchte, es mir nicht anmerken zu lassen. Und ich wollte meine Eltern nicht enttäuschen.

Da sagte während des Essens mein Vater zu meiner Mutter: »Sag mal, Lilo, ham wer nich wat verjessen?«

Meine Mutter zögerte kurz, dachte nach und erwiderte: »Doch, jetzt, wo du es sagst … da war doch noch was …« Ich verstand nur Bahnhof oder Kartoffelsalat.

»Männlein (so nannten mich meine Eltern damals immer), kiek nochma unter det Bäumchen«, sagte mein Vater.

»Hab ich schon, da war nichts weiter«, gab ich zurück.

»Na, denn kiek ma jenauer hin.«

Ich kroch fast unter den Baum, denn »Bäumchen« war bei der Dreimetertanne die Untertreibung des Jahrhunderts. Ich schaute also noch mal genauer und suchte und suchte. Und tatsächlich, irgendwo in der dunklen

Mitte, nah am Stamm, sah ich einen kleinen schwarzen Fleck. Und der bewegte sich.

Als ich näher rankam, konnte ich es gar nicht fassen. Da lag ein winziger Langhaardackel-Welpe zusammengerollt und schlief. Ganz langsam und behutsam holte ich ihn hervor. Ich war so glücklich, dass ich erst mal vor Freude geweint habe. Ich glaube, das war mein emotionalstes Weihnachtsgeschenk, für das ich unendlich dankbar war.

Und so kam Bürschi in mein Leben. Bürschi war eigentlich eine Hündin, aber das war mir egal. Ich sagte sowieso oft einfach nur »der Hund«. Bürschi war anfangs wirklich sehr klein, wenn wir in diesem ersten Winter gemeinsam rausgingen und es geschneit hatte, dann versank er fast im Schnee. Das war lustig. Wenn wir dann wieder nach Hause gekommen sind, habe ich ihn abgetrocknet und mich gemeinsam mit ihm vor dem Kamin gewärmt.

Und natürlich durfte Bürschi auf gar keinen Fall in meinem Bett schlafen. Das war streng verboten.

Na ja, dreimal dürft ihr raten, wo Bürschi vom ersten Abend an schlief …

Was Bürschi auf gar keinen Fall ertragen konnte, war das Alleinsein. So ein Dackel ist sehr schnell gelangweilt und sucht sich in solchen Fällen selbst eine Beschäftigung, davon erzähle ich gleich noch, wenn ich zu Gipsy komme.

Bürschi wurde über viele Jahre mein Begleiter, lernte mit mir englische Vokabeln und hätte – könnte er sprechen – sicher auch das Latinum geschafft, so oft wie er mir beim Pauken zugehört hat. Zum Glück wurde Bürschi sehr alt, aber als dann eines Tages doch der schmerzhafte Abschied kam, gab es für mich keine Frage – ich wollte unbedingt wieder einen Hund. Hunde geben einem so viel.

Und so betrat nun »Gipsy« die Bühne, eine Rauhaardackel-Dame. Wobei das mit der Bühne durchaus wörtlich zu nehmen ist, denn Gipsy begleitete mich überallhin und war bei Tourneen immer dabei – woran sich viele meiner Kolleginnen und Kollegen noch gut erinnern können.

Eines Tages, bei einem Konzert mit den Les Humphries Singers, hatte ich mal wieder meinen Solopart und sang mit voller Inbrunst gerade »Baby, I'd love you to want me«, eine eigentlich todsichere Nummer.

Allerdings war an dem Abend irgendetwas anders – ich hatte das Gefühl, dass das Publikum irgendwie abgelenkt war. Ich schaute als Erstes auf meine Hose, ob vielleicht mein Reißverschluss offen stand. Aber da war alles in Ordnung. Dann entdeckte ich etwas weiter rechts meine kleine Gipsy im Scheinwerferlicht am Bühnenrand, die interessiert ins Publikum äugte. Wahrscheinlich war es Gipsy in der Garderobe langweilig geworden, wo sie eigentlich sonst immer eingerollt in meinem Gitarrenkoffer auf mich wartete.

Das war wirklich ein irrer Moment. Sie schaute, als ob sie erst einmal die Lage checken oder gucken wollte, was ich da so machte. Sie verschaffte sich kurz einen Überblick und trottete gemächlich zum Schlagzeug. Unser Drummer hatte in seine große Basstrommel eine Wolldecke gelegt, damit der Sound schön trocken und ohne Nachhall kam. Das war Gipsys Ziel, während wir alle weiterspielten. Sie ließ sich langsam auf der Decke nieder, gähnte herzhaft und ausgiebig und legte den Kopf an die Trommelwand. Allein das süße Gähnen sorgte für einen großen Heiterkeitsausbruch beim Publikum.

Doch das war nicht alles. Sie lag da so friedlich in der Schlagzeugtrommel, und jedes Mal, wenn der Drummer nun mit dem Fuß einen Schlag gegen die Bass Drum machte, hüpfte Gipsys kleiner Kopf in die Höhe – als wäre sie ein Spielzeughund.

Wir kriegten uns fast nicht mehr ein, so haben wir gelacht. Wir konnten kaum weitermachen. Gipsy hingegen schaute nur kurz auf, dachte sich wohl: Oh, das ist doch nicht so gemütlich, wie ich dachte, erhob sich würdevoll und verließ die Bühne, um sich wieder wie gewohnt in meinem Gitarrenkoffer zusammenzurollen.

Ja, so schnell kann einem ein kleiner Rauhaardackel die Show stehlen.

Ihre Nachfolgerin wurde Fienchen, ebenfalls eine Dackeldame. Als Joelina drei Jahre alt war, beschlossen Ramona und ich, die Familie um einen kleinen Hund zu erweitern. Mit Fienchen haben wir auch viel erlebt. Dackel sind ja eigentlich Jagdhunde, und Fienchen hatte beschlossen, ihrem Stammbaum alle Ehre zu machen. Weil sie sich immer mal gern aus dem Staub machte, hatten wir in ihr Halsband eine Plombe mit allen Daten einarbeiten lassen und besonders unserer kleinen Tochter Joelina eingeschärft, ihr ja nur nie das Halsband abzunehmen. Somit war immer gesichert, dass wir Fienchen wiederfinden konnten – egal wo sie war.

Eines Tages waren wir auf dem Weg zu einem Auftritt im Kasseler Raum, und ich wollte vorher noch in Mainz beim ZDF vorbeifahren, um ein Playback für einen TV-Auftritt abzugeben. In Lorsch musste ich tanken, und Ramona ging mit Joelina zur Toilette. Ich ließ Fienchen kurz raus, damit sie sich ebenfalls erleichtern und die Pfoten vertreten konnte.

Ich tankte und zahlte, Ramona und Joelina kamen zurück, stiegen ein, und wir fuhren los. Leider fiel niemandem von uns auf, dass Fienchen nicht mehr wie gewohnt unter einem Sitz lag und schlief. Ich machte den kurzen Zwischenstopp auf dem Lerchenberg in Mainz und sagte kurz vor der Weiterfahrt zu Ramona: »Lass doch noch eben schnell den Hund raus.« Aber Ramona fragte: »Ja, wo ist denn Fienchen?« Große Nervosität.

Wir suchten alles ab, sogar die Redaktionskollegen vom ZDF schwärmten aus, und von überall auf dem ZDF-Gelände hörte man Rufe: »Fienchen! Fienchen!«

Wir hatten zunächst noch die Hoffnung, sie wäre schnell rausgesprungen, da das gesamte Gelände von Karnickelbauten übersät war, was in ihr den Jagdinstinkt geweckt haben könnte. Aber sie blieb verschwunden.

Joelina schaute mich mit ihren großen, traurigen Kinderaugen an und sagte, dass sie Fienchen das Halsband im Auto abgenommen hatte, weil sie dachte, dass es für Fienchen bequemer wäre, ohne das Halsband zu schlafen. Oh nein, das war natürlich der absolute Super-GAU!

Denn das Halsband enthielt ja die kleine Plombe, in der handschriftlich Fienchens Name, Adresse und unsere Telefonnummern enthalten waren.

Das war ein großer Schock für uns alle, denn damit war Fienchen plötzlich ein herrenloser Hund, nicht identifizierbar. Uns war sehr schnell klar, dass Fienchen bei dem Stopp in Lorsch verschwunden sein musste und nicht wie sonst zurückgekommen war. Der nahe Wald war wohl für eine Dackelnase zu verlockend gewesen. Ich rief sofort in der Raststätte Lorsch an und fragte, ob man dort einen herrenlosen Dackel gesehen hätte. Und tatsächlich! Man hatte Fienchen gefunden. Fienchen hatte einen ganz verwirrten Eindruck gemacht und sogar Futter und Wasser verweigert. Der Tankwart konnte sich genau erinnern. Ich war außer mir vor Freude.

Diese Freude legte sich aber sofort wieder, denn der nächste Satz des Tankwarts lautete: »Ja, und eben ist der Hund weggefahren.«

»Wie, weggefahren?«

»Nun ja, da niemand den Hund kannte, hat ihn einer von den Mercedes-Fahrern mitgenommen, die immer die neuen Lkws überführen. Ich habe mir aber das Kennzeichen notiert.«

Oh Gott, unser armes Fienchen! Ganz allein bei einem Fremden. Wir waren alle drei völlig aufgelöst. Joelina weinte unaufhörlich. Wir mussten unseren Hund unbedingt wiederfinden.

Leider stand ich an jenem Tag extrem unter Zeitdruck, weil ich ja noch zu diesem Auftritt bei Kassel musste. Zufällig rief mich genau zu diesem Zeitpunkt ein bekannter Radiosender an. Ich war so fertig, dass meine Geschichte mit unserem Fienchen einfach aus mir heraussprudelte, noch bevor der Moderator die erste Frage stellen konnte. Ich erzählte die ganze Geschichte, wo wir Fienchen verloren hatten, dass wir zuerst glaubten, sie wiedergefunden zu haben, und dass sie dann von irgendjemandem in einem Lkw mitgenommen worden

war. Über das Radio gab ich dann auch meine Mobil-
funknummer durch. Ohne groß nachzudenken. Ich bat
einfach darum, dass man mich anrufen sollte, wenn irgendjemand etwas gesehen haben sollte.

Von dem Moment an stand mein Handy nicht mehr
still. Plötzlich kamen im Sekundentakt SMS und Anrufe.
Leider waren die ersten Anrufe alles andere als hilfreich,
manche auch ganz bewusste Fakes. Die Leute wollten
mich einfach sprechen, meine Stimme hören oder einfach nur testen, ob das auch wirklich meine Nummer war.

Ich rief dann in dem Mercedes-Benz-Werk in Stuttgart an, um mit dem notierten Kennzeichen des Tankwarts eventuell den Fahrer ausfindig zu machen. Leider
war aber Wochenende, und daher erreichte ich nur den
Pförtner des Mercedes-Werks. Dieser meinte, dass ich
mich am Montag noch mal melden sollte. Das Wochenende war schlimm. Um diese Ungewissheit, wo unser
Fienchen sein könnte, überhaupt ertragen zu können,
mobilisierte ich sämtliche Kontakte, die ich hatte, und
bat alle, uns bei der Suche zu unterstützen – Radiosender, Tageszeitungen und so weiter.

Nach drei sehr unruhigen Tagen bekamen wir den
entscheidenden Hinweis auf den Fahrer, nicht zuletzt
deshalb, weil auch die Presse auf den Fall eingestiegen
war. Der zuständige Herr von dem Mercedes-Benz-
Werk hatte mir bei meinem Anruf am Montag bereits
den Fahrer und seine Kontaktdaten nennen können.
Mir fiel ein Stein vom Herzen! Jetzt konnte alles nur
noch gut werden.

Man sagte mir bei dem Telefonat aber auch gleich,
dass der Fahrer sich bereits beim Werk wegen Fienchen

gemeldet hatte, denn er hatte von dem Vorfall im Radio gehört, auf einem Schlagersender. So weit hatte ich in meiner Not gar nicht gedacht und nur die Pop-Radiosender angerufen und um Hilfe gebeten, aber mein Hilferuf wurde glücklicherweise unter vielen Sendern weitergereicht. Auf diese Weise ist die Botschaft durchgedrungen. Ich war der Meinung, dass die wenigsten Schlager im Auto hören würden. Dieses Ereignis hat mich eines Besseren belehrt.

Und so konnten wir Fienchen bald wieder gesund und munter in unsere Arme schließen. Sie hat alles gut überstanden und uns diese Episode nicht wirklich übelgenommen. Wir waren sehr glücklich, dass sie wieder da war. Und durch diese Geschichte wurde Fienchen sogar ein kleines bisschen berühmt. Jedenfalls kannten anschließend viele Leute ihren Namen.

Fienchen wurde glücklicherweise sehr alt. Sie lebte ein sehr abwechslungsreiches und spannendes Leben mit uns und war gern mit mir auf Tour. Häufig haben wir sie auch mit nach Mallorca genommen, dort ging sie liebend gern mit mir im Meer schwimmen, und wenn es ihr zu anstrengend wurde, hat sie mich immer als Luftmatratze benutzt, indem sie auf meinen Rücken gekrochen ist.

Später wurde sie leider etwas schwerhörig – was wir daran merkten, dass sie selbst dann ruhig liegen blieb, wenn ich gesungen habe.

Als Fienchen schon etwas in die Jahre gekommen war, wünschte sich Joelina einen eigenen Hund. Fienchen war ja eher auf mich und ersatzweise auf Ramona geeicht. Das gefiel Joelina nicht immer, und so wurde der Wunsch nach einem Hund, welcher ihr folgen sollte, immer größer. Zwischenzeitlich konnte man ja auch niedliche Welpen von Züchtern im Netz googeln, und so kam Joelina eines Tages mit einem Bild von einer kleinen Bolonka-Zwetna-Hündin an. Wir ließen uns breitschlagen, und Ramona besuchte mit Joelina die Züchterin, die den beiden den aktuellen Wurf präsentierte. Joelina war auf der Stelle hin und weg von der kleinen Avel.

Sie kam im Alter von acht Wochen zu uns und sollte eigentlich ein Geschenk zu Joelinas zehntem Geburtstag sein, damit sie – ähnlich wie ich damals – lernen sollte, Verantwortung zu übernehmen. Aber da es immer anders kommt, als man plant, wählte Avel Ramona zu ihrer Bezugsperson, was unsere Pläne durchkreuzte. Avel wurde Ramonas kleiner Schatten und somit auch auf Reisen unsere ständige Begleiterin.

Avel war ein kleiner Hund, was für uns wegen der vielen Reisen sehr praktisch ist, denn selbst nach Mallorca kann der Hund in der Kabine des Flugzeugs dabei sein. Ich möchte nicht gezwungen sein, meine tierischen Wohngenossen zu sedieren und als Fracht mitzuschicken.

Eines Tages brachten Freunde von uns einen kleinen Rüden aus einer rumänischen Tötungsstation mit. Sein Name war Maxi, und unsere Freunde suchten für ihn ein neues Zuhause.

Wir waren tierisch ja eigentlich versorgt und wollten keinen weiteren Hausgenossen mehr. Eigentlich. Allerdings hatten wir die Rechnung ohne Joelina gemacht, die von dem kleinen Mischling hin und weg war und ihn unbedingt behalten wollte, nachdem Avel »Ramonas Hund« war. Sie fand ihn so süß, ganz anders als unsere Avel, die über den Neuzugang alles andere als erfreut war und Maxi eher als lästige Konkurrenz bei der Vergabe von Streicheleinheiten und Leckerli empfand.

Da Joelina aber so sehr in Maxi verliebt war und uns anflehte, ihn doch aufzunehmen, er sei doch noch so klein und brauche ein neues Zuhause, ließen wir uns breitschlagen. Also hatten wir jetzt statt zwei drei Hunde. Das sollte wirklich reichen.

Aber es kam wieder anders – besonders wenn die Hunde schneller groß werden und Herrchen und Frauchen nicht eine Sekunde darüber nachdenken, was wäre, wenn ... Wir haben einfach nicht darüber nachgedacht, dass der Rüde mit knapp acht Monaten schon geschlechtsreif sein könnte. Die Folge eines unbeobachteten Moments: Unser heimischer Zoo vergrößerte sich sozusagen wie von selbst. Avel schenkte zwei kleinen Welpen das Leben. Gipsy (in Gedenken an meine damalige Dackeline) und Bacci. Für uns war von vornherein klar, dass wir beide Welpen behalten würden. Selbst wenn es vier, fünf oder sechs gewesen wären, hätten wir es nicht übers Herz gebracht, nur einen von den Kleinen abzugeben und unsere Hundefamilie auseinanderzureißen. Somit hatten wir von nun an fünf Hunde!

Unsere Meute war in der Nachbarschaft bekannt und berüchtigt, aber wer kann diesen kleinen Rackern schon etwas übel nehmen. Fienchen und Avel sind inzwischen leider verstorben. Fienchen, weil sie sehr, sehr alt war, und Avel ... Ja, Avel wurde überfahren. Das war furchtbar. Vor allem für Ramona. Ich habe meine Frau zuvor noch nie so traurig gesehen. Seit dem Tod von Avel hat die kleine Gipsy die Rolle von Avel übernommen und weicht ihr nicht einen Moment von der Seite.

Neben unseren Hunden gibt es noch ein Pferd, das Ramona gehört. Sie ist nun mal im Münsterland groß geworden, und das ist Pferde-Country. Sie ist von klein auf geritten, und auch Joelina war immer eine Pferdenärrin. Meine Tochter ist sogar Turniere geritten, und nicht nur Papa war mächtig stolz. Das Schöne ist, wer Töchter oder eine Frau hat, die Pferde lieben, weiß immer, wo sie sich aufhalten, wenn sie mal nicht zu Hause sind: im Stall beim Pferd!

Es ist Ramonas Welt. Sie liebt die Natur und generell den Umgang mit Tieren. Ramona ist ein echtes Landmädel. Pferde haben es ihr aber schon von klein auf angetan. Ramona sagt immer: »Tiere sind einfach die besseren Menschen.« Wohl wahr, Ramona. Ich liebe und bewundere meine Frau für diese Art.

Natürlich musste ich meinen beiden Mädels beweisen, dass auch ich auf einem Pferd eine gute Figur machen kann. So dachte ich. Eines Tages schritt ich zur Tat, standesgemäß in Sporthose und Sportschuhen und ohne Helm. Wenn schon, denn schon. Ja, Onkel Jürgen ist eben cool. Mit Helm kann ja jeder.

Was ich nicht wusste, war, dass das von mir für dieses Ereignis erwählte Pferd ein Quarter Horse war, sozusagen der Ferrari unter den Rennpferden.

Und ich wusste ebenfalls nicht, dass ausgerechnet dieses spezielle Tier eine Phobie vor Eseln hatte – und nein, damit war nicht ich gemeint, obwohl man das nach dieser Einleitung denken könnte.

»Vielleicht bin ich blöd«, aber ich schwang mich selbstbewusst auf den Rücken des Pferdes, auf dem ja angeblich »alles Glück dieser Erde« liegen soll. Da geriet plötz-

119

lich und unerwartet ein kleines Pony in den Blickwinkel meines Rosses, und das muss es wohl für einen Esel gehalten haben, denn es erschrak sozusagen tierisch und startete von null auf einhundert in weniger als einer Sekunde mit Onkel Jürgen auf seinem Rücken durch.

Kennt ihr das, wenn man das Unheil kommen sieht, wie komplett erstarrt ist und genau weiß, dass man jetzt nichts mehr verhindern kann? Nur noch die Augen zukneifen und festhalten? Falls das überhaupt geht … Ich blieb nicht lange auf dem Rücken dieses Fell-Ferraris sitzen, sondern rutschte innerhalb von Sekunden mit meiner unzweckmäßigen Kleidung ab und lag auf dem Boden wie ein Käfer auf seinem Rücken. Ehrlich, ich sah mich schon im Rollstuhl, von Ramona geschoben, und verfluchte meinen Leichtsinn.

Ich hatte Glück im Unglück. Künftig bleibe ich lieber bei meinen kleinen Hunden, da kann nichts passieren. Da fällt mir gerade noch eine niedliche Geschichte ein, die Ramona und ich mit Gipsy Anfang 2020 erlebt haben.

Wir waren für eine TV-Aufzeichnung in Leipzig, und wenn Ramona mitkam, dann war meistens auch unsere kleine Gipsy dabei. Sie folgte uns auf Schritt und Tritt und kannte das alles schon seit vielen Jahren. Die Sendung lief gut, und wir übernachteten in Leipzig. Am nächsten Morgen gingen Ramona und ich hinunter zum Frühstück, wo bereits einige Kolleginnen und Kollegen saßen, und setzten uns dazu. Gipsy nehmen wir nie mit zum Frühstück, denn das ist auch in den meisten Hotels gar nicht erlaubt.

Wir genossen unseren Kaffee, da kam jemand von der Produktion an unseren Tisch und sagte: »Du, Jürgen, mein Kollege kam gerade zu mir und meinte: Der Hund vom Drews fährt alleine Aufzug hoch und runter!« Zuerst einmal haben wir gelacht. Das konnte ja gar nicht sein. Gipsy hatten wir ja im Zimmer gelassen.

Zur Sicherheit wollten wir aber doch mal nachsehen. Nun gab es in diesem Hotel vier Aufzüge nebeneinander. Auf dem Weg dorthin kam uns ein Hotelgast entgegen und sagte: »Da fährt ein Hund im Aufzug. Zuletzt war er in der siebten Etage.« Dann kam ein weiterer Gast aus dem nächsten Fahrstuhl: »Suchen Sie einen Hund? Der steht in der dritten Etage vor dem Aufzug.«

Wir teilten uns also auf. Ramona beschloss, mit dem Aufzug nach oben zu fahren, und ich blieb unten stehen, um aufzupassen, ob unsere Gipsy in irgendeinem Aufzug mitfuhr. Ein paar Minuten später ging eine der Aufzugtüren auf, und Ramona kam Tränen lachend heraus und sagte: »Die Kleine hat in der vierten Etage vor dem Aufzug gesessen und gewartet.« Wir haben uns alle köstlich amüsiert, auch wenn wir nicht wirklich wussten, wie sie aus dem Hotelzimmer entwischen konnte. Und Ramona scherzte: »Aufzugfahren ist sie gewöhnt, davor hat sie keine Angst. Jetzt müssten wir ihr nur noch beibringen, wie man auf den richtigen Knopf drückt!«

Aber dennoch Glück gehabt. Es kann immer etwas passieren, außerdem kam mir der Gedanke, jemand hätte Gipsy einfach mitnehmen können. Was ein Albtraum.

Der schwerste Tag war gestern

(Aus dem Album »Es war alles am besten«, 2015)

Man soll ja alles mal probieren, dachte ich mir, und so wurde ich neben dem Sänger auch zum Moderator. Ja, ich gebe zu, hin und wieder gerate ich gern ins Reden, und manchmal komme ich auch vom Hölzchen aufs Stöckchen, aber wenn es den Zuschauern gefällt – warum nicht? Während meiner Shows muss ich ja ohnehin Ansagen und Überleitungen machen, und da meine Band und ich schließlich auch Spaß haben wollen, sind diese Texte jedes Mal ein wenig anders.

Es begann mit den großen Events, wie den Miss-Wahlen, die es heute nicht mehr gibt. Klar, ich musste mich dabei oft an enge Zeitvorgaben halten, was mir anfangs wirklich schwerfiel, aber dann zunehmend auch Spaß machte. Und die jungen Mädchen und Frauen, die ich dort interviewte, machten mir es normalerweise leicht.

Aber diese Arbeit war eben live und fand nicht vor Millionen Zuschauern statt, sodass ich nicht jedes Wort auf die Goldwaage legen musste. Ich bewunderte die großen Moderatoren wie Frank Elstner, Dieter Thomas

Heck, Thomas Gottschalk, Carmen Nebel und andere, die scheinbar mühelos plaudern und auch wie selbstverständlich improvisieren können. Ich konnte mir meist nicht einmal die Namen merken und musste alles auf Kärtchen oder Zetteln haben, von denen ich ablesen konnte. Nein, gut, dass ich kein TV-Moderator war. Ich war als Sänger eindeutig entspannter.

Eines Tages, Ende der Achtzigerjahre, traf ich am Frankfurter Flughafen meinen leider bereits verstorbenen Kollegen Bernd Clüver. Er erzählte mir voller Stolz, dass es eine neue Show in den Dritten Programmen geben würde, »Die Deutsche Schlagerparade«.

Produzent sei die Firma von Dieter Thomas Heck, und er, Bernd, solle diese moderieren. Ich wusste, dass Bernd eine super Mikrofonstimme hatte, und gratulierte ihm neidlos, erwähnte nur quasi nebenbei, dass wir uns dann ja hoffentlich dort einmal wiedersehen würden.

Kurze Zeit später klingelte das Telefon, in der Leitung war Dieter Thomas Heck. Es entspann sich folgender Dialog:

»Kerlchen«, so nannte er mich immer, »Kerlchen, hast du nicht mal Lust, mit mir in Baden-Baden essen zu gehen?«

»Ja gerne.«

»Du bekommst auch tausendfünfhundert Mark.«

»Dafür, dass ich mit dir essen gehe?«

»Kerlchen, ich mache da eine neue Sendung für die ARD und suche noch einen Moderator. Hättest du Zeit und Lust, das mal zu testen?«

Ich sagte ihm, dass ich ja wisse, dass Bernd Clüver dafür vorgesehen sei.

»Ja«, erwiderte er, »das fänd ich auch gut, aber der Sender möchte von mir drei Vorschläge auf Band haben. Und du redest doch so gern, dann mach das doch mal vor der Kamera.«

Gut, warum nicht, meine Reisekosten wurden ja erstattet. Bitte, wenn Dieter das gerne wollte ... Also fuhr ich nach Baden-Baden, wo im Studio des damaligen Südwestfunks der Test, also das Casting, stattfinden sollte. Dort angekommen kam mir schon Chris Roberts entgegen – puterrot vor Aufregung. Aha, dachte ich, den hat Hecki also auch beschwatzt.

Ich selbst fühlte mich total locker und entspannt, denn nach meiner Information stand ja fest, dass das mit Bernd Clüver längst in trockenen Tüchern war und ich quasi nur »pro forma« mitmachen sollte.

Im Studio hieß es dann, ich sollte mir eine Ansage und ein, zwei Fragen zu Tony Marshall überlegen. Nun, das fiel mir nicht schwer, denn ich kannte Tony natürlich gut. Und, wie schon erwähnt, ich war echt locker, ich hatte ja nichts zu verlieren. Vielleicht war ich sogar etwas *zu* locker, denn mir fiel während der Ansage das Mikrofon aus der Hand. Alle haben gelacht, ich auch – dann ein lustiger Spruch, und weiter ging's, so eine kleine Panne wird doch einfach weggesteckt. Da machte sich dann schon meine langjährige Live-Erfahrung bemerkbar, denn auf Tournee passiert ja dauernd irgendetwas Unvorhergesehenes, mit dem man umgehen muss.

Nach der Aufzeichnung kam der Redakteur vom SWF zu mir, ein guter Mann, machte wichtige Sendungen ... Mir fällt der Name nicht ein ... Moment, ich hab's gleich ... Mein schlechtes Namensgedächtnis. Ramona wüsste das jetzt sofort. Na, wie auch immer, jedenfalls fand der Sender toll, wie ich das gemacht hatte.

Ich erwiderte, dass ich doch von Schlager echt nicht viel verstünde, der Bernd hingegen ... Aber man ließ mich gar nicht ausreden. Man fand mich eben super, ich solle das aber bloß dem Herrn Heck nicht sagen. Das verwirrte mich ein wenig. Es hieß doch, dass Bernd Clüver diesen Job schon fix hatte?

Klar hielt ich die Klappe, wenn es auch schwerfiel, denn ich war immer noch felsenfest davon überzeugt, dass Hecki sich durchsetzen würde. Und dann rief mich Hecki an. »Kerlchen, ich finde, dass du es bist. Ich muss nur noch den Sender überzeugen.« Innerlich musste ich etwas schmunzeln, ich kannte die Meinung des Senders ja schon. Das sagte ich Hecki aber nicht.

Ja, und nun war ich also plötzlich Moderator. Mit dieser Gewissheit begann allerdings auch das große Zittern. Hecki bat mich zum Testlauf in sein Zuhause auf Schloss Lauf, und ich reiste an – mit Notizblock und Rekorder, um mir auch alles zu merken, was die TV-Legende mir Hilfreiches mit auf den Weg geben konnte.

Ich erhielt viele wirklich sehr wertvolle Tipps, die ich förmlich aufsaugte. Ich lernte, wie man Ansagen baut und wie man so auf seine Karten schielt, dass die Kamera es möglichst nicht sieht. Besonders wegen der Namen, denn damit ... Aber das wisst ihr ja. Ich habe alles Wort für Wort auswendig gelernt.

Dann kam die erste Probe, und glücklicherweise lief die recht gut. Ich war allerdings total nervös und hatte vor allem immer Angst, meine Karten zu verwechseln.

Aber ich konnte ja alles auswendig. Und alle gratulierten mir zu dem gelungenen Einstieg.

Dann war es so weit: Der Tag der ersten Aufzeichnung stand bevor. Dafür hatte ich extra zum Teil andere, neue Texte vorbereitet und gelernt. Aber ich merkte schnell: »Der schwerste Tag war gestern.« Nachdem ich das Ganze schon einmal trainiert hatte, ging es mir viel flotter von der Zunge. Und ich dachte bei mir: So ist das also! All die von mir so bewunderten Moderationslegenden haben das auch so gemacht – einfach auswendig gelernt und sich dann darauf verlassen. Ich las später ein Zitat von Rudi Carrell, der mal sagte: »Man kann nur das aus dem Ärmel schütteln, was man vorher reingetan hat.« Genauso ist es.

Und mit zunehmender Routine konnte ich dann auch auf der Grundlage des auswendig Gelernten improvisieren, sodass es spontan wirkte. So habe ich diese Show sechs Jahre lang moderiert. Dennoch war ich froh, dass ich nach dieser Zeit und mit diesen Erfahrungen wieder in mein eigentliches Metier zurückkehren konnte.

Noch heute höre ich manchmal, wie in einem Déjà-vu, ein Geräusch, als würde das Publikum in das kleine Studio in Baden-Baden eingelassen, und ich rieche diesen typischen Geruch von Staub und heißen Scheinwerfern. Es war eine schöne, spannende Zeit und eine Erfahrung, die ich nicht missen möchte. Und ich habe nach wie vor sehr großen Respekt vor allen Moderationskollegen. Vor eurer selbstverständlichen Lockerheit, davor, dass ihr das immer so souverän macht. Ich singe doch lieber, da habe ich mehr Routine und weiß, was ich tue.

Du kriegst bestimmt den Liebes-nobelpreis

(Aus dem Album »Kornblumen«, 2013)

Im Showbusiness haben sich uns Künstlern immer viele und meist auch unkomplizierte Gelegenheiten geboten, was das Kennenlernen von Frauen angeht. Und ich gebe zu, ich habe das früher, wie andere Kollegen auch, sehr gerne mal ausgenutzt.

Ernsthafte Beziehungen allerdings hatte ich nicht sehr viele. Da war meine Model-Freundin aus Recklinghausen, mit der ich auch in Hamburg zusammenlebte – dann eine gescheiterte Ehe, schließlich eine über zehn Jahre andauernde Beziehung in München mit einem Schweizer Model. Mit der Ramona und ich übrigens nach wie vor befreundet sind.

Aber dann kam Ramona. Und das war es dann! Ich hätte nie gedacht, dass es für mich einen so passenden Herzensmenschen geben kann. Sie ist die Liebe meines Lebens, auch wenn ich das nicht gleich gemerkt habe, wie ich jetzt erzählen werde. Gott sei Dank schaltete ich aber noch rechtzeitig, und wir lieben uns heute genau wie am ersten Tag. Das mag sich kitschig anhören, ist mir aber egal. Es ist einfach so.

Ich sah Ramona das erste Mal auf Gran Canaria. Dort fand die Endauswahl zur »Miss Germany« statt, aufgezeichnet vom spanischen Fernsehen, wo Ramona als »Miss Schleswig-Holstein« teilnahm. Ja, diese Events gab es damals noch; wir schrieben schließlich das Jahr 1989 – das war also lange vor #metoo. Daher sollte ich vielleicht kurz erklären, wie das ablief.

In mehreren regionalen Veranstaltungen präsentierten sich junge Mädchen im Rahmen einer großen Gala den Zuschauern und einer Jury aus mehr oder weniger bekannten Menschen in mehreren thematischen Durchgängen – in Abendkleidung, casual, sportlich und, das war für viele männliche Zuschauer das Wichtigste, in Badekleidung. Dazu gab es einen Moderator, der die Teilnehmerinnen dem Publikum und der Jury vorstellte und sie in einem kurzen Talk auch interviewte. Und wen hätte man dazu Besseres finden können als mich?

Ich fand mich also in jenem Jahr 1989 auf der Bühne eines Saales auf Gran Canaria im Gespräch mit den vielen Teilnehmerinnen wieder, allerdings war ich so auf meine Moderation konzentriert, dass ich die Mädchen gar nicht richtig wahrnahm. Ramona Middendorf aus Dülmen war damals gerade sechzehn. Das Einzige, an was ich mich noch aus dem Interview mit ihr erinnere, war die Tatsache, dass sie ein Pferd hatte und somit aktive Reiterin war, dass sie auch noch Klavier spielte und sogar Ballett tanzte.

Übrigens war dort damals auch Verona Feldbusch als »Miss Hamburg« mit dabei. Viel später erfuhr ich von Ramona, dass sie sich in dem Hotel, in dem alle Mädchen untergebracht waren, ein Zimmer geteilt hatten. Der Veranstalter hatte nur Doppelzimmer gebucht, und es mussten sich immer zwei Mädchen ein Zimmer teilen.

Wenn Ramona damals nicht regelmäßig an Miss-Wahlen teilgenommen hätte, wären wir uns wahrscheinlich nie begegnet, denn sie kannte mich ja vorher gar nicht und stand auch überhaupt nicht auf meine Musik.

Aber da ich glücklicherweise immer mal wieder für die Moderation von diesen Wahlen gebucht wurde, kreuzten sich unsere Wege mehrfach. Es brauchte aber drei Treffen und dauerte insgesamt zwei Jahre, bis wir zusammenkamen.

Ein Jahr nach der Miss-Wahl auf Gran Canaria war ich mal wieder als Moderator bei einer der regionalen Vorwahlen verpflichtet, die überall in Deutschland stattfanden. So gab es auch eine Veranstaltung zur Wahl der »Miss Ostsee« in der Strandhalle Grömitz, einem schon damals sehr beliebten Badeort an der Ostsee. Und man wollte schließlich den Urlaubsgästen etwas bieten, deshalb moderierte ich bei diesen Abenden nicht nur, sondern hatte anschließend für das Publikum auch einen eigenen Showauftritt – bei dem das »Bett im Kornfeld« natürlich nicht fehlen durfte.

Wie immer gab es Interviews mit den Teilnehmerinnen, und ich hatte Ramona zunächst nicht wiedererkannt. Erst als sie im Interview sagte, dass sie aus Dülmen käme und ihre Hobbys Ballett und Reiten seien, klingelte es bei mir. Ich fragte sie, ob sie denn inzwischen in Grömitz wohnen würde, weil sie sich ja um den Titel als »Miss Ostsee« bewarb. Sie erwiderte: »Nein. Ich bin hier im Urlaub mit meinen Eltern – im Wohnmobil.«

Ich stutzte kurz und fragte, ob ihre Eltern denn heute auch dabei seien. »Ja klar«, sagte sie. »Die sitzen da unten.« Ich war erstaunt, dass es das im Jahr 1990 noch gab, dass ein junges Mädchen mit den Eltern im Wohnmobil verreiste. Aber ich fand es beeindruckend, dass dieses Mädchen offensichtlich eine so tolle Beziehung zu ihren Eltern hatte.

Und da auch ich aus einem sehr behüteten Elternhaus stammte, konnte ich gut nachvollziehen, dass Ramonas Eltern auf ihre Tochter besonders achtgaben und wie selbstverständlich mit im Saal saßen.

Eine kleine Besonderheit gab es dann noch an diesem Abend – wie ich gestehen muss, allerdings mehr zur Freude des anwesenden Publikums als zu meiner eigenen. Ich musste eine verlorene Wette einlösen, zu welcher ich mich von einer der Teilnehmerinnen hatte hinreißen lassen. Ich hatte der jungen Dame spontan versprochen, dass ich mich – für den Fall ihrer Teilnahme an der Endrunde – bis auf die Badehose entkleiden würde, um dann über den Strand direkt vor der Strandhalle zu laufen und sofort ins Meer zu springen. Zu meinem Leidwesen hatte sie sich tatsächlich qualifiziert, und ich kam aus der Nummer nicht mehr raus.

Das Publikum forderte lautstark, ich solle meine verlorene Wette einlösen. Ja, da konnte ich nicht mehr zurück und habe es tatsächlich getan. Der ganze Saal tobte und grölte, und die Damen und Herren der anwesenden Presse waren hocherfreut, dies Ereignis festhalten zu können. Ich hatte mein Versprechen eingelöst, und das Publikum amüsierte sich köstlich.

Im Anschluss an meinen Auftritt musste ich gleich

weiterfahren. Allerdings fuhr ich auch diesmal ohne Ramona, daran habe ich zu diesem Zeitpunkt noch gar nicht gedacht.

Vielleicht fragt ihr euch, warum Ramona überhaupt an diesen Miss-Wahlen teilgenommen hat? Das habe ich sie später auch gefragt. Es lag an den Preisen, die es dabei zu gewinnen gab. Mit ihren guten Platzierungen hatte sie schon manche Flugreise gewonnen und quasi ihren gesamten Hausstand zusammenbekommen – das war ihre Motivation.

Ein Jahr später, also 1991, war ich wieder in Grömitz, wieder eine Miss-Wahl. Und wieder sollte die »Miss Ostsee« gekürt werden, und abermals war ich als Moderator engagiert.

Diesmal hatten die Veranstalter beschlossen, gleich mit der Bikini-Runde anzufangen, um dem Publikum ordentlich einzuheizen. Während die Männer sonst meist zu ihren Frauen bei Showveranstaltungen sagten: »Geh du da mal alleine hin«, waren sie hier alle dabei, und so viel selbstloser Einsatz sollte wohl belohnt werden.

Erneut hatte ich das Vergnügen, Ramona in der Bikini-Runde anzusagen, aber sie kam komplett angezogen auf die Bühne.

Verdutzt wies ich sie darauf hin, dass in diesem Moment doch eher die Badebekleidung gefragt sei, worauf sie mich nur daran erinnerte, dass ich mich ja letztes Jahr bis auf die Badehose entkleiden musste, und in Erinnerung an dies lustige Ereignis wolle sie genau diesen »Auftritt« nun wiederholen.

Wie ich im Nachhinein von Ramona erfuhr, hatte sie mit dieser Aktion eigentlich nur die Jury ein wenig beeindrucken wollen, um aus dem Einerlei des Ablaufs herauszustechen und dadurch möglicherweise mehr Aufmerksamkeit und mehr Punkte zu bekommen. Eine clevere Idee! Ich war so gespannt auf das, was sie vorhatte, dass ich mich kurzerhand ins Publikum in die erste Reihe setzte und zusah, wie sie sich mit musikalischer Begleitung durch die Band langsam bis auf den Bikini entblätterte. Der absolute Oberhammer!

Zum Schluss stand sie dann in der geforderten Bademode auf der Bühne, und das Publikum johlte und applaudierte. Und ich war hin und weg. Ramona hatte eine tolle Figur und eine Art, die mich faszinierte.

Zurück auf der Bühne fiel mir wieder ein, worüber wir uns ein Jahr zuvor unterhalten hatten, und ich fragte sie: »Bist du wieder im Wohnmobil hier?« Sie bejahte. »Und wieder mit deinen Eltern?« – »Ja, die sitzen da unten.« Da gingen erneut mit mir die Pferde durch, und ich bat das Ehepaar Middendorf, doch einmal aufzustehen. Die wussten wahrscheinlich nicht, wie ihnen geschah, aber sie kamen der Bitte nach. Ich breitete meine Arme aus und sagte feierlich, laut und vernehmbar ins Mikro: »Meine Damen und Herren, darf ich vorstellen – meine zukünftigen Schwiegereltern!«

Damals meinte ich das als Gag – so glaubte ich. Aber der kleine fiese Engel mit Pfeil und Bogen hatte mich längst ins Herz getroffen. Jedoch, wie wir Männer so sind – ich hatte es nur noch nicht bemerkt. Und ich war mir sicher, dass eine so bezaubernde junge Frau wie Ramona ganz andere Männer bevorzugen müsse, keinen viel älteren Kerl, der von Betten in Kornfeldern sang.

Auch an diesem Tag hatte ich dann später wieder

einen Auftritt, dazu wurde der Saal freigeräumt zum Tanzen, was die begleitenden Ehemänner eher schlagartig an die Theke trieb.

Nach diesem Auftritt wollte ich eigentlich sofort los, nach Timmendorf ins Maritim-Hotel, wo ich am nächsten Tag zu einer Talkshow eingeladen war. Ich hatte schnell gepackt und bereits alles im Auto verstaut, da überkam mich noch die Lust auf ein Eis, und ich erinnerte mich, dass ich in der Strandhalle, unmittelbar neben der Bühne, eine Eistheke gesehen hatte.

Es wurde das wichtigste Eis meines Lebens.

Denn direkt neben der Theke war ein großer, runder Tisch. An diesem Tisch saß der Veranstalter und neben ihm das Ehepaar Middendorf. Und Ramona.

Weiße Bluse, schwarze Hose. Sie saß fast ganz vorn auf der Stuhlkante, kerzengerade. Sie hatte eine wahnsinnig aufrechte Körperhaltung, wie eine Königin. In früheren Zeiten hätte man diese Haltung als »sittsam« bezeichnet, aber auf mich wirkte es wie ein Gemälde. Und zwar das eines großen Meisters, dagegen war die Mona Lisa eine Kinderzeichnung. Und endlich war mir klar – ich hatte mich verliebt!

Ich ging mit meinem Eis in der Hand zu Frau und Herrn Middendorf und entschuldigte mich erst einmal dafür, dass ich – nur wegen eines Lachers vom Publikum – die beiden hatte aufstehen lassen und sie als meine zukünftigen Schwiegereltern vorgestellt hatte. Es sollte schließlich nur ein Scherz sein. Gott sei Dank war mir niemand wegen der Bühnenaktion böse. Mein Blick fiel dabei auf Ramona, die immer noch ganz aufrecht auf ihrer Stuhlkante saß und dabei so anmutig aussah (ich hatte wirklich noch nie zuvor jemanden so auf einem Stuhl sitzen sehen). Ich fand sie einfach hinreißend, dass mir schon wieder fast die Worte fehlten.

Aber mir wurde eines klar – ich musste jetzt die Initiative ergreifen, ein weiteres Mal würde mir das Schicksal nicht so gewogen sein.

Also setzte ich mich kurz entschlossen einfach zu ihr auf ihren Stuhl – da sie an der Kante saß, war ja noch genug Platz –, und wandte mich an Frau Middendorf: »Ich muss gleich weiter nach Timmendorf fahren, weil dort morgen eine Talkshow stattfindet. Dürfte ich vielleicht Ihre Tochter dorthin mitnehmen, es könnte eventuell ganz interessant für sie sein, das einmal mitzuerleben. Ich bringe sie auch anschließend wieder zurück.«

Frau Middendorf entgegnete: »Warum fragen Sie denn mich und nicht einfach meine Tochter, die sitzt doch neben Ihnen?« Also nahm ich meinen Mut zusammen, schaute Ramona tief in ihre wunderschönen Augen und fragte: »Hättest du Lust, mich zu begleiten?«

Ramona zögerte kurz, sah zu ihren Eltern und sagte dann: »Na klar, warum nicht!«

Ich hatte, um immer unabhängig und erreichbar zu sein, schon damals eines der ersten Mobiltelefone, so einen schweren Kasten von Nokia mit herausziehbarer Antenne – daher konnte ich den Eltern von Ramona meine Telefonnummer geben, nur für alle Fälle. Und dann fuhr ich mit Ramona nach Timmendorf. Auf der Fahrt unterhielten wir uns angeregt und lernten uns ein wenig kennen. Irgendwann wagte ich es, wie beiläufig meine Hand auf ihr Bein zu legen. Ramona reagierte verdutzt und etwas zurückhaltend, sie erwiderte meine Berührung nicht, stieß meine Hand aber auch nicht fort.

Am Hotel angekommen nahmen wir aus dem Parkhaus zur Rezeption den Fahrstuhl. Wir standen eng beieinander, ich sah in ihr Gesicht und konnte nicht anders – ich musste sie einfach küssen. Ramona reagierte überrascht – kein Wunder –, aber ich hatte dennoch das Gefühl, es schien ihr zu gefallen. An der Rezeption angekommen checkte ich ein, und man gab mir den Zimmerschlüssel. »Ihr Doppelzimmer, Herr Drews.« Ramona fragte: »Doppelzimmer?« Etwas unbehaglich erwiderte ich: »Ja, das wird vom Veranstalter immer so gebucht.« Sie war überrascht und hatte eigentlich ein eigenes Einzelzimmer erwartet, aber letztlich begleitete sie mich dann doch. Im Zimmer küsste ich sie erneut. Plötzlich unterbrach Ramona mich und fragte, ob ich nicht schon vergeben sei.

Ich wollte sie nicht belügen und erzählte ihr von meiner Schweizer Freundin, sagte ihr aber auch, dass die Beziehung schon seit einiger Zeit für mich nicht mehr stimmte und ich mich von ihr trennen wollte. Ramona schaute mich mit ihren großen Augen an, ich konnte das verstehen. Es klang ja auch nach einer üblichen männlichen Ausrede. Und um ihr zu zeigen, dass ich wirklich ehrlich war, ergänzte ich: »Okay, ich gebe es zu – es gibt in der ein oder anderen Stadt ein Mädel, das ich hin und wieder treffe.«

Ramona war entsetzt und stellte klar, dass sie zu mehr als einem Kuss nicht bereit sei, denn sie hätte bislang noch nie einen Freund gehabt und würde sich nach einer so kurzen Begegnung auch nicht verschenken. Ich beruhigte sie und sagte ihr, dass ich dafür absolutes Verständnis hätte und dass sie mir vertrauen könne und ich sie nicht überrumpeln wolle.

Sie vertraute mir. In jener Nacht kamen wir uns zwar näher, aber eben noch nicht so nahe, wie es hätte sein können.

Ramona blieb die nächsten zwei Tage bei mir, und dann brachte ich sie – wie verabredet, allerdings mit etwas Verspätung – wieder zurück. Am Ortseingang von Grömitz war es ihr dann aber doch lieber, schon vorher auszusteigen und nicht auf dem Campingplatz vorgefahren zu werden. Sie meinte: »Lass mich ruhig hier schon raus, die letzten Meter laufe ich.« Dann verabschiedete sie sich mit einem Kuss und ging. Ich schaute ihr im Rückspiegel nach und sah, wie ihre große Tasche um sie herumschlenkerte, während sie lief. Ich fand das unglaublich niedlich und wäre am liebsten sofort wieder umgedreht. Aber ich blieb standhaft und fuhr weiter. Und war mir schon nach dieser kurzen Zeit absolut sicher – ich wollte, nein, ich musste Ramona unbedingt wiedersehen.

Am folgenden Tag flog ich von Hamburg zurück nach München. Meine Gedanken waren bei Ramona, und mit Entsetzen stellte ich fest, dass ich von ihr gar keine Telefonnummer erfragt oder bekommen hatte. Wollte sie mich denn überhaupt wiedersehen? Oder hatte ich sie mit meiner Offenheit eventuell doch verschreckt? Und ich wusste ja auch nicht einmal, wo genau der Campingplatz in Grömitz war, auf dem das Wohnmobil der Eltern stand, schließlich hatte ich sie auf ihren Wunsch hin am Ortseingang abgesetzt. Sollte es das jetzt schon zwischen uns gewesen sein?

Mir blieb also zunächst nichts anderes übrig, als zu hoffen, dass Ramona sich ihrerseits bei mir melden würde, denn ihren Eltern hatte ich ja meine Mobilnummer gegeben. Also wartete ich die nächsten Tage voller Spannung und Nervosität ab, denn mich hatte es wirklich erwischt. Aber nichts geschah. Kein Anruf von Ramona.

Hatten die Eltern eventuell die Nummer weggeworfen? Oder – noch viel schlimmer – wollte Ramona tatsächlich nichts mehr von mir wissen? Ich wurde fast wahnsinnig, wollte Gewissheit, wollte doch wenigstens wissen, was los ist – und wiedersehen wollte ich sie auch. Unbedingt. Ich zermarterte mir den Kopf und ließ unsere Gespräche immer und immer wieder in Gedanken Revue passieren.

Was konnte mir helfen, welche Hinweise hatte sie mir gegeben? Ich fühlte mich wie bei einem Puzzlespiel, nur dass es für mich eben längst kein Spiel mehr war. Heute würde man »mal eben googeln«, aber daran war 1991 noch nicht zu denken.

Da erinnerte ich mich, dass sie mir erzählt hatte, dass ihre Eltern in Dülmen wohnten und dort ein Lebensmittelgeschäft hatten. Spontan rief ich auf der Polizeiwache in Dülmen an und bat den Beamten am Telefon um Hilfe. Es gäbe da ein Lebensmittelgeschäft Middendorf in Dülmen und ob er mir eventuell mit der Telefonnummer behilflich sein könne, denn ich müsse ganz dringend die Tochter erreichen.

Ich muss wohl in meinen Liebesnöten wirklich sehr überzeugend gewesen sein, denn siehe da, nachdem ich meinen Namen gesagt und kurz das »Bett im Kornfeld«

angesungen hatte, um zu beweisen, dass ich es wirklich sei – hat mir der nette Polizist doch tatsächlich die Telefonnummer des Geschäftes gegeben. Manchmal kann Popularität eben auch hilfreich sein.

Erleichtert wählte ich sofort die Nummer. Am anderen Ende meldete sich eine nette Frauenstimme – wie ich später erfuhr, war das Ramonas ältere Schwester –, die mir erklärte, dass die Familie noch im Urlaub in Grömitz sei. Ich entschuldigte mich für die Störung und erklärte ihr mein Anliegen, und sie war so nett und gab mir tatsächlich die Nummer des Campingplatzes.

Postwendend rief ich dort an und bat den Platzwart, dass er meine Mobilnummer doch bitte umgehend beim Wohnmobil der Familie Middendorf abgeben solle, sie am besten direkt der Tochter aushändigen und die junge Dame in meinem Namen um dringenden Rückruf bitten solle.

Und dann kam er – endlich! –, der Rückruf von Ramona. Auf meine Frage, warum sie sich denn nicht bei mir gemeldet habe, erwiderte sie, dass sie ehrlicherweise gar nicht wirklich damit gerechnet hätte, dass ich sie überhaupt wiedersehen wollte. Doch zwischenzeitlich habe sie von ihrer Schwester erfahren, wie sehr ich mich um den Kontakt bemüht hätte. Das habe sie beeindruckt und ihr gezeigt, dass ich es wohl doch ernster mit ihr meinen würde.

Von da an telefonierten wir fast täglich und verabredeten uns regelmäßig. Es begann etwas ganz Wunderbares zwischen Ramona und mir, aber ich konnte es leider noch nicht offiziell machen. Dummerweise war ich ja noch mit meiner Schweizer Freundin liiert, und sie hatte es nicht verdient, einfach so »abserviert« zu werden. Auf meinem Album von 1981 »Morgens auf dem Weg nach Hause« findet man den Titel »Denn zwei Frauen zu lieben, das ist kein Vergnügen« – ich wusste bislang gar nicht, dass ich auch prophetische Gaben habe.

Ramona hatte sich letztlich zum Glück dann doch in den Kerl mit den Kornfeldern verguckt. Ich war ihr erster Freund. Das war für mich fast unglaublich. Trotzdem war ich leider auch ein Feigling. Die lockeren Beziehungen zu den anderen Mädchen in den verschiedenen Städten konnte ich schnell abhaken, aber ich hatte einfach nicht den Mut, meiner damaligen Freundin die Wahrheit zu sagen.

Da sie auch noch meine Termine und Bookings verwaltete, waren wir nicht nur privat, sondern auch beruflich verbunden. Das machte es für mich doppelt schwer. Unter dem Vorwand, dass ich wohl eine Midlife-Crisis hätte und es deshalb für beide einfacher wäre, wenn sie sich erst einmal eine eigene Wohnung nähme, wollte ich mich über eine räumliche Trennung langsam aus der Beziehung schleichen.

Es war eine wirklich quälende Situation für uns beide. Ramona wollte mit der Zeit nachvollziehbarerweise mehr, und sie wünschte sich, dass ich mich zu ihr bekannte. Aber aus Loyalität zu meiner damaligen Freundin zögerte ich – fast zwei Jahre lang –, und das war fast zu lange. Aber nur fast.

Denn dass Ramona eine gut aussehende und begabte Frau war, war inzwischen auch anderen aufgefallen, so bekam sie Aufträge für Fotoshootings als Model und auch für kleinere Rollen im Film. Unter anderem wurde am Wörthersee »Hochwürden erbt das Paradies« gedreht, der lustige Streifen von Otto Retzer und Carl Spiehs, in dem der damals sehr erfolgreiche Sänger Tommy Steiner (»Fischer von San Juan«) eine Hauptrolle spielte. Außerdem wirkten Hans Clarin als Pfarrer und Dagmar Koller als Chefin eines Freudenhauses mit. Und Ramona hatte eine kleine Sprechrolle als, nennen wir es einfach, »Mitarbeiterin« in diesem »Etablissement«.

Ich war wieder einmal als Moderator und Sänger in einem Fernsehstudio unterwegs, und Ramona drehte also am Wörthersee. Offensichtlich verdrehte sie dabei auch einem Kollegen ein wenig den Kopf. Ich war wegen meiner Dreharbeiten nicht zu erreichen, und am Wörthersee drehte sich der Liebeswind. Und da man für Filme ja bekanntlich frühzeitig werben muss, waren auch Reporter mit dabei, und eine große Zeitung veröffentlichte ein Foto von dem besagten Kollegen und Ramona und stellte die beiden als neues Traumpaar vor.

Natürlich bekam ich das brühwarm auf den Tisch, und jetzt drehte ich – und zwar durch. Telefonisch war Ramona nicht zu erreichen, meine Aufzeichnung war am Abend zu Ende, und ich setzte mich sofort danach in Baden-Baden ins Auto und raste durch die Nacht zum Wörthersee. Morgens früh um halb fünf kam ich dort an, fuhr sofort ins Hotel und verlangte an der Rezeption nach der Zimmernummer von Ramona. Der dortige Herr über die Schlüssel weigerte sich zunächst, mir diese zu nennen, aber ich drohte ihm damit, dann so lange an jede verdammte Zimmertür in diesem Hotel zu klopfen, bis ich das Zimmer von Ramona finden würde. Offensichtlich machte ich wirklich einen zu allem entschlossenen Eindruck, und vor der Wahl zwischen Aufruhr und Abmahnung entschloss er sich dazu, mir die Nummer zu nennen. Ich spurtete sofort los, hörte hinter mir noch ein verzweifeltes »Aber Sie dürfen da nicht hoch …« und wummerte kurz darauf gegen die Zimmertür von Ramona.

Sie öffnete – und fiel mir um den Hals! Ich habe sie so fest wie nie zuvor an mich gedrückt und geküsst und war so froh, dass sie mich offensichtlich noch liebte. Wir haben dann bei Sonnenaufgang am Wörthersee gesessen und erstmals über unsere gemeinsame Zukunft geredet.

Und die wichtigste Entscheidung meines Lebens war damit für mich gefallen – diese Frau lasse ich nie wieder gehen! Und das sagte ich ihr damals klar und deutlich – und ich sage es noch heute immer und immer wieder.

Ich bau dir ein Schloss

(Aus dem Album »Schlossallee«, 2010)

Ich möchte gern von unserer Tochter Joelina erzählen, denn sie machte unser Glück erst komplett. Für Ramona und mich war die Welt perfekt. Wir hatten uns und waren einfach nur glücklich. Über Kinder hatten wir bisher noch nicht nachgedacht. 1994 war Ramona dann völlig ungeplant schwanger. Uns gingen viele Gedanken und auch Zweifel durch den Kopf. Ich war doch ihre Nummer eins. Wie würde es werden, wenn wir ein Kind hätten? Aber wir entschieden uns natürlich für das Kind. War ja auch irgendwie Schicksal.

Doch leider erlitt Ramona zu Beginn der dreizehnten Schwangerschaftswoche eine Fehlgeburt. Das war ein Schock für uns. Aber dieses Erlebnis hat dazu geführt, dass wir uns absolut sicher waren: Wir wollten ein gemeinsames Kind. Wir hatten uns ja mittlerweile an den Gedanken gewöhnt und uns auf unser Kind gefreut. Zusammen überstanden wir die schwierigen Monate, die nun folgten.

Eines Tages im Frühjahr 1995, als wir wieder einmal

gemeinsam zu einem Auftritt unterwegs waren und eine Pause auf einem Rastplatz machten, kam Ramona mit einem strahlenden Lächeln von der Toilette der Tankstelle zurück. Sie zeigte mir stolz den kleinen Teststreifen, der eindeutig bewies: Ramona war schwanger! Wir waren hocherfreut und überlegten uns gleich Mädchen- und Jungennamen. Man sagt ja immer: »Hauptsache gesund.« So war es auch bei uns, aber insgeheim hofften wir beide auf eine kleine Tochter.

Ramona war gerade im dritten Monat, und es ging durch die Presse, dass wir ein Kind erwarteten, da bekam ich einen Anruf von einem Bekannten. »Hey, Jürgen, Gratulation, habe gehört, dass du Vater wirst. Ich hätte da was für dich. Einen ganz tollen Kinderwagen, der ist noch wie neu, aber unsere Kinder sind rausgewachsen und wir wollen den ohnehin verkaufen. Der ist wirklich schick und ›der Mercedes‹ unter den Kinderwagen.«

»Das klingt toll«, entgegnete ich. »Den nehme ich. Damit werde ich Ramona überraschen.«

Ich fuhr also hin, um das Präsent abzuholen. Ramona wird bestimmt Augen machen, dachte ich. Als ich ankam, war der Kinderwagen bereits transportfähig verpackt. Das fand ich echt nett. Ich packte den »Mercedes unter den Kinderwagen« in meinen Mercedes-Kombi, überreichte den vereinbarten Preis und fuhr freudig nach Hause zu meiner schwangeren Frau.

Dort angekommen nahm ich Ramona an die Hand und sagte: »Ich habe eine Überraschung!«

»Was denn für eine Überraschung?«, fragte sie.

Also holte ich den verpackten Kinderwagen aus dem

Auto und stellte ihn mitten ins Wohnzimmer. »Pack bitte aus«, sagte ich.

Ramona packte aus, und zum Vorschein kam ein dunkelblauer Kinderwagen. »Du hast jetzt schon einen Kinderwagen gekauft? Aber der ist ja dunkelblau! Was ist denn, wenn es ein Mädchen wird«?

»Mmh, stimmt«, brummelte ich. »Aber vielleicht wird es ja doch ein Junge.«

Ich konnte Ramona ansehen, dass sie ein wenig enttäuscht war. Wir klappten den Babyschubser auf, und Ramona schob ihn ein Stück vor sich her, um zu sehen, wie er sich so rollen ließ.

Dabei entdeckte sie, dass eines der vier tollen »Mercedes-Räder« eine Unwucht hatte und fröhlich vor sich hin eierte. Oh je, diese Überraschung ist wohl ordentlich in die Hose gegangen, dachte ich, und langsam machte sich auch bei mir die Enttäuschung breit. Unser Bekannter hatte mir extra einen Sonderpreis für diesen »Mercedes unter den Kinderwagen« gemacht.

Eigentlich wollte ich gerade sagen: »Komm, wir packen das Ding wieder ein und bringen es zurück«, aber da meinte Ramona: »Ach egal, wir behalten den. Vielleicht wird es ja doch ein Junge, und so schlimm ist das mit dem Rad ja gar nicht.«

Das ist einfach meine Frau – so süß und pragmatisch. Dafür liebe ich sie.

Die nächsten Monate waren nicht immer leicht für sie und natürlich auch nicht für mich. Die Angst war unterschwellig immer unser Begleiter. Wir hofften und beteten, dass dieses Mal alles gut gehen würde. In dieser Zeit war es uns unheimlich wichtig, zusammen zu sein.

Ramona wollte in meiner Nähe sein, und ich in ihrer. So wussten wir immer, dass es uns beiden – oder uns dreien – gut geht.

Außerdem wollte ich es nicht versäumen, wie unser Baby in ihrem Bauch heranwächst. Ich weiß noch genau, als Ramona meine Hand nahm und sagte: »Fühl mal, es bewegt sich.« Oh Mann, das war unglaublich, dieses kleine Wesen in Ramonas Bauch machte sich jetzt das erste Mal ganz zart bemerkbar. Das war unglaublich schön.

Ich freute mich schon auf jede Vorsorgeuntersuchung. Besonders die Ultraschalluntersuchungen und die Herztöne fand ich spannend. Mit fortschreitender Schwangerschaft wurden aus den zarten Bewegungen richtige kleine Tritte, und es zeigten sich oft Beulen am Bauch. Man konnte schon erkennen, ob es ein Füßchen oder ein Händchen war, das von innen gegen Ramonas Bauchdecke klopfte. Oft schien unser Baby Aerobic im Bauch zu veranstalten! Das ging dann richtig ab, und Ramona und ich freuten uns jedes Mal. Für uns war das spannender als Fernsehen.

Um nichts dem Zufall zu überlassen, hatten wir uns bereits die Geburtsklinik in München ausgesucht und sogar den Kreißsaal besichtigt. Wir wollten sicherstellen, dass Ramona und unser Kind im Notfall auch medizinisch bestens versorgt wären. Wir planten bereits alles, was möglich war. Außerdem richteten wir in meinem Studioraum im oberen Stockwerk das Kinderzimmer ein.

In der siebzehnten Schwangerschaftswoche bekamen wir dann schließlich die Gewissheit: Wir bekommen eine kleine Tochter! Hurra!

Jetzt suchten wir nur noch Mädchennamen. Mein Favorit war ja Anita. Ramona schaute mich entsetzt an, als ich den Namen einwarf. »Niemals«, meinte sie. Ramona wollte einen besonderen Namen. Recht hatte sie, es ist ja auch ein besonderes Kind – unser Kind. Ramonas Wahl fiel zunächst auf Shari-Aline. Fand ich zwar nicht schlecht, aber muss es denn unbedingt ein Doppelname sein?

Eines Tages schrieb ich nach einem Auftritt noch Autogramme. Da war ein kleines Mädchen, das sich in die Schlange stellte. Sie war so niedlich, und ich fragte sie nach ihrem Namen. »Ich heiße Joline«, antwortete sie. »Was für ein hübscher Name. Der gefällt mir«, sagte ich. Ich erzählte Ramona gleich von dem kleinen Mädchen mit dem hübschen Namen Joline. Ramona war sehr angetan. Sprach den Namen auch gleich laut aus: »Joline Drews – klingt schon gut, aber eigentlich müsste es hinten mit a ausklingen, dann ist es noch harmonischer zum Nachnamen.« Dann fiel uns ein, dass Joe Geistler, ein sehr bekannter Promoter, bei unserem Kennenlernen dabei gewesen war. Da wäre ja auch noch die passende Verbindung zu diesem Namen, wenn wir aus »Joline« einfach »Joelina« machen würden.

Dieser Name »Joelina« war besonders, hatte einen tollen Klang und war zusätzlich für uns auch noch die Verbindung zu unserer Kennenlernphase. Wir waren uns einig!

»Joelina« konnte kommen, sie hatte nun schon einen Namen.

Alle Paare mit Kindern wissen, dass die Schwangerschaft seltsame Gelüste bei Frauen hervorrufen kann.

Bei Ramona war es die Lust auf die scharfe thailändische Suppe »Tom Yam Gung«, eine Gemüsesuppe mit Ingwer, Chili, Zwiebeln, Zitronengras (natürlich), kleinen Garnelen und Fischfond. Da konnte sie sich geradezu hineinlegen. Wir scherzten schon, ob wir unser Kind nicht eigentlich Tom-Yam-Gung nennen sollten, denn Ramona hatte täglich Verlangen nach dieser – zum Glück – sehr gesunden Köstlichkeit. Damit sie immer etwas von dieser Suppe vorrätig hätte, habe ich ein thailändisches Restaurant in Düsseldorf beschwatzt, mir etliche Liter davon in kleine Plastiktüten abzufüllen und diese dann einzufrieren. Zur Not hätte sie die Suppe dann auch lutschen können.

Meine schwangere Auster, wie ich Ramona auch manchmal scherzhaft nannte, war tapfer und fuhr weiterhin permanent mit mir mit, auch noch mit kugelrundem Bauch. Wir waren gerade mit Uwe Hübner und der »Hitparade« auf Tournee in Dessau, da passierte es am frühen Morgen. Ramona hatte die Befürchtung, dass sie einen Blasensprung haben könnte. Sofort telefonierten wir mit ihrem Frauenarzt, der meinte, Ramona solle sich gleich in den nächsten Zug nach München setzen, denn Ramona wollte unser Kind gern in unserer speziellen Geburtsklinik in München zur Welt bringen, die wir schon besichtigt hatten. Es würde, so sagte unser Arzt, ohnehin noch einige Stunden dauern, bis es losgehen würde. Ich habe sie sofort zum Bahnhof gebracht und in den nächsten Zug nach München gesetzt. Ramonas Arzt holte sie bei der Ankunft in München ab und fuhr mit ihr direkt in die Klinik.

Das hat alles gut geklappt, nur konnte ich leider nicht

weg, denn ich musste ja noch meinen Auftritt hinter mich bringen. Wahrscheinlich hat man mich in dem Münchener Krankenhaus für einen Telefonterroristen gehalten, denn ich habe alle paar Minuten angerufen, sogar im Kreißsaal. Die Ärzte wollten bei Ramona schon die Wehen einleiten, aber Ramona wollte das nicht, denn ich hatte ihr telefonisch zugesagt, sofort nach dem Auftritt nach München zu düsen, und sie wollte genauso unbedingt wie ich, dass wir den Moment der Geburt gemeinsam erlebten.

Sie hatte höllische körperliche Schmerzen, ich ebensolche seelischer Art. Erfreulicherweise hatten die Kollegen Verständnis und befreiten mich vom Finale, ich raste, nein, ich flog über die Autobahn nach München. In der Raststätte Holledau griff ich erneut zum Telefon (damals hatte ja noch nicht jeder ein Handy), kündigte mein baldiges Kommen an und zog mich um. Ich trug ja noch meine Bühnenklamotten, wollte aber auch äußerlich dem feierlichen Moment gerecht werden, denn das hier war keine Show, das war wirkliches neues Leben. Und so kam ich dann gegen ein Uhr nachts in den Kreißsaal, in Anzug, Hemd, mit Weste und Krawatte, also richtig – dem Anlass entsprechend – festlich gekleidet.

Joelina zierte sich noch etwas, denn irgendetwas stimmte mit ihren Herztönen nicht. Doch um 3 Uhr 13 am Morgen des 27. September 1995 war es dann so weit. Ich bestärkte Ramona noch einmal darin, alles zu geben. Kurze Zeit später konnte man dann schon das Köpfchen sehen und die pechschwarzen Haare unserer Kleinen. Und dann ging alles ganz schnell. Die Nabelschnur hatte sich um ihren Hals gewickelt. Eigentlich hatte ich die Nabelschnur selbst durchtrennen wollen, aber jetzt griff der Arzt beherzt zu, denn es zählte jede Sekunde.

Wegen der mangelnden Sauerstoffzufuhr war unsere Kleine anfangs noch etwas benommen, aber sie erholte sich dank der sofort erfolgten Sauerstoffversorgung sehr schnell und gab tatsächlich etwas später ihren ersten Laut von sich. Ich erinnere mich wie heute, es war ein ganz hoher Ton, kein Schreien, wie man es üblicherweise von Babys kennt. Ich prognostizierte gleich, Joelina wird sicherlich eine Sängerin mit einer prägnanten Stimme! Wir waren überglücklich, dass Joelina gesund war. 2740 Gramm und 48 Zentimeter purer Sonnenschein!

Eigentlich änderte sich für uns zunächst nicht sehr viel, denn als Säugling konnten wir Joelina überallhin mitnehmen, und da Ramona sie stillte, gab es zunächst auch keine »Versorgungsprobleme«. Aber wir wussten, dass es nicht ewig so bleiben würde, und waren beide der Meinung, dass sie nicht mit einem Kindermädchen aufwachsen sollte. Also sahen wir uns nach einer neuen Bleibe um, denn zu dieser Zeit lebten wir ja noch in München.

Ramonas Eltern waren es schließlich, die die rettende Idee hatten. In einem Nachbardorf wurde eine Doppelhaushälfte frei, weil der eigentliche Käufer abgesprungen war, und man konnte sogar noch Wünsche für die Baugestaltung äußern. Und wir wussten: Mit Oma und Opa direkt in der Nähe hätten wir nie Betreuungsprobleme. Uns war sofort klar, dass das wie ein Sechser im Lotto war. Also griffen wir zu.

Anfangs pendelten wir noch zwischen Westfalen

und München, aber als Joelina ins Kindergartenalter kam, da trafen wir die Entscheidung: »Ich bau dir ein Schloss« – und das liegt nicht in den Wolken, sondern es steht im Münsterland! Aus der Großstadt München in ein kleines Dorf zu ziehen – diese Entscheidung habe ich ehrlich nie bereut, auch wenn ich mich anfangs daran gewöhnen musste. Und für Ramona war es ohnehin wie ein »Nach-Hause-Kommen«.

Für mich ist die Lage des Hauses ideal, ich lebe zentral, habe Autobahnanschluss und mehrere Flughäfen in der Nähe, so komme ich perfekt zu meinen Auftrittsorten, egal wo diese liegen. Und für Joelina war es wunderbar, auf dem Land aufzuwachsen, da ging es ihr nicht anders als damals ihrer Mama und ihrem Papa. Außerdem hatten die stolzen Großeltern gleich mehrere wachsame Augen auf sie, wenn es sein musste.

Dazu kommt, dass die Münsterländer geerdete Menschen sind, da gab es nie irgendeinen Promibonus, aber auch keinen Schlagermalus. »Dein Vater ist also Jürgen Drews? Na und?«

Genau so sollte es ein. Joelina hatte schnell Freunde bei uns im Dorf gefunden, und bereits früh zeigte sie ihre Freude daran, gemeinsam mit anderen etwas vorzuführen, also nicht nur Spaß zu haben, sondern auch Spaß zu bereiten. Oft fanden bei uns im Garten spontane Theateraufführungen statt, und natürlich mussten wir zuschauen. Was heißt da *wir* – möglichst das ganze Dorf sollte dabei sein. Und dafür malte Joelina mit ihren Freunden sogar extra Plakate, die dann an unserer Gartentür aufgehängt wurden. Sie ließ sich richtig etwas einfallen, damit auch wirklich ein Publikum vorhanden war!

Übrigens hat Joelina tatsächlich ihre ersten Schritte auf der Bühne gemacht – im wahrsten Sinne des Wortes. Ich war mit Ramona und meinen Schwiegereltern für einen Auftritt unterwegs und inspizierte die Bühne, redete mit den Technikern. Und auf der Bühne standen der Opa mit Joelina rechts und Ramona links. Opa stellte Joelina hin, und sie wackelte zum ersten Mal auf ihren kleinen Beinchen auf Ramona zu. Das hat ihr offensichtlich so viel Spaß gemacht, dass sie noch ein paarmal hin- und hergelaufen ist. Also, wenn das kein Omen war ...

Eines Tages gastierte ein kleiner Zirkus in der Nachbarschaft. Es klingelte bei uns zu Hause an der Tür, Ramona öffnete – und wäre fast in Ohnmacht gefallen. Da stand Joelina strahlend vor ihr, um den Hals eine große gelbe Python gewickelt. Könnt ihr euch vorstellen, was Ramona für einen Schrecken bekommen hat? Natürlich war das Tier harmlos, aber der erste Eindruck war es ganz gewiss nicht.

Und wie alle Eltern wurden wir auch in die Gemeinschaft miteinbezogen. Ich erinnere mich an einen Auftritt im Kindergarten, als ich mit der Gitarre ein paar Lieder sang, und die Kinder hatten sich alle aus Styropor und Alufolie eigene Mikrofone gebastelt und sangen lauthals mit.

Auch als Joelina älter wurde, hatte sie sehr viel Spaß an künstlerischen Betätigungen. Wir haben sie nie dazu ermuntert, aber wir haben sie immer unterstützt, wenn sie wirklich etwas wollte. Ramona war und ist eine tolle Mutter, aber keine »Eislaufmutti«, die ihr Kind immer pushen musste.

Joelina musste niemand pushen – sie wollte immer etwas mit Musik zu tun haben. Sie bekam Ballettstunden, weil sie gern tanzte, sie lernte Klavier, und sie sang für ihr Leben gern. Ramona sagte immer: »Man hört ihre Laune aus dem Kinderzimmer.« Wenn sie gute Laune hatte, konnte sie stundenlang singen, damals meistens Lieder von Christina Aguilera. Und wenn es mal still war, dann wusste man, dass man vielleicht mal nachsehen sollte, was mit ihr los ist: Denn entweder ging es ihr gerade nicht gut, oder sie hatte einfach schlechte Laune! Jedenfalls konnten wir uns sicher sein, wenn Joelina sang, dann ging es ihr gut.

Für die Verabschiedung des Direktors ihrer Grundschule hatte Joelina ihren – soweit ich mich erinnere – ersten Song selbst geschrieben. Und der Papa hatte es sich nicht nehmen lassen, diesen Song mit ihr aufzunehmen und zu produzieren. Sie trat damit auf und bekam sehr viel Applaus. Ramona und ich waren selbstverständlich unendlich stolz auf sie!

Dann eines Tages, ich glaube, es war 2004, bekamen wir ein ganz besonderes Angebot von RTL. Und obwohl wir eher dazu neigten, Joelina aus der Öffentlichkeit herauszuhalten – hier konnten wir nicht Nein sagen. In New York sollte nämlich der Film »Christmas with the Kranks« Premiere haben, auf Deutsch hieß der Film »Verrückte Weihnachten«. Tim Allen und Jamie Lee Curtis spielten darin ein Paar, das Weihnachten verreisen und sich dem üblichen Rummel mit Leuchtgirlanden und blinkenden Rentieren zum Ärger der Nachbarn entziehen wollte. Bis dann die Tochter auf die Idee kam … Aber viele von euch kennen den Film bestimmt.

RTL also wollte den Film bewerben und hatte die Idee, ein »prominentes« Kind mit Mutter nach New York einzuladen, bei der Premiere zu begleiten und das Staunen über den Weihnachtsrummel vor Ort live zu dokumentieren. Ehrlich, wer kann da ablehnen? Also, wir nicht – und wenn ich »wir« sage, dann ahnt ihr schon –, ich wollte unbedingt mit. Übrigens auf eigene Rechnung, damit wir uns nicht falsch verstehen.

Es war absolut irre, und möglicherweise wurde dadurch auch Joelinas Wunsch, später auch mal ins Showgeschäft zu gehen, verstärkt. Die Premiere war phänomenal, mit rotem Teppich, echten Rentieren im Foyer des Kinos und einem grandiosen Ballett auf der Bühne. Und natürlich war auch der Riesenchristbaum im Rockefeller Center echt beeindruckend. Aber völlig von der Rolle waren wir dann bei den Weihnachtsbuden im Central Park, wo Joelina sogar auf dem Schoß von Santa Claus saß. Alles, was recht ist – so etwas können die Amerikaner. Eine perfekte Inszenierung!

Ich bin mir eigentlich sicher – von dem Moment an war meiner Tochter klar: Da will sie hin! Sie hatte dann etwas später sogar einen ersten Charterfolg in den USA, völlig unvermutet, und sie schwor mir, dass sie immer nur in Englisch singen wolle, nie auf Deutsch. Tatsächlich lebte sie viel später eine kurze Zeit in Los Angeles, kam dann aber wieder zurück nach Deutschland – sie vermisste die Freunde und ihre Familie. Ganz der Papa!

Ramona sagt immer: »Die ist wie geklont. Genauso wie du!« Ja tatsächlich, es gibt viele Verhaltensweisen von mir, die ich an ihr erkenne. Na ja, sie hat ja auch dieselben Initialen wie ich: J. D., wenn das nichts zu bedeuten hat …

Und von mir hat sie auch ihren künstlerischen Dick-
kopf, denn genau wie ich lässt sie sich nicht reinreden in
ihre Arbeit (nicht mal von mir). Und ehrlich, das respek-
tiere ich und finde es sogar großartig. Sie schreibt tolle
Songs, hat eine Megastimme und schafft es oft genug,
mir beim Zuhören die Tränen in die Augen zu treiben.
Und das sage ich nicht, weil ich ihr Vater bin. – Also zumindest nicht nur!

Mein Traum: Einmal mit meiner Tochter ein Duett zu
singen. Ich weiß, das muss dann in englischer Sprache
sein, aber das ist ja nach meinen vielen Jahren in den
USA kein Problem. Und vielleicht sogar mal eine schöne
Ballade, denn Partyhits habe ich wirklich genug gesungen, und ich würde gern mal gemeinsam mit Joelina zeigen, dass die Familie Drews auch anders kann. Und man
wird ja wohl noch träumen dürfen ...

2020, ich hätte nicht mehr daran geglaubt, war es dann
endlich so weit. Auch meine Managerin fand die Idee, mit
Joelina ein Duett zu singen, schon immer gut. Allerdings
wollte Joelina das erst einmal nicht, was ich auch verstehen konnte. Sie wollte ihren eigenen Weg gehen, ohne
die Hilfe von ihrem Papa. Und das sollte sie ja auch. Aber
scheinbar war jetzt der richtige Zeitpunkt. Mein Büro
ließ zudem nicht locker und fragte sie immer mal wieder.
Jetzt sollte es endlich so sein. Wir haben, vielleicht als
kleines Geburtstagsgeschenk zu meinem fünfundsiebzigsten Geburtstag, die wunderschöne Ballade »We've
Got Tonight« von Kenny Rogers eingesungen.

Das war auch für mich echt aufregend. So lange hatte
ich auf diesen Augenblick gewartet. Also fuhren wir im
November 2019 gemeinsam ins Studio nach Köln, um

den Titel einzusingen. Es war ein tolles Erlebnis, und ich hätte gern sofort jedem davon erzählt. Aber ich durfte nicht. Das ist so etwas Besonderes, das muss perfekt vorbereitet sein, bevor es an die Öffentlichkeit geht. Aber nun ist es endlich so weit. Ich darf darüber reden. Dieser Titel ist als Bonustrack auf meinem Jubiläumsalbum zu finden. Ich bin unheimlich stolz auf Joelina. Dieser schöne Titel mit ihrer wahnsinnig ausdrucksstarken Stimme berührt mich sehr. Der Song ist wirklich sehr schön geworden. Hört ihn euch an. DANKE, Joelina. Du bist der HAMMER.

Joelina liebt ihre Großeltern, Ramonas Eltern, abgöttisch. Schließlich haben sie sich auch immer wie zweite Eltern um sie gekümmert. Ramonas Großeltern sind sehr früh gestorben. Zu ihrer Oma hatte Ramona immer eine sehr enge Bindung. Ihre Mutter hat ihr immer gesagt: »Wenn du Hilfe brauchst, dann bete zu deiner Omi, die ist immer für dich da.« Und ich bin sicher, sie macht das noch heute manchmal …

Leider starb auch mein Vater bereits 1986, also neun Jahre vor Joelinas Geburt, ihn hat sie nie kennenlernen dürfen, meine Mutter allerdings lebte damals noch. Was ich jetzt zum ersten Mal erzählen werde, ist allerdings eine eher traurige Geschichte, wenn auch glücklicherweise mit relativ gutem Ende.

Meine Mutter lebte lange Zeit nach dem Tod meines Vaters allein in ihrem Haus im Taunus. Mich plagte oft ein schlechtes Gewissen, da ich sie durch meinen Job nicht so häufig besuchen konnte. Ich bot ihr sogar an, zu mir nach München zu ziehen, jedoch wollte sie das nicht, denn sie fühlte sich in dem Haus mit den Erinnerungen an meinen Vater am wohlsten und hatte bestimmt auch Angst, dass sie mir zur Last fallen könnte.

Noch zu Lebzeiten meiner Mutter lernte ich bei einem Dreh zwei Filmleute kennen, die auch ständig bei Fernsehproduktionen zugegen waren. Wir kamen ins Gespräch, und es stellte sich heraus, dass diese beiden mit ihrer Firma gerade auf der Suche nach einer neuen Büroräumlichkeit im Frankfurter Raum waren. Was für ein Zufall, dachte ich.

Ich erzählte ihnen von meiner Mutter, die genau dort in der Gegend allein in einem großen Haus lebte, in dessen Souterrain es eigentlich freie Räume für ein Büro geben würde, und versprach, meine Mutter mal darauf anzusprechen. Sie sollten mir doch einfach die Telefonnummer aufschreiben, ich würde mich dann melden.

Meine Mutter war von meiner Idee zunächst gar nicht angetan und reagierte skeptisch. Ich machte ihr allerdings klar, dass sie somit nicht mehr den ganzen Tag allein in dem großen Haus wäre, und außerdem hätten die beiden ja auch was mit dem Fernsehbusiness zu tun. Letztlich stimmte sie zu.

Ich freute mich und rief die beiden Männer an. Schnell waren sie mit ihrer Firma bei meiner Mutter eingezogen. Zunächst war lange Zeit noch alles gut. Ich bemerkte nur, dass einer der beiden Männer die Führungsrolle hatte. Letztlich verkrachten sich die beiden Typen, und die Firma wurde aufgelöst. Der eine Typ zog nach Streitigkeiten mit dem anderen Mann, ich nenne ihn Herrn A., aus.

Herr A. allerdings blieb und pflegte immer mehr das Verhältnis zu meiner Mutter. Zunächst dachte ich mir noch nichts dabei und war froh, dass Herr A. sich »so rührend« um meine Mutter kümmerte. Er nahm sie zu seinen Terminen mit und übernahm offenbar auch immer mehr ihre Tagesgestaltung. Es waren schon ein paar Jahre vergangen, Anfang der Neunziger, und ich hatte inzwischen Ramona an meiner Seite, die dieses Verhältnis sehr merkwürdig fand.

Es wurde für mich immer schwerer, meine Mutter überhaupt besuchen zu können. Es hieß dann, nein, da kann deine Mutter nicht, oder nein, da sind wir nicht zu Hause. Auch telefonisch war sie kaum noch zu erreichen.

Wir bemerkten, dass dieser Herr A. sie bewusst und systematisch von ihrer Familie und ihren Freunden entfremdete und sogar isolierte und sie bald total von sich abhängig machte. Das ging so weit, dass sie ihm komplette Vollmachten über ihr nicht unbeträchtliches Vermögen gab und ihm sogar unser Elternhaus für einen lächerlichen symbolischen Betrag »verkaufte«. Das wusste ich allerdings zu diesem Zeitpunkt noch nicht.

Versteht mich nicht falsch, meine Mutter kann mit ihrem Geld machen, was sie möchte. Ich war ja finanziell vollkommen unabhängig, und ich habe sie immer ermuntert, sich ein schönes Leben zu machen. Aber eben *sich* – und nicht einem Kerl, der sie einsperrte und noch dazu wohl nicht gut behandelte, wie mir Nachbarn erzählten. Meine Mutter war immer eine sehr gepflegte Erscheinung, die auf eine schöne häusliche Umgebung Wert legte, und nun – so wurde mir berichtet – sah sie geradezu heruntergekommen aus, und die Wohnung verkam ebenfalls. Es war, wie wir später selbst sahen, fast ein Messie-Haushalt – überall lag etwas herum.

Ich kam leider nicht mehr an sie heran, denn Herr A. hatte überall am Haus Kameras angebracht, um alles zu überwachen, und Besuche waren uns verboten. Und das wohl aus gutem Grund: Herr A. wollte verhindern, dass wir sie dahingehend beeinflussen könnten zu erkennen, was sie da eigentlich tat. Und vor allem, was sie sich gefallen ließ. Er hatte Angst davor, wir könnten sie wachrütteln.

Uns blieb nur das Telefon, und das war schwierig genug, denn er unterband auch ihre Gespräche. Aber manchmal rief sie heimlich an, wenn er gerade nicht im Haus war. Das Haus verlassen konnte sie bei solchen Gelegenheiten allerdings nicht, weil er alles abgeschlossen und verriegelt hatte und sie keinen Schlüssel besaß.

Ja, ihr lest richtig – sie besaß keinen Schlüssel für ihr eigenes Haus! Unglaublich, es musste etwas geschehen, wir konnten das nicht weiter zulassen.

Eines Tages kam die Chance. Sie rief uns an, als sie wieder einmal allein zu Hause war. Ich fragte sie, wie lange sie denn jetzt allein wäre, und erfuhr, dass Herr A. erst am nächsten Tag zurückkommen wollte. Ramona und ich machten uns sofort auf den Weg zu ihr. Auf mein Klingeln kam sie zwar ans Fenster, aber sie konnte ja nicht öffnen. Ich suchte fieberhaft nach einer Möglichkeit, zu ihr zu gelangen, und signalisierte ihr, dass sie in den ersten Stock an das Balkonfenster gehen und dieses öffnen solle. Dann sah ich auf dem Nachbargrundstück eine Leiter, die ich mir kurzerhand »auslieh«, und stieg auf den Balkon.

Meine Mutter öffnete das Fenster und weinte vor Freude – und auf meine Frage, ob sie mit uns kommen

wolle, nickte sie nur heftig und konnte vor lauter Tränen nicht einmal antworten. Ich half ihr nach unten, sie
hatte in den letzten Monaten sehr stark abgenommen
und war federleicht, und setzte sie ins Auto. Inzwischen
war Ramona schon im oberen Stockwerk, wo einige
Akten herumstanden, und suchte etwas. Ich fragte sie,
wonach sie suche. Sie antwortete: »Na, Papiere, Ge-
burtsurkunde, Rentenbescheid, Krankenversicherungs-
unterlagen und so was. Das wird sie doch alles dringend
brauchen.« Mein pragmatischer Engel! Ich wäre vor lauter Emotion in dieser Situation niemals auf diese Idee
gekommen, aber Ramona hatte natürlich recht. Wie
meistens.

Zu unserer Erleichterung fanden wir die Unterlagen
schnell und fuhren in Windeseile nach Hause, nicht dass
dieser Typ uns überraschte, wo er doch überall Kameras
installiert hatte. Noch am selben Abend bekamen wir
Besuch von der Polizei, Herr A. behauptete, wir hätten
meine Mutter gegen ihren Willen entführt.

Meine Mutter aber erklärte den Polizisten gleich, dass
sie freiwillig mitgekommen und froh sei, endlich bei
ihrer Familie sein zu können, denn Herr A. habe sie ja
im eigenen Haus eingesperrt. Damit war der Fall für die
Polizei erledigt. Sie wünschten meiner Mutter alles Gute
und fuhren davon.

Und so zog meine Mutter bei uns ein. Erst später zu
Hause, bei Durchsicht der Akten, fanden wir heraus, wie
dieser Kerl meine Mutter nach Strich und Faden ausge-
nommen hatte. Meine Mutter war erschüttert, sie hatte
von alldem nichts gewusst.

Ihr war nicht einmal bekannt, dass sie Herrn A. für

einen kleinen Obolus ihr Haus verkauft hatte. Sie bedauerte sehr, ihr gesamtes Vermögen an Herrn A. verloren zu haben, denn dafür hatten doch mein Vater und sie so hart gearbeitet.

Aber letztlich war das jetzt nicht mehr zu ändern und total egal, wir hatten sie bei uns und konnten sie alles vergessen lassen, so gut es eben ging. Und Joelina konnte endlich ihre andere Großmutter kennenlernen, wirklich und persönlich und nicht nur von Bildern oder aus Erzählungen. Joelina war da zwar schon neun Jahre alt, aber besser spät als nie. Früher war das ja leider nicht möglich, weil wir über viele Jahre keinen Zugang zu ihr bekommen konnten. Herr A. hatte jeden unserer Versuche bewusst abgeschmettert. Wir hatten meine Mutter dann glücklicherweise noch drei Jahre in unserer Familie.

Was soll ich sagen – meine Mutter genoss ihre Zeit bei uns unendlich. Sie kam mit mir zu Konzerten, sie nahm an den Aktivitäten im Dorf teil, und selbst später, als sie im Rollstuhl saß, war sie immer bei Schulaufführungen von Joelina mit dabei und freute sich, ihre Familie um sich zu haben. Und wir waren, wie versprochen, für sie da, bis zum Schluss. Als es ihr körperlich immer schlechter ging, pflegte Ramona sie noch bei uns zu Hause. Jedoch wurde es mit der Zeit so schwierig, einer ausreichenden Pflege gerecht zu werden, dass Ramona das allein nicht mehr schaffen konnte, und wir mussten meine Mutter schweren Herzens in einem Pflegeheim in unserer Nähe unterbringen. So konnten wir sie aber trotzdem noch jeden Tag besuchen.

Sie liebte übrigens Pommes frites mit Mayonnaise und Currywurst. Wann immer es möglich war, brachten wir ihr davon eine Portion mit. Auch an ihrem letzten Tag. Eigentlich wollten wir ihr, wie sonst auch immer, einen Besuch abstatten und sie mit ihrem Lieblingsessen erfreuen. Aber bereits im Flur zu ihrem Zimmer wurden wir abgefangen, und das Pflegepersonal erklärte uns, dass wahrscheinlich der Abschied nahen würde. Wir waren erst mal geschockt, zum Glück an diesem Tag aber alle zusammen, und so konnte sich die ganze Familie von ihr verabschieden.

Ich saß an ihrer Seite und hielt ihre Hand, Ramona und Joelina saßen am Kopfende des Bettes. Ihre Augen suchten mich und blieben an mir haften. Dann atmete sie einmal tief – und schlief für immer ein. Natürlich weiß man nie, was im Kopf eines Sterbenden vorgeht, aber wahrscheinlich waren ihre letzten Gedanken bei mir, bei ihrem einzigen Kind, so fühlte es sich auf jeden Fall an. Ich war die letzte Person, die sie gesehen hat.

Sie hätte immer gern noch eine Tochter gehabt, aber sie hatte sie ja dann mit Ramona bekommen. Mein Vater hat Ramona leider nicht mehr kennengelernt, er wäre sicher ganz vernarrt in sie gewesen, aber ich erinnere mich noch, wie meine Mutter damals zu mir sagte: »Endlich hast du deine Frau gefunden!« Ja, das hatte ich.

Ich bin heute noch glücklich, dass ich ihre Hände habe halten können, als es zu Ende ging. Und wenn ich daran denke, habe ich sofort Tränen in den Augen – auch jetzt noch, Jahre danach, ich bin halt nah am Wasser gebaut. Sie wurde in der Lieblingsbluse von Ramona aufgebahrt, und ich habe für sie ein letztes Mal gesungen. Wir haben sie wie eine Königin zu

Grabe getragen. So wie sie es verdient hat und wie es jede Mutter verdient.

Jetzt lebt sie wirklich in einem Schloss, »das in den Wolken liegt«.

Ich bau dir ein Schloss (2)

(Neufassung aus dem Jubiläumsalbum, 2020)

Anfang 2000 kam die Produktionsfirma 99pro aus Leipzig auf die Idee, mit unserer Familie die deutsche Fassung der »Osbornes« produzieren zu wollen, also das Leben einer prominenten Familie komplett mit der Kamera zu begleiten. Ramona war anfangs nicht begeistert, weil sie einige Bedenken wegen Joelina hatte. Sie wollte sie natürlich schützen und fand es nicht gut, dass unsere Tochter schon als kleines, gerade schulpflichtiges Kind auf dem Bildschirm zu sehen wäre. Ich sah das etwas anders und überzeugte meine Frau schließlich mit dem Argument, dass die Öffentlichkeit und die Medien nun mal zu unserem Leben dazugehörten und es gerade gut wäre, wenn sie (und auch ihre Umwelt) das bereits früh für sich akzeptieren könne, weil es ihr sogar zusätzliches Selbstvertrauen geben könnte. Und so starteten »Die Drews« ihr TV-Leben im Herbst 2003 auf RTL2.

Wir hatten in der Zwischenzeit ein Grundstück in der Nähe der Schwiegereltern erworben, und für dieses Grundstück bestand eine Bauverpflichtung. Nachdem bereits die erste Serie mit uns so erfolgreich gelaufen war, beschloss die Produktionsfirma, eine weitere Serie mit uns zu produzieren und uns beim Hausbau zu begleiten. Diesmal war der Titel der Serie »Drews baut«. Also ging es 2009 in die Hausbauplanung. Wir setzten uns mit unserem Architekten zusammen und planten die Raumaufteilung. Ich bin ein sehr visueller Mensch, und um mir alles vor Ort noch besser vorstellen zu können, holte ich mir aus der Garage des Hauses, in dem wir aktuell wohnten, alle Wasserkästen heran und baute mir nach dem Umrissplan schon mal die Wände auf. Ramona erklärte mich mal wieder für verrückt, aber so bin ich nun mal. Ich wollte sichergehen, dass jede Wand in der Bauzeichnung richtig gesetzt ist.

Jeder, der mal ein Haus gebaut hat, weiß, dass das nie ganz ohne Schwierigkeiten vonstattengeht. Für uns bestand der große Vorteil darin, dass wir das neue Haus direkt vor unserer Nase bauten, also in Sichtweite unseres aktuellen Hauses. Außerdem waren wir durch den Dreh häufig bei den Baufortschritten dabei, damit die Kameras auch ihre Bilder bekamen. Dadurch wurden wir auf mögliche Fehler sehr früh aufmerksam.

Eigentlich wollten wir unser Dach gerne mit dunkelblauen Dachpfannen eindecken lassen, jedoch machte uns da das Bauamt mit der Bauverordnung einen Strich durch die Rechnung. Wir sind sogar extra noch mit einem Farbmuster beim Bauamt vorstellig geworden, um den Zuständigen zu zeigen, dass unsere Wunschfarbe wirklich keine leuchtende Farbe sei, sondern sich mit einem dunklen, gedeckten Blau durchaus gut ins Dächer-Farbbild integrieren würde.

Aber keine Chance, unser Wunsch wurde abgeschmettert. Es waren nur rote und anthrazitfarbene Dachziegel in unserem Wohngebiet erlaubt. Also fügten wir uns und wählten dann, wie viele andere auch, die anthrazitfarbene Dachpfanne. Nicht lange nach dem Richtfest wurde der Dachdecker tätig.

Kurz darauf bemerkten wir, dass man in der Mitte des Raumes, in dem unser Schlafzimmer geplant war und der direkt unterm Dach lag, wegen der Schrägwände kaum noch aufrecht stehen konnte. Ich liebe hohe Räume, nur blieb unter dem Dach nicht mehr viel davon übrig. Wir fragten unseren Architekten um Rat, und er erklärte, die einzige Möglichkeit, unter dem Dach einen Raum zu schaffen, in dem man sich auch aufrecht bewegen könnte, bestünde darin, die Decke des unteren Geschosses um etwa eine Balkenhöhe tieferzulegen. Gesagt, getan – der Statiker rechnete alles Mögliche um, damit die tragenden Balken alle etwa vierzig Zentimeter tiefergelegt werden konnten, um dort die neue Decke einzuziehen. Puh, Glück gehabt! Das konnten wir noch rechtzeitig korrigieren, nicht dass später nur noch die Abrissbirne hätte helfen können.

Mit niedrigen Zimmerdecken kann ich mich nicht anfreunden. Ich erinnere mich, dass ich einmal die Chance bekam, uns bei einem Freund in München in seinem leer stehenden Anbau eine kleine Bleibe einzurichten. Nichts Großes, nur ein kleines Apartment, um dort zu übernachten, wenn ich in München zu tun hatte. Ich hatte mich in Taufkirchen immer wohlgefühlt und habe mich daher sehr über das Angebot gefreut. Alles war super, alle Anschlüsse waren vorhanden – nur die Decke war mir zu niedrig. Also habe ich die ganze Wohnung um einen Meter ausschachten lassen und mir dann, wie in einem Wohnmobil, ein Hochbett eingebaut, das über eine Leiter zu erreichen war. Super! Ich hatte Ramona nichts davon erzählt, um sie zu überraschen. Und als alles fertig eingerichtet war, habe ich ihr stolz unsere neue »Königliche Suite« präsentiert. War wahrscheinlich das erste Minihaus der Welt.

Aber zurück ins Münsterland und zu den Dreharbeiten: Die Grundsteinlegung war richtig zelebriert worden, Ramona hatte sogar eine Rede gehalten, deren Text mit dem Grundstein einzementiert wurde. Zum Richtfest hatten wir alle Nachbarn eingeladen.

Natürlich sollte es auch etwas Gutes zu essen geben, und Ramona gab sich viel Mühe, ein ganzes Büfett in unser Baustellenhaus zu zaubern. Sie bastelte für das Dessertbüfett sogar extra ein Lebkuchenhaus, das eins zu eins aussah wie unser neues Haus. Ramona ist in dieser Hinsicht künstlerisch echt begabt und hat das super hinbekommen. Natürlich habe ich es mir nicht nehmen lassen, direkt nach dem Essen einen kleinen Auftritt in unserem zukünftigen Wohnzimmer zu geben. Wir hatten alle einen schönen Abend in unserer zukünftigen Bleibe.

Von meiner Liebe zum Rasenmäher und Hochdruckreiniger werde ich noch erzählen, aber als Hausbesitzer hat man eben immer zu tun. So klingelte vor einiger Zeit morgens ein Nachbar bei uns, weil er im Garten so merkwürdige Geräusche gehört hatte.

Und tatsächlich – der Pumpe unseres Teiches war es wohl langweilig geworden, und sie pumpte nun fröhlich das Wasser aus dem Teich heraus statt aus der Filteranlage wieder hinein. Unsere Fische planschten bereits nur noch in einer kleinen Pfütze.

Aber dank meiner großartigen handwerklichen Begabung konnte ich das schnell wieder beheben. Ramona würde jetzt schallend lachen, denn ich habe schon manchen echten Handwerker zur Verzweiflung getrieben.

Ich mag zum Beispiel gerne gedimmtes Licht. Wenn es überall knallhell ist, finde ich es ungemütlich. Wahrscheinlich erinnert es mich zu sehr an die Bühne, und ich finde es daher zu Hause besser, wenn es Lichtinseln gibt. Ich glaube, niemand hat so viele Dimmer im Haus wie ich. Früher, in meinem Haus in München, habe ich sie alle selbst angebracht und eingestellt, jawohl!

Damit man nun aber nicht jeden Tag die Regler neu positionieren muss, habe ich sie zusammengeschaltet – einmal Licht an, und alle Lampen sind bereits vorgedimmt. Eine tolle Idee, fand ich. Ich habe also schon damals in meiner Münchener Wohnung alle Kabel sorgfältig zusammengefieselt, und wenn ich dabei mal einen gewischt bekam, wusste ich eben, dass ich den falschen Draht erwischt hatte. Sicherung rausdrehen kann ja jeder.

Nun hatte die Wohnung einen Parkettboden, darauf lag ein riesiger Teppich, aber er bedeckte den Boden dennoch nur zum Teil. Da ich die Kabel der Lampen nicht über den Boden legen konnte, denn das hätte man ja auf dem Parkett gesehen, habe ich die Kabelbündel genommen, die Pole irgendwie isoliert, das Ganze mehrfach mit Gaffaband zusammengebunden und unter die Fußleiste geklemmt. Klappte gut.

Als ich allerdings in München auszog, weil wir wegen unserer damals noch kleinen Tochter in die Nähe der Schwiegereltern ins Münsterland zogen, musste noch einiges geregelt werden, und ich hatte einen Elektriker da. Der staunte nicht schlecht, als er mein »kunstvoll« verlegtes Kabel sah und meinte, wir hätten richtig Glück gehabt, dass uns das Haus nicht abgebrannt ist.

Gut, dass er nicht gesehen hat, dass ich auch den Dachboden ausgebaut und dort eigenhändig Holzbalken eingebaut hatte. Natürlich gab es dort oben ebenfalls eine Lichtanlage und jede Menge von mir verlegte Kabel, wobei das Gaffaband erneut zum Einsatz gekommen war. So etwas mache ich heute nicht mehr. Zu gefährlich.

Im neuen Haus habe ich dann die Dimmer von einem Elektriker anbringen lassen. Darauf hat Ramona bestanden. Allerdings sind es so viele, dass ich mir nicht merken kann, welcher Schalter zu welcher Lampe gehört. Ich erwähnte ja schon mein phänomenales Gedächtnis. Also habe ich jeden Schalter mit einem schwarzen Filzstift gekennzeichnet. Das sieht zwar nicht schön aus, erfüllt aber seinen Zweck. Selbst ist der Mann!

Das konnte ich übrigens schon sehr früh unter Beweis stellen. Wusstet ihr, dass ich früher ein echter »Mr Pattex« war? Als wir damals mit Die Anderen in Hamburg lebten, waren wir auf der Suche nach einem Probenraum für unsere Band.

Dabei wurden wir auf einen alten Bunker aus dem Zweiten Weltkrieg, dessen Räume vermietet werden sollten, aufmerksam. Bei der Besichtigung beschlich mich zunächst ein schreckliches Gefühl, überall phosphoreszierende Beleuchtung, und man spürte förmlich eine Bedrohung, ein Gefühl, wie es auch damals die Menschen gehabt haben müssen.

Aber für uns war der Raum natürlich gut, weil kein Krach nach draußen dringen konnte. Dafür reflektierten die Innenwände den Schall umso mehr, es hallte wie bekloppt. Also habe ich stapelweise Eierkartons besorgt und die an die Wände und an die Decke geklebt – mit Pattex. Wie das geht? Super!

Man gibt Pattex auf die Noppen und drückt sie dann kurz an die Wand. Wieder abnehmen und einen Moment warten. Wenn der Kleber etwas angetrocknet ist, dann presst man die Kartons fest auf die Wand. Hält bombenfest, sogar an der Decke. Ich habe allerdings dabei so viel Pattex »geschnüffelt«, dass ich eine echte Vergiftung davon bekommen habe. Ich war schon immer ein bisschen crazy.

Ich habe das Jahre später in München noch einmal erlebt, als ich wieder einmal eine meiner handwerklichen Pattex-Großtaten vollbracht hatte. Was ich genau gemacht hatte, weiß ich schon gar nicht mehr. Nur dass ich ziemlich bedudelt war und noch einen Zahnarzttermin hatte, bei dem mir ein Weisheitszahn gezogen wurde. Ihr könnt euch vielleicht vorstellen, was das für eine Wirkung hat: Pattex und Schmerzmittel im Kopf … Das ist schon eine seltsame Mischung. Mit urigen Nebenwirkungen.

An diesem Tag hatte ich noch einen Auftritt in Bremerhaven. Und fuhr selbst mit dem Auto dorthin. Ich sah alles nur verschwommen. Natürlich war das leichtsinnig, aber ich musste schließlich zu einem Job. Ich musste mich pausenlos darauf konzentrieren, dass ich nicht wegtrete. Und auf der Bühne musste ich dann doppelt aufpassen, damit ich nicht irgendwelchen Unsinn erzähle. So etwas liegt mir ja ohnehin. Auch ohne Pattex und Medikamente.

Glücklicherweise wissen alle, dass ich so gut wie nie Alkohol trinke, sonst hätte man mich vielleicht sogar im Verdacht gehabt, angetrunken zu sein. Aber da bin ich wirklich geheilt. Ich habe mich einmal mit der damaligen Band zu einem Bier überreden lassen. Ein Bier! Danach war ich so knülle, dass ich den Auftritt zum Teil im Liegen gespielt habe, weil ich nicht mehr stehen wollte. Und auf der anschließenden Fahrt nach Hause habe ich mich gewundert, warum sich der Mittelstreifen immer so bewegt.

Ein einziges Mal in meinem Leben war ich allerdings wirklich betrunken, und das hat mich für den Rest meines Lebens geheilt. Ja, kaum zu glauben, aber auch der Drews hat so was mal erlebt. Und das war nach dem Abitur. Ich musste ja zweimal antreten und habe daher den täglichen Weg von unserem Haus zur »Staatlichen Domschule zu Schleswig« (darauf legte man dort großen Wert) ein Jahr länger machen dürfen. Der Weg war nicht lang und führte unweigerlich an einer kleinen Holzhütte vorbei, in der Süßigkeiten verkauft wurden. Mein Schicksal waren die Schaumküsse, die damals noch anders hießen, aber das sagt man eben heute nicht mehr. Zwei Stück für einen Groschen – lecker! Diese Dinger liebe ich noch heute und kann eine ganze Packung auf einmal verdrücken. Gegenüber von der Holzhütte war eine Kneipe, die besagte Kneipe, und ein Stück weiter trat man durch das ehrwürdige Portal der Schule.

Da saß ich nun also damals in einem großen Raum, zusammen mit vielen anderen Delinquenten, die auf die mündliche Abiturprüfung warteten. Wie im Wartezimmer eines Arztes, und ähnlich fühlten wir uns auch. Einer nach dem anderen wurde hineingerufen, und von unten hörte man schon die ersten erlösten Jubelschreie der Absolventen. Seit meiner ersten vermasselten Prüfung trug ich aus Wut auf meine Lehrer jeden Tag den gleichen Anzug, ein ganzes langes Jahr lang. Nur die Nyltesthemden wechselte ich. Mir fiel nicht auf, dass ich damit mich mehr bestrafte als sie, denn der Anzug war noch von meiner Konfirmation und spannte bereits ein wenig.

Ich war bis unter die Halskrause voll Adrenalin, denn ich wusste, wenn ich das hier versaue, dann war's das mit dem Medizinstudium. Also wartete ich geduldig, aber doch nervös, bis ich an die Reihe kam. Und irgendwann war ich der Einzige im Raum. Schließlich öffnete sich die Tür zum Prüfungsraum einen Spalt weit, und ich sprang auf. Sofort ging die Tür wieder zu. Ich war völlig verblüfft – was war das denn? Dann ging die Tür wieder auf, und der Direktor trat ein. Ich stand wieder sofort in Habachtstellung bereit.

»Herr Drews, was machen Sie denn hier?«

»Ich warte auf die mündliche Prüfung, Herr Direktor.«

»Aber das ist ein schrecklicher Irrtum! Gehen Sie, Sie werden gar nicht geprüft. Gehen Sie, gehen Sie!«

Ich schlich mit weichen Knien hinaus.

Als ich unten ankam, immer noch voll mit Adrenalin und noch nicht wirklich begreifend, dass die Schule endgültig vorbei war und ich das Abi in der Tasche hatte, hörte ich die anderen schon aus der Kneipe schreien: »Drews, jetzt bist du dran!« Und ich wurde in die Gaststätte gezogen. Ehe ich michs versah, drückte man mich auf eine Bank, und ich hatte ein Bier und einen Korn vor mir stehen. Und alle riefen: »Ex!« – Tja, und ich Vollidiot schüttete alles in mich hinein.

Ich kann mich ab da an nichts erinnern. Totaler Filmriss! Irgendwie muss ich ja nach Hause gekommen sein, aber keine Ahnung, wann und wie. Ich wohnte zu der Zeit noch bei meinen Eltern, hatte oben unterm Dach mein eigenes Reich.

Das bestand aus meinem Schlafzimmer mit Teppich, Stuhl und Tisch, direkt über dem Schlafzimmer der Eltern – ein wenig Kontrolle schadet nie –, dann einem Raum für die schon erwähnte Eisenbahnanlage und einem kleinen Arbeitszimmer. Echter Luxus, das gebe ich zu, und ich habe es geliebt. Im ersten Stock lebten die Eltern, im Erdgeschoss war die Praxis meines Vaters, davor ein Rasenstück.

Als ich am nächsten Nachmittag erwachte, war irgendetwas anders. Ich lag in meinem Bett, aber der Teppich und der Stuhl fehlten. Ich ging runter in die Wohnung meiner Eltern, die mich schon erwarteten und mir zum bestandenen Abi gratulierten. Zufällig fiel mein Blick auf die Hecke des Nachbargrundstückes, die total lädiert war. »Was ist denn da passiert? Ist da ein Auto reingefahren?«, fragte ich.

Die Antwort kam prompt: »Nein, du bist der Hecke passiert. Schau mal da unten ...« Und da sah ich, dass mein Teppich und mein Stuhl auf dem Rasen lagen. Wieso das denn?

Mein Vater konnte für Aufklärung sorgen: »Ja, mein Junge, det ham wa erst mal reinjen müssen. Du musst jekotzt haben wie eine Sau!« – So weit mein zartfühlender Vater. Und dann erzählte er, dass sie mich am späten Abend haben kommen hören, wie ich schwerfällig die Treppe heraufkam und oben einfach umgefallen bin. Ich war nahe an einer Alkoholvergiftung gewesen, und mein Vater hatte mir erst einmal eine Spritze gegeben. Meine Eltern hatten für die Situation Verständnis, aber für mich war es das erste und letzte Mal. Nie wieder Alkohol!

Wir mieten Venedig

(Aus dem Album »Schlossallee«, 2010)

Mein gestörtes Verhältnis zu Geld werde ich im nächsten Kapitel schildern, aber ich kann es mir jetzt, mit fünfundsiebzig, leisten, noch einen anderen Tick zu offenbaren. Ich liebe schöne und daher leider meist auch teure Gegenstände, habe aber eine Heidenangst, dass sie kaputtgehen könnten, und nutze sie deshalb eigentlich nie. So habe ich immer schon nach einem Pullover mit einem besonderen Halsausschnitt Ausschau gehalten und den auch tatsächlich eines Tages in einer Boutique erstehen können. Ich habe mich riesig darüber gefreut, auch wenn der Kaufpreis dafür nicht unerheblich war. Und jetzt?

Dieser Pullover liegt seitdem originalverpackt in meinem Schrank. Ich ziehe ihn auf keinen Fall an – aus lauter Angst, dass ich ein so schönes Stück vollkleckern oder kaputt machen könnte. Ich hab ja immer gesagt – der Drews ist manchmal bekloppt!

Oder ein anderes Beispiel, und da kommen wir nun zu Venedig. Vor etlichen Jahren bin ich mit Ramona nach Venedig gefahren, und wir haben uns diese wunderschöne Stadt angesehen.

Dabei hat man uns auch überredet, einen Ausflug auf die Laguneninsel Murano zu machen, von der diese wunderbaren, weltberühmten Glasbläserarbeiten stammen. Auf der Insel wurde ich dann von den Leuten dort erkannt, und man bemühte sich sehr um uns, zeigte uns herrliche Glasarbeiten. Klar, da wollte ich mich erkenntlich zeigen und habe gemeinsam mit Ramona ein Set von wunderschönen feinen Gläsern erworben. War nicht billig, aber das war es uns wert. Und heute? Aus lauter Furcht, dass eins von den Gläsern zerbrechen könnte oder einer der Hunde mit einer ungeschickten Bewegung eins zu Bruch gehen lassen könnte, bleibt es lieber eingepackt an einem sicheren Ort. Verrückt, ich weiß, aber ich hätte sonst keine ruhige Minute.

Ich bin Anfang der Achtzigerjahre, genau wie mein geschätzter Kollege Roland Kaiser, auf einer Tournee durch die damals noch existierende DDR gereist. Vier Wochen, immer große Hallen mit bis zu sechstausend Zuschauern, immer ausverkauft. Das war eine tolle Erfahrung, und heute ärgere ich mich, dass ich das – anders als Roland – nicht öfter wiederholt habe, aber meine Amerika-Pläne standen dem entgegen. Ich war mit meiner eigenen Band unterwegs, die Technikkollegen allerdings waren aus der DDR. Eine super Mannschaft mit erstklassigem Equipment. Die Bezahlung erfolgte in Ost-Mark, aber mit dieser Währung konnte ich in der Bundesrepublik nichts anfangen, weil sie nicht ausgeführt werden durfte. Also war ich auf der Tour sehr beliebt, war spendabel und lud das Team oft zum Essen ein, um das DDR-Geld auszugeben.

Weil die DDR wenig Valuta hatte, wie sie Fremdwährungen wie die westdeutsche D-Mark bezeichneten, wurden wir Künstler manchmal mit Sachleistungen bezahlt. Ich erhielt einmal wunderschönes Meißener Porzellan, sehr edle Teile. Traumhaft gebrannt, bemalt und veredelt – nicht umsonst spricht man von »weißem Gold«. Ratet mal, ob ich das jemals benutzt habe. Nein, ich habe es lieber (wahrscheinlich viel zu billig) verkauft – nicht wegen des Geldes, sondern aus lauter Angst, dass es bei mir zerbrechen könnte.

Übrigens ging es auf dieser Konzertreise auch um das Thema »Überwachung«. Ich wusste genau, dass meine Hotelzimmer verwanzt waren, und habe darum einmal, als ich in Leipzig in einer wunderbaren Suite übernachtete, gleich beim Eintritt in das Zimmer die unsichtbaren Kameraleute begrüßt und darauf hingewiesen, dass am Abend weibliche Begleitung mitkäme. Sie möchten doch so nett sein und in der Nacht wegschauen. Diesen Scherz konnte ich mir einfach nicht verkneifen. Passiert ist natürlich nichts.

Eines Tages fragte mich unser DDR-Techniker, den ich in meinem Auto mitgenommen hatte, ob ich ihn nicht mit in den Westen »rübernehmen« könne. Er würde in der DDR keine Perspektive mehr für sich sehen und hatte auch einen Plan: Ich solle ihn in eine der großen Bassboxen einschließen, da hätte er genug Platz und bekäme auch ausreichend Luft, um die Reise zu überstehen. Ich wusste, dass das in keinem Fall gut gehen könnte, mal ganz abgesehen davon, dass ich

Angst hatte, dass uns selbst in meinem Wagen jemand belauschen könnte.

Diese Angst versuchte er mir zwar zu nehmen, aber mir war klar, dass man mir spätestens bei der Grenzkontrolle schon auf hundert Meter Entfernung ansehen würde, dass etwas nicht stimmte. Wahrscheinlich hätte ich mindestens einen knallroten Kopf bekommen, und ich sah mich deshalb schon im berühmt-berüchtigten DDR-Knast von Bautzen. Also lehnte ich freundlich ab.

Wie mir später gesteckt wurde, war das auch verdammt gut so. Denn der Typ war ein Stasi-Spitzel und sollte meine »Zuverlässigkeit« testen. Es wäre also garantiert schiefgegangen, wenn ich seinem Vorschlag aus Nettigkeit zugestimmt hätte.

Aber ich wollte ja eigentlich von Venedig erzählen. Dazu muss ich etwas ausholen, aber ihr habt ja ein wenig Zeit, oder? Und ich glaube, ihr kennt ja auch meine Neigung, gelegentlich gern mal vom Thema abzukommen.

Also, ich muss vorausschicken, dass ich früher eigentlich nie heiraten wollte. Da war ich eben ein Kind meiner Zeit. Ich bin in den Sechzigerjahren groß geworden, und das war die Zeit, in der man alle Institutionen infrage stellte, auch die Institution der Ehe. Und da meine erste Ehe leider zerbrach, war ich nicht unbedingt versessen darauf, ein weiteres Mal den (wie man so sagt) »Bund fürs Leben« einzugehen.

Ramona hingegen war ja erst einundzwanzig Jahre jung und hatte keine dieser Erfahrungen gemacht – weder die der Achtundsechziger noch eine Scheidung. Ich war ihr erster Mann und sollte auch ihr erster Ehemann werden. Natürlich liebte ich sie schon damals abgöttisch, aber musste man deshalb gleich heiraten? Na ja, ich muss zugeben, es schmeichelte mir schon, dass eine junge, hübsche Frau wie Ramona mich überhaupt heiraten wollte, schließlich war ich immerhin achtundzwanzig Jahre älter. Aber was interessierte mich mein Geschwätz von gestern, wir wollten ja schließlich ein Kind, und letztlich wollte auch ich, dass wir als Familie alle denselben Nachnamen führten. Also wurde geheiratet.

Nur eben leider wohl nicht so romantisch, wie Ramona sich das gewünscht hat. Kein förmlicher Heiratsantrag auf den Knien mit dem großen Rosenstrauß. Kein Anhalten um ihre Hand bei den künftigen Schwiegereltern. Immerhin gab es eine sehr schöne kleine Hochzeitsfeier auf Mauritius. Aber leider ohne Familie – und ohne Freunde. Nur wir beide, die Trauzeugen und ein Fotograf. Und ohne dass Ramona von ihrem Vater zum Altar geführt wurde.

Wenn ich mir heute vorstelle, dass unsere Tochter ohne ihre Eltern heiraten würde, ich wäre unendlich traurig. Ja, da habe ich echt einen gravierenden Fehler gemacht, und das tut mir im Nachhinein sehr leid. Denn sollte unsere Tochter eines Tages den Richtigen finden und heiraten wollen, würde ich sie so gerne an meinem Arm zum Altar geleiten. Ich weiß zwar schon heute, dass ich dabei Rotz und Wasser heulen werde, aber es ist trotzdem mein großer Wunsch. An dieses Ereignis wird sich meine Tochter für den Rest ihres Lebens erinnern, auch wenn es mich mal nicht mehr gibt. Denn niemand anderes als ihr Papa persönlich wird sie zum Traualtar geführt haben. Und genau deshalb hatte sich meine Ramona das auch gewünscht. Und ausgerechnet ich habe ihr dieses einmalige Erlebnis verwehrt.

Nicht dass sie es mich hätte spüren lassen, aber ab und an, wenn wir zum Beispiel einen Liebesfilm mit romantischem Heiratsantrag und einer Hochzeit, bei der natürlich der Vater seine Tochter zum Altar führte, angesehen haben, kam dann doch mal eine kleine, leicht traurige Bemerkung. Und bitte lacht jetzt nicht, aber ich bin immer der Erste, der bei solchen Filmen Tränen vergießt. Das ist schon echt komisch, aber offenbar bin ich mit zunehmendem Alter viel emotionaler geworden. Erst als Vater einer heranwachsenden Tochter konnte ich nachvollziehen, wie enttäuscht auch Ramonas Eltern gewesen sein mussten, wenn sie es mir auch nie vorgeworfen haben. Aber zurück zu dem, was ich eigentlich erzählen wollte.

In mir reifte der Entschluss, dass ich das damals Versäumte unbedingt nachholen wollte. Leider konnten meine Eltern es nicht mehr miterleben, die waren beide inzwischen gestorben, aber umso wichtiger war es, Ramona den Traum zu erfüllen.

Also machte ich ihr zuerst einen richtig romantischen Heiratsantrag. Und zwar in einer großen Samstagabend-Show bei Carmen Nebel. Ramona hatte mich begleitet, und eigentlich hätte ich nur einen ganz normalen Auftritt gehabt. Was sie aber nicht wusste: Das TV-Team und ich hatten alles hervorragend geplant, und so holte ich sie während der Livesendung auf die Bühne und fragte sie, ob sie mich noch einmal heiraten würde. So richtig, mit Familie und allem Drum und Dran. Sie hat sich so gefreut – und natürlich Ja gesagt –, und wir haben beide ganz schön geweint. Jetzt mussten wir nur noch zur Tat schreiten.

Und wo anders als in Venedig konnte das geschehen, denn wie hieß es schon in dem Song »Wir mieten Venedig«: »*Ein Rosenbett auf dem Markusplatz ist für dich grad gut genug.*« Also sind wir erneut in die Lagunenstadt gereist. In einer Kirche den Lebensbund zu erneuern war für uns keine Möglichkeit, denn wir waren ja schon verheiratet. Auf der Terrasse eines sehr schönen alten Hotel-Palazzo, direkt am Canal Grande mit Blick auf das Wasser, sollte die feierliche Zeremonie stattfinden.

Und dann lief dort alles genau so ab, wie Ramona es sich gewünscht hatte. Die ganze Familie war dabei – Joelina war ja schon eine junge Dame –, und Ramonas Vater führte seine Tochter dem »künftigen« Ehemann zu. Alle hatten Tränen in den Augen (ich jetzt auch wieder, wenn ich daran denke), und es war ein perfektes Fest.

Fast perfekt. Denn einmal gab es leicht unterdrücktes Gelächter, als der von uns bestellte »Pastor« hinter seinem Pult hervortrat und wir sahen, dass unter seinem zu kurzen Talar farbige Ringelsocken hervorlugten. Aber dieser kleine Schönheitsfehler war spätestens bei der später stattfindenden Gondelfahrt kein Thema mehr.

Ja, wir haben für diesen schönen Tag Venedig gemietet, und das war etwas, das wir nicht wieder vergessen werden.

Jung, hübsch und dämlich

(Aus dem Album »Rockig«, 1979)

Nein, der Text von »Jung, hübsch und dämlich« ist nicht autobiografisch, wenngleich man durchaus auf diese Idee kommen könnte, wenn ich euch die folgende Geschichte erzähle. Sie handelt davon, dass ich zu Geld ein sehr – sagen wir – »gespaltenes« Verhältnis habe. Man braucht es, um zu leben, aber andere Dinge waren mir immer wichtiger. Und das brachte mich oft in blöde Situationen. Hinzu kommt, dass ich ein sehr gutgläubiger Mensch bin und andere nur selten hinterfrage. Das wurde mir schon oft zum Verhängnis. Ich bin sehr froh, dass Ramona da immer einen sehr gesunden Blick und Durchblick hat. So kann mir das heute nicht mehr passieren.

Ich hatte früher nie ein wirkliches Management, sondern machte im Wesentlichen alles selbst, und es war damals nicht üblich, Gagen zu überweisen, sondern ich rechnete nach einem Auftritt immer in bar ab. Dabei hatte ich die Angewohnheit, die Geldscheine zu sortieren, danach einen kleinen Stapel zu erstellen und diesen in der Mitte zu falten. Es sah immer ein bisschen aus wie in diesen Mafiafilmen, in denen es heißt: »Aber nur in kleinen, gebrauchten Scheinen!« So hatte man aber immer einen schnellen Überblick, und das Zählen war einfacher.

Wie wenig ich mir eigentlich aus Geld machte, zeigt die folgende kleine Episode. Ich hatte wieder einmal abgerechnet, das Geld schön gefaltet und in meinen Koffer gepackt. Danach checkte ich aus dem Hotel aus und fuhr nach Hause. Dort angekommen packte ich wieder aus und verstaute nicht getragene Hemden und Wäsche im Schrank. An das Geld verschwendete ich überhaupt keinen Gedanken.

Erst als ich sehr viel später für einen nächsten Auftritt wieder packen wollte, fiel mir auf, dass etwas zwischen den Hemden knisterte. Ich entdeckte die sauber gefaltete Gage vom letzten Mal. Ich speichere das mal unter »jung«. Die Freude war natürlich groß, denn bis dahin war mir noch gar nicht aufgefallen, dass das Geld fehlte.

Ein weiteres Mal ging es allerdings etwas dramatischer zu. Ich hatte mehrere Auftritte hinter und noch einen letzten vor mir. Von meiner Plattenfirma hatte ich eine schöne Wildledertasche bekommen, die auf der Vorderseite meine Initialen »JD« trug. Ich liebte diese Tasche, nahm sie überallhin mit und bewahrte meine Gagen darin auf. Zu dieser Zeit war ich noch allein unterwegs. Es gab keinen Techniker oder Roadie. Meine Halbplaybacks waren damals auf einem Tonband, später auf einer Musikkassette, was heute kaum noch einer kennt.

Dass ich allein unterwegs war, war für mich damals

selbstverständlich. Ich fand mich nicht so wichtig, tue ich heute eigentlich auch nicht, aber man hat mich überredet, nicht mehr allein durch die Gegend zu reisen. Und ehrlicherweise muss ich zugeben, dass es durchaus ganz nett ist, wenn man nicht immer allein ist, sich nicht immer um alles selbst kümmert und vor allem auch vertraute Menschen um sich herum hat. Ich bin sowieso von Haus aus ein eher unsicherer Mensch, und ich muss sagen, dass mir das bis heute einfach auch Sicherheit gibt.

Damals lief es aber nun mal anders. Und ich habe darüber auch nie nachgedacht. Ich war easy und entspannt und mein Publikum auch. Ich vertraute den Technikern vor Ort, die ihre eigenen Anlagen schließlich am besten kannten, also wussten sie genau, wie man sie einstellen musste und was zu tun ist. Mein Programm war ja auf Band vorbereitet. Titel, inklusive Pausen. Mein Leitsatz für die Technikkollegen war immer: »Das Wichtigste, was du zu tun hast, ist – nichts zu tun.«

Deshalb verzichtete ich auch oft auf einen Soundcheck. Und wenn ich wirklich mal einen machte, um mich kurz auf den Raum und die Location einzustellen, war ich immer sehr schnell fertig und hatte bis zum Auftritt noch viel Zeit. So auch an diesem Tag.

Ich hatte mein Auto auf dem Parkplatz hinter der Diskothek in der letzten noch freien Lücke abgestellt. Vom Parkplatz selbst führte ein kurzer Zubringer zur Hauptverkehrsstraße, gleich hinter der Einbiegung war eine Ampel. Das wird noch wichtig werden.

In der bereits erwähnten Wildledertasche befand sich also die Gage aus den vorherigen Auftritten, da war schon einiges zusammengekommen. Weil ich nun noch Zeit hatte, beschloss ich, den Kofferraum meines Autos endlich etwas aufzuräumen. Darin befand sich auch die Tasche mit dem Geld, und anstatt diese auf den Rücksitz zu legen, legte ich sie kurzerhand auf dem Kofferraum des neben mir parkenden Autos ab und begann Ordnung zu machen.

Während ich tief in den rückwärtigen Bereich meines Autos gebeugt war, hörte ich, wie neben mir ein Motor angelassen wurde, und ich dachte noch: Na, der muss aber auch mal seinen Auspuff reparieren lassen, denn das Fahrzeug röhrte mächtig, während es aus der Parklücke heraus- und dann langsam den Zubringer zur Hauptverkehrsstraße hinunterfuhr.

Da erst fiel es mir siedend heiß ein. Meine Tasche! Die wurde gerade mit kaputtem Auspuff spazieren gefahren. Ich ließ alles stehen und liegen und rannte wild gestikulierend dem Fahrzeug hinterher. Es war Sommer, und dummerweise hatte ich diese damals modernen Clogs, also Holzschuhe, an. Habt ihr mal versucht, mit Clogs schnell zu laufen? Das geht nicht! Bevor ich das Auto erreichen konnte, war der Fahrer schon abgebogen.

Meine Hoffnung war nun die erwähnte Ampel. Aber wo ist das Rotlicht, wenn man es braucht? Eben! Nicht da! Das Auto war weg. Dennoch wurde die Ampel gerade rot, und ich klopfte an die Scheibe des ersten haltenden Autos. »Bitte, mein Geld, verfolgen Sie das Auto!«, stammelte ich atemlos.

Im Auto saßen zwei junge Mädchen, die wahrscheinlich kein Wort verstanden hatten, mich aber erkannten. »Der Jürgen Drews!«

Und sie waren tatsächlich bereit, mit mir die Verfolgung von einem Auto aufzunehmen, von dem ich nur das Auspuffgeräusch kannte und wusste, dass eine Tasche auf dem Kofferraum lag. Wir starteten also, aber war es wirklich richtig, geradeaus zu fahren? Oder war der Fahrer längst abgebogen? Und dann fing es auch noch an zu regnen, und auf dem Parkplatz stand mein eigener Kofferraum offen, und der ganze Inhalt lag draußen herum. Ich sah ein, dass eine weitere Verfolgung keinen Sinn hatte, und die beiden Damen waren sogar so freundlich, mich zu meinem Auto zurückzufahren. Natürlich habe ich sie zum Auftritt eingeladen, ich bin ja Gentleman.

So ein Mist! Das Geld konnte ich abschreiben. Entsprechend mies gelaunt ging ich zurück in die Disco. Der Geschäftsführer sah mein grimmiges Gesicht und fragte, was los sei. Ich erzählte ihm von meinem Missgeschick. »Und du hast keine Nummer oder weißt, was das für ein Auto war?«, fragte er mich.

Darauf hatte ich vor Schreck nicht geachtet, ich wusste nur von dem schadhaften Auspuff.

»Ach, den kennen wir! Ich weiß sogar, wo er arbeitet, aber das wird uns wenig helfen. Denn wenn er dorthin gefahren ist, dann kannst du deine Tasche vergessen, das ist eine sehr kurvige Straße den Berg hoch, da ist die Tasche längst weggerutscht.«

Nach dieser beruhigenden Erklärung begab er sich dennoch ans Telefon und rief die Firma an, zu der mein Auspuff-Fahrer unterwegs gewesen sein könnte. Und tatsächlich: »Ja, der ist gerade hereingekommen.« Und man gab ihn mir. Ich schilderte ihm mein Problem. Ihm war nichts aufgefallen, aber er versprach, gleich mal nachzusehen. Kurze Zeit darauf klingelte bei uns das Telefon. »Sie werden nicht glauben, was ich hier in der Hand halte«, sagte er mir. »Eine Tasche mit JD vorne drauf!« Der Regen hatte dafür gesorgt, dass das Wildleder am Blech geradezu festklebte, und dadurch war die Tasche liegen geblieben. Ein Hoch auf die Adhäsion!

Ich war nicht nur erleichtert, mir fielen zentnerweise Steine vom Herzen, und ich schwor mir, dass ich nie wieder so unaufmerksam sein würde.

Aber man soll nie zu früh schwören, denn – ihr erinnert euch an den Titel – auf die Kategorien »jung« und »hübsch« folgt ja noch »dämlich«.

Jahre später – ich kam am Münchener Flughafen an, und Ramona war so lieb, mich abzuholen. Sie wartete draußen und blieb gleich im Auto sitzen, ich kam mit meinem Gepäck – einem größeren Koffer und einem schwarzen Pilotenkoffer für das Handgepäck, der inzwischen die Wildledertasche ersetzte. Ich stellte den Aktenkoffer rechts neben das Fahrzeug auf den Bürgersteig, um den großen Koffer mit beiden Händen hinten einladen zu können. Dann schloss ich den Kofferraum und stieg links ein, nachdem Ramona nach rechts auf die Beifahrerseite gerutscht war. Und los ging's, endlich nach Hause.

Zu Hause nahm ich den Koffer hinten aus dem Auto und ging ins Haus. Ramona, so meine Annahme, würde sicher den Aktenkoffer mitbringen. Das tat sie aber nicht. Sie hatte den ja nicht einmal gesehen, weil sie im Auto sitzen geblieben war. Also musste der noch am Flughafen stehen, aber nur wenn ich Glück hatte. Na, da rutschte mir aber das Herz nicht nur in die Hose, sondern gleich bis an die Füße, denn wieder war in dem Koffer die Gage von etlichen Auftritten – hübsch gefaltet, wie üblich. Wir rasten sofort zum Flughafen zurück, mit quietschenden Reifen und in der Hoffnung, dass es keine Polizeikontrollen geben möge.

Polizei – überhaupt eine gute Idee! Ramona wählte von unterwegs die Nummer der Flughafenpolizei, und ich schilderte einem Beamten mein Problem. (Damals war das Telefonieren noch ohne Freisprechanlage erlaubt.) Der Beamte lachte nur laut und sagte: »Wir wollten Sie schon verhaften, weil wir ein unbeaufsichtigtes Gepäckstück gefunden haben – und noch dazu eins, das voller sorgfältig gefalteter gebrauchter Scheine war. Wir dachten sofort an Geldwäsche oder an organisierte Kriminalität. Aber dann haben wir Ihre Unterlagen gesehen und uns gedacht, dass Sie sich wohl von sich aus bei uns melden würden.«

Ein unbeaufsichtigtes Gepäckstück am Flughafen? Da konnte ich von Glück reden, dass die Flughafenpolizei das Ganze nicht für derart verdächtig gehalten hat, dass sie den Koffer zu sprengen beschloss! So bekam ich am Ende doch noch mein Geld zurück.

»Jung, hübsch und dämlich« – ich glaube, ich muss mich korrigieren. Es könnte doch etwas Autobiografisches haben.

Warum immer ich?

(Aus dem Album »Liebe muss ein bisschen Sünde sein«, 1994)

Alle Musiker brauchen Fans, sie sind das Rückgrat jeder Veranstaltung, jedes Auftritts. Fans unterstützen ihre Stars, kaufen die Musik. Damit sind sie ein wichtiger Faktor und haben Macht, gerade im Sport ist das oft deutlich geworden. Und es ist wie überall im Leben – es darf nie eine einseitige Liebe sein. Sonst verliert man auch den treuesten Fan. Aber manchmal musste ich leider auch einigen weiblichen Fans deutlich machen, wo die Grenzen sind. Ich erinnere mich an einen ganz speziellen Fall.

Es war in den Siebzigerjahren, ich war in Karlsruhe auf einer Gala und ging anschließend in mein Hotel. Und das war ein super Hotel, nicht etwa eine billige Absteige. Als ich meinen Zimmerschlüssel holte, grinste mich der Mann an der Rezeption schon so komisch an und fragte mit einem merkwürdigen Unterton: »Wann möchten Sie morgen geweckt werden, Herr Drews?«

Wegen seines seltsamen Verhaltens überlegte ich,

ob ich eventuell etwas Falsches anhätte oder vielleicht nicht richtig abgeschminkt sei, und ging kopfschüttelnd auf mein Zimmer.

Als ich mein Zimmer betrat, war mir schlagartig klar, dass der Rezeptionist mehr wusste als ich. Erst glaubte ich, ich hätte mich in der Zimmernummer geirrt, aber ein Blick auf Schlüssel und Tür zeigte, dass ich im richtigen Raum war. Dennoch stimmte etwas nicht, denn in meinem Bett lag schon jemand. Und zwar eine Frau, wie ich deutlich erkennen konnte. Denn, nun ja, sie hatte nichts mehr am Körper, was diese Erkenntnis hätte verhüllen können.

Ich frage mich heute noch, wie das möglich war. Schließlich ist es gar nicht so leicht, sich irgendwo hineinzuschmuggeln. Aber in den Siebzigerjahren wurde offenbar vieles noch lockerer gesehen als heute.

Eine weitere Geschichte spielte sich wenig später bei mir zu Hause in München ab.

Wir wohnten in einem Reiheneckhaus, neben uns die Familie Scholz. Sehr nette Leute, total crazy, aber ganz liebe Menschen – die besten Nachbarn, die ich mir wünschen konnte. Ich kam nach mehreren Tagen Tour abends nach Hause, und Frau Scholz fing mich schon vor der Tür ab.

»Erschrick nicht, dein Garten ist belegt!«

Ich lachte und nahm das zunächst nicht ernst. »Wie, belegt?«

»Nun ja, da steht jetzt ein Zelt!«

»Hallo? Wie sind die denn da reingekommen?«

»Na, wahrscheinlich über den Zaun ...«

Und tatsächlich, da campierten Menschen direkt hinter meinem Haus. In meinem Garten! Da fragte ich mich wirklich: »Warum immer ich?«

Höflich, wie ich war, ging ich in meinen Garten und begrüßte die Gruppe freundlich – es waren übrigens ausschließlich Mädchen. Die sich freuten, mich nun live und in Farbe anzutreffen. Nachdem wir dann nett miteinander gequatscht hatten, bat ich allerdings auch darum, dass sie bitte das Zelt wieder abbauen möchten. Mein Garten sei schließlich kein Campingplatz. Die Mädels zeigten sich sofort verständig und bauten ab. Sie hatten ja offenbar ihr Ziel erreicht: einmal bei mir zu Hause zu schlafen.

Klar, das ist alles lange her, und solche Erlebnisse sind im Grunde lustig und harmlos. Weniger harmlos ist es allerdings, wenn Fans versuchen, sich unberechtigten Eintritt in Veranstaltungen oder TV-Auftritte zu verschaffen. Darunter sind durchaus solche, die sehr deutlich machen, dass sie bevorzugt behandelt werden wollen oder mindestens eine Sonderbehandlung beanspruchen. Und wenn behauptet wird, »Jürgen hat das organisiert«, kann es für mich schwierig werden. Einmal wurde ich im Studio ausgerufen, weil draußen eine Gruppe von Fans stand, die steif und fest (und wahrheitswidrig) behaupteten, dass sie von mir persönlich eingeladen worden wären. Da wird es dann kritisch, wenn es heißt »Ach, der Drews hat wieder alle seine Fans mitgebracht.«

Ein anderes Mal habe ich eine wirklich gefährliche Situation erlebt, das war zu der »Kornfeld«-Zeit. Vereinbart war eine Autogrammstunde in Ulm, und weil wohl gerade irgendeine Festivität in der Stadt war, hatte man auf dem Platz vor dem Ulmer Münster eine Bühne aufgebaut, auf der viele Gruppen und Kollegen von mir auftraten und auf der nun auch ich sitzen sollte. Organisiert hatte dieses Ereignis ein großes Ulmer Kaufhaus, das direkt am Rand des Münsterplatzes sein Geschäft hatte. Mit großen Schaufenstern, mindestens zwei mal vier Meter groß, und mehreren Stockwerken.

Ich wurde also abgeholt, und der Fahrer sagte mir, dass er einen kleinen Umweg fahren müsse, weil der Münsterplatz schon gut gefüllt sei und wir von einer Seitenstraße aus auf die Bühnen gehen müssten. Was hieß da gut gefüllt? Als wir ankamen, passte wahrscheinlich kein einziger Mensch mehr auf den Platz, es war gar nicht daran zu denken, dass ich irgendwie auf die Bühne kommen könnte. Was tun?

Es wurde also schnell umdisponiert, und man brachte mich durch einen Nebeneingang einfach in das Kaufhaus. Der Chef empfand es als eine tolle Idee und schöne Geste, wenn ich im ersten Stock des Kaufhauses gegenüber dem Münster an das Fenster treten und den Leuten von dort oben zuwinken würde.

Danach könnte ich ja viele Autogramme unterschreiben, und man würde die von oben auf die Zuschauer herabregnen lassen. Das schien mir ein schönes Bild, und es schmeichelte mir natürlich, dass so viele Menschen meinetwegen vor Ort waren.

Also trat ich an das Fenster, schaute auf den Platz, unter mir die Menschenmenge vor den großen Schaufenstern des Kaufhauses. Zunächst nahm kaum jemand von mir Notiz, weil fast alle in die Gegenrichtung zur Bühne schauten. Ich sah, dass an den riesigen Fenstern unten etliche Fahrräder lehnten, die die Ulmer mitgebracht und erst einmal dort abgestellt hatten. Allmählich schien sich herumzusprechen, dass ich nicht auf die Bühne kommen würde, sondern hinter ihnen am Fenster stand. Und langsam, fast wie in Zeitlupe, drehte sich die Menschenmenge um.

Und was dann passierte, sehe ich heute noch deutlich vor mir – wie in einem Film. Denn die Menge rückte langsam vor, die hinteren Menschen drängten Richtung Kaufhaus. Ich sah, wie die vorderen Reihen gegen die Fahrräder und gegen die großen Schaufensterscheiben gedrückt wurden. Die Glasscheiben wölbten sich langsam. Ich bekam es mit der Angst zu tun, denn falls diese Scheiben bersten sollten und die Scherben auf die Menge regnen würden, könnte das echt übel ausgehen.

Es war ein Segen, dass ein im Raum anwesender Polizist ebenfalls die Gefahr erkannte. Er zog mich vom Fenster zurück und donnerte ein »Zurück! Stopp!« in ein Megafon, und die Menge reagierte tatsächlich. Puh, Glück gehabt. Wir alle.

Aber solche gefährlichen oder aufregenden Erlebnisse sind Gott sei Dank selten, es überwiegen die schönen und menschlichen Geschichten. Und eine muss ich euch erzählen. Ich war in Hamburg mit den Humphries Singers, wir traten in der Musikhalle auf. Heute heißt sie »Laeiszhalle«, was allerdings leichter auszusprechen als zu schreiben ist. Ich bleibe also bei »Musikhalle«.

Ich stand für meine Soli vorne an der Rampe, hatte das Mikro in der Hand, und hinter mir machte der Rest der Gruppe die üblichen Faxen und Tanzmoves. Normalerweise sehe ich eigentlich wenig vom Publikum, weil der Saal dunkel ist und einem die Scheinwerfer direkt ins Gesicht strahlen. Man erkennt allenfalls die ersten ein oder zwei Reihen. Und da sah ich sie. Sie stand direkt an der Bühne und war nicht zu übersehen. Sie war ... Wie soll ich sagen, schlicht überwältigend.

Sie trug ein strahlend weißes T-Shirt, auf dem groß und unübersehbar stand: Jürgen!

Nun finde ich meinen Namen nicht mal besonders schön, in Norddeutschland spricht man ihn auch noch »Jü-a-gän« aus, das klingt nicht sehr melodisch, aber hier war der Name wahrlich nicht zu übersehen. Insbesondere deshalb, weil direkt neben der Dame noch ein weibliches Wesen stand, deutlich jünger, mit dem gleichen T-Shirt. Und daneben noch eins – und noch eins – und noch eins. Diese Dame hatte sechs Töchter, und alle waren da.

Die Mutter des T-Shirt-Kommandos warf mir eine rosafarbene Rose auf die Bühne, und wie ich sofort merkte, war das keine echte Blüte, sondern eine aus Marzipan. Und was habe ich Trottel gemacht? Um zu zeigen, wie nett ich das fand, habe ich sofort reingebissen. Habt ihr mal versucht, mit einem Mund voll Marzipan zu singen? Lasst es, versucht es gar nicht erst, es klappt nicht. Aus »Baby, I'd love you to want me« wurde etwas wie »Schwampf«. Egal, die Damen in den weißen Shirts strahlten. Und mir blieb nichts anderes übrig, als eine elegante halbe Drehung nach hinten zu machen, dabei weiter ins Mikro zu summen und den Süßkram schnell runterzuschlucken.

Das war meine erste Begegnung mit meiner »Fanfamilie«, die von diesem Zeitpunkt an zu meinen treuesten Begleitern wurde. Nicht nur in der Musikhalle. Im Studio der »ZDF-Hitparade« saßen sie wie eine weiße

Jürgen-Wand. Natürlich ist das toll, aber mir war das damals – ehrlich! – manchmal ein bisschen peinlich. Aber wahrscheinlich eher deshalb, weil ich es nicht immer mag, wenn ich im Mittelpunkt stehe. Ich weiß, das ist komisch, vor allem weil man mich anders wahrnimmt, aber ab und an war mir das unangenehm. Ich hielt mich nie für einen großen Star.

Jedoch wurde die Fangruppe aus Hamburg schnell zum Liebling aller, und »Mutter Rasch«, so wurde die Mutter der Truppe genannt, zum allseits beliebten und unentbehrlichen Faktotum der Schlagerwelt.

Wenn es nach einer Show eine Party gab, half Mutter Rasch beim Ausschenken der Getränke oder schmierte Brötchen. Wenn ich mich mal wieder wegen der vielen Fans vor der Tür nicht aus meiner Garderobe traute, dann trat Mutter Rasch als Wellenbrecher auf und versorgte mich mit Essen und Trinken. Und wenn es mal wieder beim Auf- oder Abbau für eine Gala schnell gehen musste, packte Mutter Rasch einfach mit an und entlud den Wagen.

Das führte aber auch zu Missverständnissen, denn wenn ich sie mal suchte und nach ihr rief, »Mutter Rasch!«, wurde hinter vorgehaltener Hand getuschelt: »Also, wie der Drews seine eigene Mutter scheucht …«

Darüber haben wir oft gelacht. Heute ist Mutter Rasch im gesegneten Alter mit einer 8 davor, aber glücklicherweise nach wie vor Fan, und wenn wir mal telefonieren, gibt es viele Geschichten, die mit »Weißt du noch?« anfangen.

Für einen Tag

(Aus dem Album »Schlagerpirat«, 2011)

M ir ist völlig klar, dass man als halbwegs bekannter Zeitgenosse auch Verpflichtungen gegenüber der Gesellschaft hat, ich bin deshalb auch immer wieder unentgeltlich unterwegs und unterstütze karitative Organisationen, zum Beispiel den Verein »Kinderlachen«.

So bin ich seit Jahren aktiv für die »Solidarfonds Stiftung NRW«, eine gemeinnützige und unabhängige Organisation, die sich an ihrem Leitmotiv »Wir helfen Menschen« orientiert und die Bildung als Schlüssel zur Selbstbestimmung fördert. Die Stiftung hat mir für meine langjährige Mitarbeit sogar 2014 einen Preis zugedacht, wobei der FDP-Vorsitzende Christian Lindner die Laudatio auf mich gehalten hat. Ich habe sonst nicht viele Berührungspunkte mit der aktuellen Politik, aber das hat mich sehr gefreut.

Übrigens sind auch viele meiner Kollegen mit mir im »Solidarfonds« aktiv, bei der letzten »Solidarfonds-Schlagerparty« waren neben vielen anderen auch Michelle, Bernhard Brink und Olaf Henning dabei, und sehr oft hat in der Vergangenheit auch Roland Kaiser zum Erfolg der Veranstaltungen beigetragen.

Und würde ich Golf spielen, hätte ich vielleicht auch am »Golf Cup« teilgenommen, aber das ist nicht mein Sport. Ich fahre lieber Rad, dabei können mich dann auch meine Hunde begleiten, so haben wir alle etwas davon.

Und weil etliche Menschen wissen, dass mein Engagement für die Benachteiligten unter uns nicht nur ein leeres Wort ist, bekomme ich immer wieder Anfragen – manche auch auf den ersten Blick eher skurril, aber oft reizt mich die Aufgabenstellung darin. Einmal komplett in eine neue Rolle zu schlüpfen, sich mit ganz anderen Themen auseinanderzusetzen – das weckt wahrscheinlich den ehemaligen Schauspieler in mir.

Da machte zum Beispiel ein Sender mal einen Bericht über »Die Schenker«, eine Gruppe von Menschen, die gelobt haben, nur von dem zu leben, was ihnen geschenkt wird oder was die Natur ihnen schenkt. »Für einen Tag« sollte ich in dieser Dokumentation auch so leben, um den Zuschauern zu zeigen, was das für eine enorme Herausforderung ist. Ich bin dazu in Bäckereien oder Supermärkte gegangen und habe nach Brotresten gefragt, was mich einige Überwindung gekostet hat.

Zu der Herausforderung gehörte es auch, nicht in einem schönen Bett, sondern in einem geschützten Erdloch zu übernachten. Schönerweise war damals meine Rauhaardackeline Fienchen meine Begleiterin, und wir konnten uns gegenseitig in der Nacht wärmen. Also ich war erleichtert, als ich wieder in meinen Alltag zurückkehren konnte – und empfand Hochachtung für die

Menschen, die für ihre Idee allen »Segnungen« der Zivilisation freiwillig entsagten.

Für RTL habe ich mich einmal als Obdachloser verkleidet und einen Tag in Hamburg auf der Straße gelebt. »Wer bist du denn?«, wurde ich von ein paar »Kollegen« gefragt, als ich nach Pfandflaschen suchte. »Ich bin neu hier«, war meine Antwort. »Aber das ist unser Revier!«, hielten sie dagegen. – Ja, auch das Leben auf der Straße gehorcht klaren Regeln. In einigen Läden wurde ich abgewiesen, und die Nacht habe ich in einem Männerhaus verbracht. Das war ein knallhartes Experiment, bei dem mir klar wurde, wie schnell der Abstieg vom geregelten Leben in die Obdachlosigkeit gehen kann. Man lernt daraufhin sein eigenes Leben umso mehr zu schätzen.

Aber nicht nur für Menschen, auch für Tiere habe ich in den letzten Jahren eine Menge tun können. Auf Mallorca habe ich für »Tiere in Not« Futtermittel gesammelt, und das Futter schmeckte echt gut. Woher ich das weiß? Nun, bei einer Aktion stand das Futter herum, und ich habe die Schälchen für das Team-Catering gehalten und probiert. Roch etwas streng, schmeckte aber ... Nein, Spaß beiseite, mir hatte der Futterhersteller die genaue Zusammensetzung des Futters erklärt und gemeint, dass es qualitativ sehr hochwertig und gesund für die Tiere sei. Es wäre sogar eigentlich auch für den Menschen genießbar, selbst wenn es nicht als solches ausgezeichnet sei. Das habe ich mir nicht zweimal sagen lassen und es daraufhin tatsächlich probiert. Und ganz ehrlich, es schmeckte wirklich gut.

Hätte ich nicht gewusst, dass es Hundefutter ist, hätte

man es mir auch als Gulasch aus der Dose unterjubeln können. Ich hätte es bestimmt nicht gemerkt.

Ein Leben ohne Tiere wäre für Ramona und mich unvorstellbar, daher brauchten wir nicht lange überlegen, als uns der örtliche Tierschutzverein fragte, ob wir nicht die Schirmherrschaft übernehmen möchten. Ramona und ich sind also Paten für unser Tierheim geworden und seitdem regelmäßig dort – und würden jedes Mal am liebsten alle Tiere mit nach Hause nehmen.

Ich bin froh, dass es solche Einrichtungen gibt. Kein Tier ist ohne bedauerlichen Grund dort abgegeben worden. Jedes hat seine eigene Geschichte, sein eigenes Schicksal. Man sieht in diese Augen, die dich häufig traurig, ängstlich, fragend, aber manchmal auch erfreut anblicken. Ramona und ich sind immer sehr berührt. Die Mitarbeiter vor Ort und die vielen ehrenamtlichen Helfer kümmern sich rund um die Uhr ganz rührend um jedes einzelne Tier. Sie leisten tagtäglich großartige Arbeit.

Umso schöner ist es, wenn ein Tier wieder ein neues Zuhause bei einem Menschen findet, der ihm Liebe schenkt. Daher appellieren wir immer wieder an alle Leute, die mit dem Gedanken spielen, sich ein Tier anzuschaffen: Bitte schaut immer erst im Tierheim nach, ob da nicht vielleicht schon das richtige Tier auf euch wartet, ehe ihr zu einem Züchter geht! Denn gerade diese Tiere sind ganz besonders treu und dankbar und werden meist die allerbesten Lebensbegleiter.

Durch unsere Schirmherrschaft versuchen wir, das Tierheim so gut es geht zu unterstützen. Wir bitten um Spenden, starten Futtermittel- und andere Aktionen, zum Beispiel zusammen mit unserem Lokalradio, dem »Radio Kiepenkerl« – oder wir sind bei den Veranstaltungen des Tierheims zugegen. Unsere ganze Aufmerksamkeit gilt dabei den kleinen vierbeinigen Fellnasen, welche jeden Tag darauf warten, von einem lieben Menschen nach Hause geholt zu werden und Liebe zu erfahren.

Und das nicht nur »Für einen Tag«.

Abenteuer

(Aus dem Album »Es war alles am besten«, 2015)

Wenn man viel mit dem Auto unterwegs ist, erlebt man die tollsten Sachen – es muss dabei nicht immer eine Übernachtung in einem Cabrio sein, um einen meiner Titel zu zitieren. Und ich bin in meinem Leben, allein durch meinen Job, schon Millionen Kilometer gefahren und habe sehr viel Zeit im Auto verbracht. Im Winter 1995 gab es jede Menge Schnee. Für die Kinder war das sicher toll, aber erstens war Joelina erst ein paar Wochen alt, und zweitens mussten Ramona und ich mit dem Auto zu einem Job fahren – und zwar nach Leipzig. Ich sollte dort am Rande der Stadt anlässlich einer Möbelhauseröffnung auftreten. Das wollten die Inhaber ganz groß feiern, und ich sollte an diesem Abend der Hauptact sein. Angesichts der Wetterverhältnisse waren die Veranstalter nervös, ob ich auch pünktlich erscheinen würde. Nun, ich war natürlich immer pünktlich ... Aber es schneite. Es schneite stark. Wir kamen nur sehr langsam voran, auch weil es auf der Autobahn mehrfach leichtere Unfälle gab, die

den Verkehr behinderten. Joelina lag im festgeschnall-
ten Kinderwagenaufsatz auf dem Rücksitz und schlief,
wir vorne wurden immer nervöser. Irgendwann wurde
uns klar – wir würden nie und nimmer rechtzeitig dort
ankommen, denn wir standen mehr, als dass wir fuhren.

Also rief ich in Leipzig an und schilderte unsere Situation. Der Veranstalter war völlig verzweifelt: »Meinen
Sie nicht, dass Sie es doch noch schaffen könnten?«

»Nein, leider wirklich nicht«, sagte ich. »Im Moment
geht hier gar nichts. Selbst auf Skiern würde ich nicht
weiterkommen.«

»Aber wir sind doch voll ...«

»Es tut mir ja auch sehr leid, aber selbst mit einem Ket-
tenfahrzeug kämen wir hier nicht voran, und ein Polizei-
auto mit Blaulicht würde auch nichts nützen – die Autos
stehen teilweise quer auf der Fahrbahn. Es geht nix!«

Ratlosigkeit allerorten, nur Joelina bekam von dem
ganzen Chaos nichts mit und schlief weiter den tiefen
Schlaf der Gerechten. Ein paar Minuten später rief der
Veranstalter wieder an, wir hatten uns in der Zwischenzeit allerdings nicht um einen Millimeter vorwärtsbe-
wegt. »Wo sind Sie denn jetzt genau?«

Wir standen etwa vierzig Kilometer vor Leipzig, und
ich sah auf der gegenüberliegenden Seite der Autobahn
eine Raststätte. Die gab ich als Positionsbestimmung
durch. Am anderen Ende der Leitung machte es »klack«.
Aufgelegt. Also warteten wir weiter.

Erneuter Anruf: »Meinen Sie, dass Sie es zu Fuß auf
die andere Seite zu der Raststätte schaffen?«

»Ich kann es versuchen, auch auf der Gegenseite
kommt derzeit kein Auto voran.«

»Gut, dann holen wir Sie mit dem Hubschrauber ab! Bitte gehen Sie sofort los!«

Ich dachte, ich höre nicht richtig, machte mich aber auf den Weg. Ramona blieb mit dem Baby im Auto, einer musste ja den Wagen weiterfahren. Außerdem musste sie mich am Auftrittsort wieder abholen, damit wir dann gemeinsam weiterfahren konnten. Tapfer setzte sie sich ans Steuer, um darauf zu warten, dass es wieder vorwärtsging. Ein gutes Gefühl hatte ich dabei nicht, sie und unsere Kleine allein zurückzulassen. Aber es ging nicht anders.

Später erzählte Ramona mir, dass genau zu diesem Zeitpunkt Joelina aufwachte, weil sie Hunger hatte und natürlich erwartete, umgehend gestillt zu werden. Es war Ramona aber in diesem Moment unmöglich, Joelina sofort zu stillen. Sie konnte weder einfach am Fahrbahnrand halten noch war ein Parkplatz in Sicht. Ihr blieb nichts anderes übrig, als Joelina weinen zu lassen. Für Ramona war das wahnsinnig hart. Ihr Mutterherz litt, aber sosehr sie auch wollte – sie konnte nicht. Es dauerte noch einige Zeit, bis sich der Stau so weit aufgelöst hatte, dass sie endlich an eine Raststätte fahren und unsere Kleine stillen konnte.

Währenddessen stapfte ich also durch den Schnee über die Autobahn bis hin zu der Raststätte, und tatsächlich – kurze Zeit später kam ein Helikopter, der auf dem Parkplatz der Raststätte landen konnte, und wir flogen nach Leipzig.

Der Auftritt fand statt, alle waren zufrieden, und einige Zeit nach dem Ende meiner Show traf auch Ramona mit dem Auto dort ein. Doch damit war unser »Abenteuer« an dem Tag noch nicht beendet. Denn ich hatte noch einen anderen Auftritt in der Nähe, und wir fuhren sofort weiter, allerdings dummerweise ohne auf die Tankuhr zu achten. Wir hatten schon Angst, dass wir zu Fuß mit dem Kind durch die Winternacht laufen müssten, aber zum Glück blieb uns das erspart, denn ganz kurz bevor wir den Tank komplett leer gefahren hatten, fanden wir gerade noch rechtzeitig eine Tankstelle.

Ramona tankt immer rechtzeitig, ich dagegen warte oft bis zum letzten Tropfen und reize es ein bisschen aus. Wenn die Warnleuchte angeht, wird es für mich erst interessant. Einmal war ich auf einer Tournee mit Mary Roos im Auto unterwegs. Wir kamen ins Quatschen, und ich hatte dabei völlig übersehen, dass wir schon seit geraumer Zeit auf Reserve fuhren. Irgendwann bemerkte Mary aber die leuchtende Warnlampe und machte mich darauf aufmerksam. Ich reagierte wohl etwas zu gelassen, denn an meiner Stelle wurde nun sie nervös. Da sahen wir das Hinweisschild auf eine Tankstelle in einem Kilometer Entfernung.

»Siehst du, Mary«, sagte ich. »Nur nicht nervös werden.« So ganz beruhigt war sie allerdings noch nicht, und sie sollte allen Grund dazu haben.

Denn fünfhundert Meter vor der Tankstelle verabschiedete sich der Motor mit einem leisen Blubbern. »Und jetzt?«, fragte sie.

»Jetzt lasse ich ihn ausrollen«, antwortete ich.

Und wirklich – mit dem letzten Schwung erreichten wir die Tankstelle und kamen exakt vor einer der Tanksäulen zum Stehen. Glück gehabt!

Nun denkt ihr sicher, dass ich daraus gelernt habe.

Natürlich ... nicht. Mir passierte das leider immer mal wieder, ehrlich gesagt sogar heute noch. Einmal war ich auf dem Weg zu einer Autogrammstunde, als sich wieder einmal der Motor wegen Benzinmangels blubbernd verabschiedete.

Erfreulicherweise war ich schon in der Nähe meines Zielortes und der Veranstalter so freundlich, mich abzuholen und später auch zurückzubringen, nachdem ich mich mit einem Reservekanister versorgt hatte. Den zumindest hatte ich nun immer dabei, aber leider geht das heute nicht mehr, weil man wegen der Unfallgefahr keinen Kanister mehr im Auto mitnehmen darf.

Und wenn ihr jetzt sagt: Dann nimm dir mal ein Beispiel an deiner Frau! Dann muss ich sagen, so ganz glatt läuft das bei ihr auch nicht immer. Sie hat sich nämlich beim Tanken an der Autobahn schon mal »vertankt« und Diesel statt Superbenzin gezapft – leider ohne es zu bemerken. Und was macht ein Auto, wenn es das falsche Benzin im Tank hat? Genau dasselbe, wie wenn gar keins mehr drin ist. Der Motor verabschiedet sich mit demselben leisen Blubbern.

Dummerweise geschah dies direkt in der Kurve einer Autobahnabfahrt. Aber es gibt ja – außer mir – noch weitere Kavaliere in Deutschland, und in dem Auto, das direkt hinter ihr fuhr, saß einer. Der erkannte ihre Notlage und war bereit, zu helfen und sie sogar bis zur nächsten Werkstatt zu schleppen, wo man den Tank auspumpte und sie danach weiterfahren konnte.

Ich konnte mir in solchen Tanksituationen meistens irgendwie helfen, auch wenn es manchmal brenzlig wurde. Einmal waren wir gemeinsam auf der Autobahn unterwegs, und wieder hatte ich kaum noch Sprit, als ich auf der gegenüberliegenden Seite eine Tankstelle sah. Da bin ich kurzerhand rechts auf den Standstreifen gefahren, bin ausgestiegen und habe meinen Kanister aus dem Kofferraum geholt. Ramona traf fast der Schlag, als sie sah, dass ich zu Fuß quer über die Autobahn laufen wollte. Ja, ich weiß, dass das Irrsinn war, aber in dem Moment dachte ich nicht darüber nach und wollte nur für Benzin sorgen. Das gelang mir auch, aber Ramona hat mir danach gehörig den Kopf gewaschen – und sie hatte ja recht. Also macht das bitte nie nach!

Dazu muss man sagen, dass eine solche Aktion heutzutage noch gefährlicher ist als damals schon. Es ist viel mehr los auf den Straßen, und die Autos sind schneller.

Ich habe auf all den Kilometern, die ich in meinem Leben im Auto zurückgelegt habe, manche gefährliche Situation erlebt. Einmal hatte ich einen Auftritt in einer Diskothek, die neben einem unbeschrankten Bahnübergang lag. Ich stieg in mein Auto, es war warm, und ich kurbelte die Fenster herunter. Ich ließ den Motor an, wollte schon starten, da rief jemand laut: »Stoooopp!« Reflexartig trat ich auf die Bremse.

Nur Sekunden später kam von links ein Regionalzug angefahren, der mich voll auf der Fahrerseite erwischt hätte. Zwar fuhr der Zug nicht schnell, aber es hätte gereicht. Leider habe ich mich nie bei dem unbekannten Warnrufer bedanken können. Er hat mir das Leben gerettet.

Ein anderes Mal war ich mit Ramona während ihrer Schwangerschaft unterwegs auf der Autobahn von Stuttgart nach München. Wir freuten uns auf zu Hause, aber weil es Winter war und die Strecke wettermäßig unberechenbar, vor allem auf der Schwäbischen Alb, fuhren wir langsam und vorsichtig. Die Temperaturen lagen um den Gefrierpunkt, zudem war es schon spät und dunkel. Auf einmal und ohne Vorwarnung: Blitzeis! Da ist man machtlos!

Das Auto drehte sich vier- oder fünfmal um die eigene Achse und blieb dann stehen. Unsere Rettung war vielleicht, dass wir niemanden hinter uns hatten, sodass weder Ramona und mir noch dem ungeborenen Baby etwas passiert ist. Ja, ich hatte sehr oft im richtigen Moment Glück.

Das Auto war für mich auch oft genug Probenraum. Ich hatte eine Gitarre mit einem eigenen Lautsprecher, habe mir die beim Fahren über die Knie (mit denen ich lenkte) gelegt, einen Walkman auf dem Armaturenbrett platziert und laut meine Nummern geübt. Von außen sah man allenfalls einen singenden Autofahrer. Ja, das war gefährlich, stimmt. Und heute würde ich das nicht mehr machen, aber in den Sechziger- und Siebzigerjahren war der Verkehr noch nicht so dicht wie heute. Dennoch: keine solchen Risiken mehr!

Ich gebe zu – ich war immer ein Autonarr, wie wahrscheinlich viele Männer, und auch heute schaue ich mir gern schöne Wagen an. Ich konnte kaum meinen achtzehnten Geburtstag erwarten, damit ich endlich meinen Führerschein machen konnte. Mein Vater hatte mir versprochen, dass ich nach bestandener Führerscheinprüfung ein eigenes Auto bekäme, und er hatte bereits ein – seiner Meinung nach »sicheres« – Modell ausgesucht. Dummerweise hatte das aber eine längere Lieferzeit. Und da ich nach meiner Führerscheinprüfung viel zu lange ohne Auto gewesen wäre, behalf ich mir in der Zwischenzeit mit einer BMW Isetta.

Kennt ihr die Isetta noch? Die rasende Knutschkugel? Eigentlich eher ein Moped mit Dach. Aber ich war mächtig stolz auf mein erstes kleines Auto und verteidigte diesen Wagen gegenüber meinem Vater damit, dass ich »dringend Fahrpraxis benötigen« würde. Sagte ich schon, dass es gut ist, wenn man immer eine Ausrede oder gute Argumente parat hat?

So eine Isetta war einerseits ein abenteuerlicher Zweisitzer, aber anderseits auch ein sehr praktisches Auto. Wenn mal irgendetwas daran zu reparieren war, legte man einfach den Reservereifen neben das Auto und kippte die Isetta über die Seite auf den Reifen. Das ging problemlos, weil die Hinterräder einen engeren Abstand zueinander hatten als die Vorderräder, außerdem war der Wagen sehr leicht. Heute wäre das schon allein deshalb nicht mehr möglich, weil es kaum noch Autos gibt, in denen ein Reserverad zu finden ist, meistens gibt es nur Noträder, und außerdem sind die Autos viel zu schwer.

Auf diese Weise konnte man Werkstattkosten sparen. Eines Tages beschloss ich, das Autochen für den immer mal notwendigen Vorgang des »Abschmierens« nicht extra in die Werkstatt zu geben, sondern das selbst zu machen. Und wo wäre das einfacher als auf dem Rasen im Vorgarten? Also kippte ich die Isetta wie beschrieben auf die Seite und griff zur Schmiere. Sehr zur Freude der Patienten meines Vaters, die vom Wartezimmer der Praxis aus direkt in unseren Vorgarten schauen und mich dabei beobachten konnten. Mein Vater allerdings war weit weniger amüsiert, denn hinterher war nicht nur das Auto frisch geölt, sondern auch der Rasen im Vorgarten.

Und noch eine abenteuerliche Geschichte mit einem motorisierten Fahrzeug muss ich erzählen. Eines Tages, es ist noch nicht sehr lange her, war in der Siedlung, in der wir wohnen, ein heller Aufruhr. Dazu muss man wissen, dass es in unserer Siedlung recht eng ist, die Straßen sind sehr schmal, und es geht alle paar Meter um eine Neunzig-Grad-Kurve, damit die Autos hier nicht zu schnell fahren. Zumal es auch eher Spielstraßen sind. Und in diesen Kurven bewegte sich an diesem Tag ein riesiger Sattelschlepperzug. Ich weiß bis heute nicht, wie der das geschafft hat, um die Kurven zu kommen. Aber er bewegte sich langsam, aber sicher auf unser Haus zu und stoppte mit seiner Schnauze direkt vor unserer Eingangstür. Er war riesig!

Es klingelte, und als wir öffneten und unsere aufgeregte Hundemeute sofort herausdrängte, standen wir einem überdimensionalen Konterfei von mir gegenüber. Und nicht nur das – der ganze Zug war über und über mit Airbrush-Motiven gestaltet, die alle mit mir zu tun hatten. Auf der einen Seite waren sogar Ramona und Joelina drauf. Das sah echt megastark aus. Vorne über der Frontscheibe stand ganz groß »King of Malle« drauf. Die Grundfarbe des Lkw war hellblau. Der Fahrer war ein echter Fan von mir und hat den Sattelzug einfach mal zum Spaß in einen »Jürgen-Drews-Lkw« verwandelt. Und diesen Zug fährt er bis heute. Wenn ihr also mal auf der Autobahn einen Lkw seht, der mit meinem

Bild bemalt ist, dann nicht erschrecken. Den gibt es wirklich.

Wenn ihr ihn euch anschauen wollt, ohne auf den Zufall zu warten, dann schaut euch das Video zu »Kornblumen« an, darin haben wir die Zugmaschine dieses Lastzuges verewigt.

An besagtem Tag war zufällig – und zwar wirklich zufällig! – ein Kamerateam bei uns zu Gast. Die waren hocherfreut, dass sie nun ganz exklusiv diese Bilder bekamen. Nicht nur für uns war das eine Megaüberraschung. Wir wussten bis zu diesem Zeitpunkt gar nicht, dass es diesen Lkw überhaupt gibt.

In den Genuss sind wir eigentlich nur gekommen, weil sich der Fahrer über dem Kühlergrill ein großes Autogramm von mir wünschte. Das sprühte ich natürlich gerne, auch wenn es etwas ungewohnt war, mit einer Sprühdose zu unterschreiben, und wir haben dann auch noch standesgemäß und ganz spontan eine »Taufe« vollzogen, allerdings ohne eine Sektflasche gegen das Auto zu werfen.

Diese Szene war natürlich eine Freude für das Kamerateam. Und so habe ich erneut ungewollt und ungeplant für Pressegeschichten gesorgt. Wieder einer dieser Zufälle.

Seit diesem Tag habe ich mit dem Fahrer des Lkw regelmäßig Kontakt. Manchmal fährt er für mich Möbel nach Mallorca oder auch meine Asphaltblase, wie ich mein kleines Cabrio, mit dem ich auf Mallorca herumfahre, gern nenne. Und er besucht uns gelegentlich bei unseren Konzerten. Das sieht irre aus, wenn der große Lkw vor einer Halle steht.

Zu diesem Lkw gibt es noch eine ganz besondere

Geschichte. Auweia. Wenn ich daran denke, tut mir das heute noch im Herzen weh. Und sehr viel Glück hatte ich ... Wir wollten meine Asphaltblase gerade in Deutschland auf den Lkw verladen. Dazu musste ich den Wagen über zwei Auffahrrampen in den Lkw fahren. Was ich aber nicht bedacht hatte: Das waren keine richtigen Auffahrrampen, die man im Lkw einhängt, sondern zwei dicke, schmale Holzbohlen, die nicht fest an dem Lkw verankert waren.

Mit Fingerspitzengefühl und Schwung fuhr ich also die Auffahrrampen hinauf. Allerdings hatte ich nicht genug Schwung, sodass ich noch ein bisschen Gas geben musste. Die Vorderreifen waren schon im Lkw und die Hinterreifen noch auf den Bohlen. Also gab ich noch ein bisschen Gas. Dadurch schoben sich die Bohlen nach hinten weg, sie rutschten ab, und das Heck des Wagens knallte auf den Boden. Der Wagen stand fast senkrecht, und ich hätte mich beinahe rückwärts überschlagen. Er war in der Mitte durchgebrochen.

Heute lache ich darüber, und das Foto, das wir damals als Andenken gemacht haben, sieht lustig aus, aber die Sache hätte ganz schön ins Auge gehen können.

Aber um noch mal auf das Thema Tanken zurückzukommen ... Je mehr ich darüber nachdenke, umso mehr Geschichten fallen mir dazu ein. Ich habe ja echt schon ein paar Dinger gebracht ...

Wie ich schon erzählt habe, bin ich jemand, der gern mal den Tank bis zum letzten Tropfen leer fährt. So auch vor einigen Jahren in Gummersbach. Ich sollte dort bei einem Benefiz-Fußballspiel in der Halbzeit auftreten, und der Auftritt wurde live im Fernsehen übertragen.

Ich lag an diesem Tag sehr gut in der Zeit, und meine Managerin war schon vor Ort. Wir standen in telefonischem Kontakt, und sie war sehr beruhigt, als sie hörte, dass ich eine Stunde vor dem Auftritt schon fast in der Halle war. In Gummersbach war ich bereits. Nur noch nicht ganz an der Halle. Ich war richtig gut drauf und freute mich des Lebens. Mitten im Ort an einer großen Kreuzung machte es blubb, blubb, blubb – und ich stand. Ich wusste, was das bedeutete.

Der Tank war leer. So ein Mist. Und das so kurz vor dem Ziel. Eigentlich wollte ich auf dem Weg nach Gummersbach getankt haben, aber als ich an einer Tankstelle vorbeifuhr, hatte ich gedacht: Ach, da kommen ja noch einige. Kannst also später tanken. Pustekuchen. Es kam keine mehr. Ich habe schnell in der Halle angerufen, und alle gerieten ein kleines bisschen in Panik. Wie gesagt, es sollte ja eine Liveübertragung sein.

Man zögerte nicht lang, und ich wurde von einem Security-Fahrzeug abgeholt. Ich ließ mein Auto an die Seite rollen, übergab der Security meinen Wagenschlüssel, man fuhr mich zum Auftritt, der Gott sei Dank rechtzeitig starten konnte, und im Anschluss hatte ich ein vollgetanktes Auto vor der Halle stehen. Der Mann von der Security war nämlich so freundlich gewesen, mit einem Kollegen einen Ersatzkanister zu organisieren, meinen Wagen zunächst notdürftig mit Sprit zu befüllen und ihn dann zu einer Tankstelle zu fahren und vollzutanken. Jaja, manchmal kann man mit mir ins Schwitzen kommen.

Ein andermal war ich unterwegs zu einem Auftritt und ziemlich knapp dran. Musste aber tanken. Die Zapfsäulen auf der Seite meines Tankstutzens waren belegt. Nur eine auf der falschen Seite war frei. Aber ich wusste mir zu helfen. Schließlich stand ich unter Zeitdruck. Ich fuhr schnurstracks an eine freie Zapfsäule, habe die Fenster meines Wagens geöffnet und den Zapfhahn samt Schlauch quer durch mein Auto zum Einfüllstutzen gezogen. Was für ein Anblick. Irgendwer hat es zufällig fotografiert und an die eine große deutsche Zeitung geschickt. So habe ich überhaupt mitbekommen, dass man mich bei der Aktion fotografiert hatte. Denn ich bekam einen Anruf von der Zeitung. Das Foto kursierte lange Zeit im Netz. Manchmal bin ich schon ganz schön crazy. Wenn ich heute darüber nachdenke, was das für ein umständlicher kleiner Kraftakt gewesen sein muss. Damals habe ich aber gar nicht drüber nachgedacht. Ich habe es einfach gemacht und war natürlich pünktlich bei meinem Auftritt.

Eine andere lustige Geschichte erlebte ich, als ich gerade mit meinem Dackel Fienchen unterwegs war und an einer Tankstelle hielt. Fienchen lief ein wenig herum und schnupperte sich durch die Gegend. Ich, nicht ganz bei der Sache und vor mich hin träumend, eine Kapuze über meinen Kopf gezogen, tankte.

Da hörte ich neben mir eine Gruppe Jugendlicher, die ein bisschen Spaß machten. Einer sagte: »Hey, guckt mal, der Dackel sieht ja aus wie das Fienchen vom Drews.« Ich hob kurz den Kopf, schaute zu den jungen Leuten rüber und sagte ganz trocken: »Das *ist* der Hund vom Drews.« Die haben vielleicht geguckt und anschließend sehr gelacht. Wir haben dann noch gemeinsam ein paar Selfies gemacht. Schließlich trifft man nicht jeden Tag den Hund vom Drews an der Tankstelle.

Seid ihr eigentlich schon mal ohne Schuhe Auto gefahren? Ich schon. Das war eine meiner schlechten Angewohnheiten. Ich weiß, das sollte man nicht machen. Mache ich inzwischen auch nicht mehr. Aber damals fand ich das bequemer. Und so passierte es, dass ich an einem schönen, sonnigen Morgen mal wieder von unserem Haus auf Mallorca, in Santa Ponsa, zum Flughafen nach Palma gefahren bin, um nach Hause (nach Düsseldorf) zu fliegen. Ich komme gemütlich am Flughafen in Palma an und fahre auf den Parkplatz, wo ich mein Auto immer abgebe, will aussteigen und merke genau in diesem Moment, dass ich gar keine Schuhe anhatte. Ich musste so lachen.

Die Leute waren bestimmt komplett irritiert, als sie mich gesehen haben. Aber ich dachte mir: Komm, du hast ja Socken an. Die paar Meter läufst du jetzt zum Flieger. Und so bin ich auf Socken quer durch den Flughafen von Palma zum Flieger gelaufen. Meine Schuhe hatte ich zu Hause im Flur stehen gelassen. Da standen sie gut. Ich war eben ein »Barfußfahrer«.

Das war bestimmt ein komisches Bild, und der eine oder andere wird sich gedacht haben, jetzt ist der Drews komplett durchgeknallt. Aber was soll's. In Düsseldorf hat mich Ramona dann am Flughafen abgeholt und hatte natürlich frische Socken und Schuhe dabei. Wir haben darüber noch sehr lange gelacht. Ehrlich – mich wundert bis heute, dass davon kein Foto im Netz aufgetaucht ist. Aber vielleicht hatten die Leute in dem Moment einfach Mitleid mit dem alten Drews.

Ein etwas anderes Erlebnis der dritten Art hatte ich vor vielen Jahren an der Grenze von der Schweiz nach

Österreich. Ich war damals häufig in der Schweiz, denn ich spielte zu der Zeit in Zürich die Hauptrolle in dem Musical »Tell«, das der geniale englische Bluesmusiker Alexis Korner geschrieben hatte, der schon mit Mick Jagger, Jack Bruce und Ginger Baker zusammen musiziert hat. In der Züricher Besetzung waren gemeinsam mit mir unter anderen die aus »Hair« bekannte Su Kramer und Udo Lindenberg.

Zu jener Zeit war ich irgendwann mal wieder auf der Rückfahrt von der Schweiz nach Deutschland. Und wurde an der Grenze gestoppt. Ein langhaariger Musiker in einem Mercedes? Das kann doch nicht mit rechten Dingen zugehen (wir schreiben die Siebzigerjahre). Das müssen sich damals die Grenzbeamten gedacht haben, warum sollten sie mich sonst angehalten haben? Drogenverdacht! Und das mir, wo ich doch nicht mal Alkohol trinke. Mein Auto und ich wurden total gefilzt, von innen und von außen, ich musste mich vor den Grenzbeamten komplett ausziehen. Wirklich komplett!

Die Presse hatte ihre Freude am »Striptease von Jürgen Drews« – ich weniger. Immerhin eine Geschichte, die ich danach natürlich erzählt habe. Aber das ist eben auch ein »Abenteuer«, das man erleben kann, wenn man viel mit dem Auto unterwegs ist.

Wenn man häufig auf Reisen ist, kann ohnehin viel passieren – auch ohne Auto. Da fällt mir nämlich gerade noch eine kleine Anekdote ein. Die ist gar nicht so lange her. Ich hatte mit meiner Band ein Konzert im Osten der Republik und musste am nächsten Tag nach Norddeutschland zu einer TV-Sendung. An diesem Tag wollte ich mal wieder mit dem Zug reisen. Das ist für mich immer eine herrliche Entspannung, und vor allem kann ich im Zug ganz hervorragend arbeiten.

Ich musste aber in Lutherstadt Wittenberg umsteigen. Gut, grundsätzlich kein Problem, aber diesmal nahm ich mit einem Regionalzug einen Bahnhof zu früh. Es gab auf der Strecke so viele Haltestellen, dass ich besorgt war, nicht den richtigen Bahnhof zu erwischen. Also stieg ich aus. Mist. Viel zu früh. Dieser Bahnhof war definitiv nicht der richtige, es gab definitiv keine Möglichkeit, in einen ICE zu steigen.

Da wurde selbst ich ein kleines bisschen hektisch. Aber ich weiß mir ja zu helfen. Ihr müsst euch vorstellen, wenn ich mit der Bahn fahre, erkennt man mich meistens nicht. Denn ich trage oft eine Jacke mit Kapuze, die ich mir über den Kopf ziehe, und reise nur mit Rucksack, wenn ich nicht mehr als zwei Tage unterwegs bin. In diesem Fall hatte ich aber noch meinen Instrumentenkoffer bei mir, in dem sowohl meine E-Gitarre als auch mein Banjo waren. Das wiegt ganz schön was. Also trug ich auf dem Rücken meinen großen Instrumentenkoffer und vorn vor dem Bauch meinen Rucksack. Ein Bild für die Götter.

Derart vollgepackt und mit Kapuze über dem Kopf marschierte ich strammen Schrittes zur nächsten Straße und hielt ein heranfahrendes Auto an. Der Fahrer musste anhalten, weil ich mich fast vor die Kühlerhaube gestellt habe. Ich hatte es ja auch eilig und musste meinen Anschlusszug bekommen. Er ließ das Seitenfenster runter, ich zog meine Kapuze runter, entschuldigte mich dafür, dass ich ihn so genötigt hatte, und erklärte ihm mein Problem. Er zögerte nicht lang und sagte, ich sollte mich schnell ins Auto setzen, er brächte mich direkt zu meinem Zielbahnhof.

Auf dem Rücksitz saß eine ältere Dame, ich glaube, es war seine Schwiegermutter, die hat den Mund nicht mehr zugekriegt und dauernd mit dem Kopf geschüttelt. Sie kam aus dem Staunen nicht mehr heraus und konnte es einfach nicht glauben, dass der Drews als Tramper am Straßenrand stand. Da ist sie bestimmt bis heute nicht drüber weggekommen. Dank des freundlichen Fahrers erreichte ich meinen Anschlusszug pünktlich und fuhr gemütlich weiter. Schade, dass in dem Moment kein Fernsehteam dabei war oder jemand Fotos oder ein Video machen konnte. Das sind Momente, über die man später wirklich herrlich lachen kann. Ja, so bin ich.

Mich trifft gleich der Schlag

(Aus dem Album »J. D.«, 1992)

Wenn man viel unterwegs ist und an den unterschiedlichsten Orten auftritt, dann kann man viel erleben. Und nicht nur einmal dachte ich: »Mich trifft gleich der Schlag!«

Ende der Achtziger und in den Neunzigern wurde ich häufig von dem renommierten DJ Siggi Arden (ehemaliger Präsident und Gründer des Berufsverbandes Discjockey von 1982 e.V.), in die damals angesagte Partydiskothek »Mississippi« in Essen gebucht, die dafür berühmt war, dass gelegentlich bekannte Künstler aus dem Schlagerbereich auftraten. Dort wurde immer gern gefeiert, und es ging richtig die Post ab. Und wenn irgendwo gefeiert wird, dann ist Onkel Jürgen nicht weit.

Die nachfolgende Geschichte ereignete sich im besagten »Mississippi«, und Siggi Arden spielte dabei eine wichtige Rolle. Übrigens hat sich Siggi Arden aus gesundheitlichen Gründen 2008 aus dem DJ-Business zurückgezogen, und wie ich später erfahren habe, ist er im März 2019 verstorben, was mir sehr leidtut. Das war damals eine schöne Zeit bei und mit ihm.

Ich war ja noch ein bisschen jünger und hatte genug Energie, um mehrere Auftritte an einem Abend zu absolvieren, wenn diese nicht zu weit voneinander entfernt waren. Im Ruhrgebiet war das meistens gut möglich, denn da liegen die Städte nah beieinander. Und oft war das »Mississippi« dabei (es liegt übrigens nicht weit vom Essener Hauptbahnhof entfernt – gibt es das heute überhaupt noch?).

An einem Abend im Winter hatte ich wieder mal zwei Auftritte. Wo der erste war, weiß ich gar nicht mehr so genau. Der zweite sollte auf jeden Fall in Essen stattfinden, und – ich gestehe – ich habe gar nicht so genau in die Verträge geschaut, denn ich kannte die Locations ja inzwischen gut.

Ich absolvierte also meinen ersten Auftritt, bei dem eine Bombenstimmung herrschte. Der Laden war voll. Danach machte ich mich gleich auf zum »Mississippi«. Auch hier: Volles Haus, aber eigenartigerweise kein einziges Plakat, auf dem mein Auftritt angekündigt wurde. Aha, dachte ich mir, Siggi hat dich als Überraschungsgast eingeplant. Kein Problem, da spiele ich doch gerne mit.

Und tatsächlich, Siggi sah mich von seiner DJ-Kanzel aus und kündigte mich strahlend als Gast an. »So ist das eben hier im Mississippi – da kommen die größten Stars mal eben einfach so vorbei! Heute zu unser aller Überraschung mein Freund Jürgen Drews!«

Gute Taktik, dachte ich mir noch und ging schnell zu ihm, weil ich auch gleich loslegen wollte, gab ihm meine

Halbplaybacks auf einer Kassette, nahm ihm das Mikrofon ab und sagte: »Ja, ich bin eben immer für eine Überraschung gut! Aber jetzt red nicht so viel, fahr ab, Siggi!« – und die Musik ging los. Die Leute feierten wie immer, ich war gut drauf, und mein üblicher Auftritt lief ab wie ein Uhrwerk. Natürlich ging es nicht ohne Zugaben, und alle waren glücklich und zufrieden. Ich auch.

Noch.

Nach dem Auftritt bedankte sich Siggi für meinen spontanen Besuch und lud mich zum Dank auf ein Getränk ein. Mal abgesehen davon, dass ich noch fahren musste, wollte ich gern los, weil Schnee angekündigt war. Also bat ich ihn, dass wir lieber gleich abrechneten, auf den Drink käme ich ein andermal gerne zurück.

Er guckte wie ein Auto. »Was willst du denn abrechnen?«

Ich kannte seinen Humor, lachte und wies auf unseren Vertrag hin.

»Wir haben keinen Vertrag«, sagte Siggi. »Du warst bei mir heute nicht gebucht.«

Mich traf der Schlag. »Wie, nicht gebucht …« Ich sah mir den Vertrag daraufhin genauer an und stellte fest, dass ich längst an einer ganz anderen Ecke von Essen hätte auftreten sollen.

Allerdings in einem mir unbekannten Teil am Rande der Stadt in einer ganz neuen Großraumdiskothek, von der ich noch nie gehört hatte. »Oh nein, ich Trottel, warum habe ich mir den Vertrag nicht schon vorher angesehen?«

Aber jetzt war es passiert, ich konnte es nicht mehr ändern, nur noch versuchen, so schnell wie möglich zum richtigen Auftrittsort zu kommen.

Ich raffte mein Zeug zusammen, nahm meine Playbacks und schoss zum Auto. Tatsächlich – es hatte angefangen zu schneien, super! Und es war noch dazu saukalt. Mir egal, ich kurbelte die Fenster runter und fragte jeden Passanten nach dem Weg. Damals gab es noch kein Navi. Ich fror wie ein Schneider, aber da musste ich durch. Und ich konnte nur hoffen, dass bei diesem Schietwetter keine Polizei mit Radarfallen unterwegs war. Denn ich bin sogar über eine rote Ampelkreuzung gerutscht. War aber keine Absicht!

Als ich schließlich an meinem Ziel, etwas außerhalb von Essen, ankam, sah ich dann auch meine Plakate ... Draußen vor der Tür traf ich ein paar Leute, von denen mich einzelne ziemlich beschimpften, weil sie sauer waren. Was ich durchaus verstehen konnte. Die meisten Besucher kamen zum Glück noch mal mit rein. Ich war froh, dass der Laden wenigstens wieder halb voll war.

Selbstverständlich entschuldigte ich mich bei allen Anwesenden für mein Versehen, erzählte kurz, was mir passiert war, was dann doch einige zum Lachen brachte. Das Eis war gebrochen, und ich startete für die Verbliebenen sofort mit dem Auftritt. Der lief auch – bedenkt man die Vorgeschichte – überraschend gut. Trotzdem gab es noch einen kleinen Wermutstropfen: Nach dem Auftritt ging ich zu dem Veranstalter, um mit ihm abzurechnen. Der war natürlich nicht bereit, die vereinbarte Gage zu bezahlen, weil viele Gäste ihren Eintritt zurückverlangt hatten. Das musste ich leider einsehen. War schließlich mein Fehler gewesen. Und so haben wir uns auf die Hälfte der Gage geeinigt, was für beide vertretbar war.

In Kollegenkreisen wird diese Geschichte noch heute gern erzählt. Immer mit dem Beisatz: »... typisch Drews.« So was kann wirklich nur mir passieren!

Leider sind nicht alle meine langen (und manchmal zu schnellen) Autofahrten so glimpflich ausgegangen. Ich erinnere mich an einen Auftritt in Darmstadt. Ich hatte zu der Zeit Ärger mit meiner damaligen Freundin, die mich mal wieder in eine lange Diskussion verwickelt hatte, die mich locker eine gute Stunde kostete. Diese Stunde fehlte mir nun, ich war bereits beim Losfahren zu spät dran.

Plötzlich »kam da ein Mädchen her«, allerdings nicht mit dem Fahrrad, sondern mit einem Auto, und – aus welchen Gründen auch immer, vielleicht wollte sie auch schnell nach Hause, jedenfalls nahm sie mir die Vorfahrt. Ich hatte keine Chance, dem Unheil auszuweichen. Es knallte unglaublich. Damals gab es noch keine Anschnallpflicht, und ich schlug mit dem Kopf voll gegen den linken Fensterholm meines Wagens.

Und obwohl ich blutüberströmt dasaß, hatte ich nur einen Gedanken: Ich muss unbedingt mein Uher-Tonbandgerät aus dem zerknautschten, zusammengefalteten, im VW-Käfer bekanntlich vorn befindlichen Kofferraum retten!

Irre, was einem in so einer Situation als Erstes durch den Kopf geht ...

Gott sei Dank sind die Frau und ich mit leichten Verletzungen davongekommen, die Autos jedenfalls waren Schrott. Die Sanitäter waren schnell da, und wir kamen ins Krankenhaus.

Dort wurden meine Wunden am Kopf ohne Betäubung genäht, was mich wunderte. Aber der Schock hatte jegliches Schmerzempfinden ausgeschaltet. Die Ärzte bedeuteten mir, ich hätte großes Glück gehabt, keinen Schädelbruch davongetragen zu haben.

Weil ich – mit viel Dusel – keine wirklich großen Schäden an mir selbst zu verzeichnen hatte und auch das Uher-Gerät heil geblieben war (da waren ja alle meine Kompositionen für neue Songs drauf), habe ich die Klinik schon kurz nach der Behandlung auf eigenen Wunsch verlassen, denn die Les Humphries Singers hatten einen Auftritt in Paris, und den durfte ich auf gar keinen Fall verpassen. Dafür hatten sogar meine besorgten Eltern (mein Vater war ja Arzt) Verständnis.

Typischer Fall von »Glück gehabt«, wenn es auch nicht ganz glatt gelaufen war, und wenn ihr jetzt meint, blöder ginge es nicht … Ich kann das noch toppen. Ich wurde mal eine Zeit lang für ein TV-Projekt auf RTL2 von Kameras begleitet, ich habe davon schon erzählt. Leider kann man sich nicht immer hinterher über das freuen, was dort aufgezeichnet und sogar auch ausgestrahlt wurde.

So sollte uns einmal das Kamerateam zu einem Auftritt auf einem Dorf in einer ländlichen Gegend begleiten. Als ich dort mit Ramona ankam, war das Kamerateam vorausgefahren und bereits vor Ort. Man empfing uns komischerweise mit zwei gesattelten Pferden. Ich nahm an, wir sollten in den Ort einreiten und uns hoch zu Ross zum Festzelt auf der grünen Wiese begeben.

Das würden sicher tolle Bilder, auch wenn *mein* Verhältnis zu Pferden seit dem Erlebnis mit dem Quarter Horse etwas angespannter ist als das von Ramona. Aber sei's drum – alles war vorbereitet. Und wir ritten los. Nun war da zwar eine grüne Wiese, nur leider stand dort kein Festzelt. Wir schauten etwas ratlos aus der Wäsche. Ein Anruf beim Veranstalter könnte sicher rasch Aufklärung verschaffen, dachte ich.

Ja, er konnte. Wir waren schlichtweg genau ein Jahr zu früh an diesem Ort! Und unser Kamerateam, das ja bereits einige Zeit vor uns angekommen war, hatte diese Information längst bekommen. Es fand die Geschichte aber so lustig, dass man uns absichtlich nicht davon in Kenntnis setzte und einfach die Pferde organisierte, um unsere überraschten Gesichter zu filmen.

Erwähnte ich schon, dass einen manchmal der Schlag treffen kann? Unser Missgeschick wurde im Fernsehen mit super Einschaltquote ausgestrahlt, manche Zeitungen berichteten darüber, durchaus mit ein wenig Schadenfreude, und ich war der Depp der Nation.

Dennoch – ein Gutes hatte die Geschichte: Danach lief der Vorverkauf für das Ereignis bombig, und binnen kurzer Zeit war das Festzelt ausverkauft – so schnell und so früh wie noch nie.

Trotzdem nahm ich mir vor, mir diese Art von PR künftig zu ersparen. Und achte seitdem sehr genau auf die Buchungsdaten. Vor allem auf das Jahr. So was kann auch nur mir passieren. Aber lustig war's.

Rette mich wer kann – oder: »Wenn der Drews im Stadion singt!«

(Aus dem Album »Schlossallee«, 2010)

Wo ich schon überall rumkrakeelt habe – ich kenne wahrscheinlich jede Stadthalle und jedes Festzelt in Deutschland. Eines Tages sollte ich vor einem wichtigen Spiel des BVB im Dortmunder Stadion auftreten. Das war neu für mich, also reizvoll. Wo sollte es eine bessere Gelegenheit geben, um mit einem Titel mehrere zehntausend Menschen zu erreichen, als in einem Stadion? Dachte ich. So etwas lässt man sich ja nicht entgehen. Zudem fühlte ich mich sehr geehrt, dass man mich überhaupt gefragt hatte, ob ich das machen wollte.

Also klärte ich vorab alle wichtigen Modalitäten ab, wie immer. Ich fragte, wie Anlage und Akustik im Stadion seien, und man erklärte mir, dass man eine unglaublich hochwertige, nahezu geniale Soundanlage hätte, die alle Ecken des Stadions perfekt erreichen würde. Dazu seien etliche Bildschirme und Leinwände vorhanden, die den Auftritt übertragen würden, damit auch wirklich jeder Zuschauer etwas sehen könne. Da

Ein paar Fotos mit Kollegen und Freunden

Mit Peter Maffay

Mit Udo Lindenberg

Mit Peter Alexander

Dieter Thomas Heck (Hecki) und ich

Stefan Raab, Bürger Lars Dietrich, Ramona, Joelina und ich

Costa Cordalis und ich – Die heimlichen Könige von Mallorca

Mit David Hasselhoff

Mit Marius Müller
Westernhagen

Mit Matthias Schweighöfer

Mit der Kelly Family

Uwe Kröger, Pia Douwes, ich (als Kaiser Franz-Josef) und Ramona zu Besuch bei dem Musical »Elisabeth« in Essen

Ramona, Matze Knop und ich beim Videodreh zu »Heut schlafen wir in meinem Cabrio«

Mit DJ Ötzi bei einem Benefizfußballturnier

Mickie Krause und ich

Mit Otto Waalkes

Olaf Malolepsi, Bernhard Brink und ich

Katja Ebstein und ich backstage beim ZDF-Fernsehgarten

Mit Ben Zucker

Florian Silbereisen, Christoff,
Jan Smith und ich backstage
bei den Tourproben

Mit Uwe Hübner

Mit Marianne und Michael

Thomas Anders und ich
damals und heute – witzig,
oder?

Bühnenimpressionen

Kurzer Soundcheck
vor dem Auftritt

Auftritt mit Band

◀ Matthias Reim und ich backstage
bei der Florian-Silbereisen-Tour 2020

Solo-Einlage
mit Banjo

E-Gitarren-Solo

Gleich geht's auf die Bühne

Noch ein letzter Handgriff von meinem Techniker Peter Blau und los geht's

Meine Band: Lothar van Staa, Thomas Hödtke, Ralf Rudnik, Nicole Gaviria, ich, Manfred Schermuly, Jannika Lepp, Ludwig Götz, Olaf Krüger, Gert-Jan Naus

Gemeinsam mit Mickie Krause: Ich hab den Jürgen Drews gesehn

Mit Ralle Rudnik!

Damit habe ich nun wirklich nicht gerechnet: die »Goldene« für Ein Bett im Kornfeld. Und Joelina hat sie mir in der Show von Florian Silbereisen übergeben. Was für eine tolle Überraschung.

Meine kleine private Fotosammlung

Hobbit und ich
beim Frühstück

Der Aufstieg.
Hoffentlich hält
Hobbit still.

Geschafft! Einmal
ganz oben sitzen!

Wir haben so manchen Gipfel erklommen

So ein Leben wünsche ich jeder Kuh –
grenzenlose Freiheit.

Das Wandern ist des Jürgens Lust …

Joelina und ich beim Skifahren

Ich baue euch ein Schloss ...

Eine meiner Leidenschaften: das Rasenmähen!

Mit meiner langjährigen Fanclub-leiterin Birgit Behle-Langenbach, die sich heute um meine Social-Media-Dinge kümmert.

Familienfoto im Urlaub auf Sylt

Dieses kleine Hänge-
bauchschwein habe ich im
Streichelzoo von
Andrea Berg in Kleinaspach
kennengelernt

Selfie mit Gipsy
auf Mallorca

Das ist der große Truck von Günter Pille!

Und hier der Truck von Günter Pille von der anderen Seite!

So sieht das aus, wenn der Drews mit der Bahn unterwegs ist. Immer am Arbeiten.

Ankunft am Bahnhof –
auf zum nächsten Job

So reise ich, wenn ich mit der
Bahn unterwegs bin. Inkognito
quasi. Hättet ihr mich erkannt?

Ramona und ich beim Videodreh zu »Und wir waren wie Vampire«

Verladeversuch meines PGOs . Da ist leider ganz schön was schiefgelaufen.

Dreh der ARD-Serie »Um Himmels Willen«: Emanuela von Frankenberg, Janina Hartwig, ich und Fritz Wepper

Beim Sonnenuntergang in den Berchtesgadener Bergen

Foto-Shooting
2017

Mit meiner Managerin Christine Knoche-Gaydos und meinem Techniker Peter Blau auf dem Weg zum Gig in München

Selfie von Ramona und mir irgendwo am Flughafen

Ramona und ich taufen das 1 Tag alte Kälbchen »Gerlinde« beim Stanglwirt

Kaiserschmarrn-Lehrstunde mit Chef Patissier Sven Uhlig beim Stanglwirt –
es war verdammt lecker!

Geburtstagstorte zum 75. Geburtstag im Stanglwirt – DANKE an den Stanglwirt
und Sven Uhlig

müsse ich mir keine Sorgen machen. Machte ich mir dann auch nicht. Schließlich war ja alles klar.

So stand ich nun am Spieltag mit Ramona am Spielfeldrand und wartete auf meinen Auftritt. Einen Soundcheck hatte ich nicht gemacht. Machte ja auch keinen Sinn, denn bei vollem Stadion ist die Akustik eine völlig andere als in einem noch leeren. In der Mitte des Stadions, nahe dem Mittelkreis, stand der Stadionsprecher, selber ein Star beim BVB, und sprach zu den Fans. Leider konnte ich aber von dem, was er sagte, kein Wort verstehen. Null! Das machte mich extrem unruhig, und langsam geriet ich innerlich in Panik.

Auf einmal sah ich, wie der Sprecher wild gestikulierend in meine Richtung schaute, was ich zuerst nicht verstand. Schließlich winkte er mich nachdrücklich zu sich. Erst da begriff ich, dass er mich wohl angesagt haben musste, denn gehört hatte ich ja nix. Was nun passierte: Das Playback hatte nach der Anmoderation sofort gestartet, von einem Titel, den natürlich noch keiner kannte. Auf dem Spielfeld ein Sänger, auf den hier keiner wartete, im Gegenteil. Die Musik des Playbacks konnte ich nicht hören, und in meiner Not sang ich einfach drauflos, um zu retten, was zu retten war. Natürlich ohne Erfolg. Den Text konnte man kaum verstehen, und auf den Bildschirmen war mehr als deutlich zu sehen, dass ich total asynchron sang. Es war die Hölle.

Die Zuschauer und Fußballfans waren total aufgedreht. Sie wollten ja eigentlich ein gutes Fußballspiel sehen und bekamen nun so etwas vorgesetzt. Es dauerte maximal eine Minute, bis ein wahres Pfeifkonzert losging. Die Pfiffe gellten durch das ganze Stadion, das

ging einem durch Mark und Bein. Es flogen sogar Klo-
papierrollen, aber glücklicherweise stand ich ja in der
Spielfeldmitte, bis dahin kamen die nicht.

Was sollte ich tun? Ich hatte das Gefühl, in einem
schlechten Film gelandet zu sein. Aber abbrechen war
für mich keine Option, also zog ich die kompletten drei-
einhalb Minuten durch. Ein wahrer Albtraum. Ich hätte
mir wirklich gewünscht, der Boden würde sich auftun, in
dem ich versinken könnte. Oder man würde mir sagen,
es handelte sich um die Sendung »Verstehen Sie Spaß?«.
Dem war aber nicht so. Leider.

Das Problem war, dass man zwar im gesamten Stadion, also auf den Rängen, die Musik und den Stadionsprecher perfekt verstehen konnte, aber auf dem Spielfeld – im Mittelkreis – absolut NICHTS. Man hörte zwar,
dass da irgendwas ist, aber nicht was. Hätte ich einen
Soundcheck gemacht, hätte ich das gemerkt. Es hätte
lediglich einen Monitor in der Mitte des Spielfelds gebraucht, auf dem ich meine Musik hätte hören können.
Und vielleicht jemanden, der mir gesagt hätte: Achtung,
du wirst jetzt angesagt.

Dieses Erlebnis steckte mir echt noch lange in den
Knochen. Und selbst heute, wenn ich für solche Auftritte angefragt werde, ist die erste Frage: Habt ihr
einen Monitor auf dem Spielfeld, damit ich mich hören
kann? Sonst mache ich das nicht. Einmal reicht vollkommen.

Wann immer ich die erste Zeit nach diesem Unglücks-
fall irgendwo im Ruhrgebiet auftrat, wurde ich als Erstes
mit einem Pfeifkonzert begrüßt. Ich sang dann immer
sofort den Titel »Wieder alles im Griff«. Damit konnte

ich die Gemüter beruhigen, und mit der Zeit legte sich das dann auch.

Solche Horrorsituationen sind glücklicherweise selten, und auch das Internet gab es damals noch nicht, sonst würde ich wahrscheinlich über YouTube permanent mit dieser Peinlichkeit konfrontiert werden.

Ein anderes Mal, auch bei einer TV-Übertragung, hatte die Regie die tolle Idee, dass ich als Überraschung aus einer Torte springen sollte. Ja klar, kann man machen und kann auch lustig sein – wenn man in der Torte das Stichwort für diesen Überraschungsauftritt gehört hätte. Das konnte ich aber nicht und war deshalb prompt zu spät, mein Playback lief schon – und wieder war ich sensationell asynchron.

Und ich vergesse auch nie, wie ich einmal für einen Auftritt meine Playbacks zu Hause liegen gelassen hatte. Kurzerhand habe ich den DJ gebeten, diverse Platten von mir aufzulegen, zu denen ich dann gesungen habe. Natürlich hatte ich den Zuschauern zuvor erklärt, was mir passiert war. So kann man auch unterhalten. Das kann auch nur dem Drews passieren. Leider hatte ich nicht bedacht, dass auf der Platte ja auch Titel sein könnten, die ich gar nicht in meinem Programm habe und die ich deshalb auch nur einmal, und zwar bei der Aufnahme im Studio, gesungen habe. Es kam, wie es kommen musste. Der DJ spielte natürlich auch diese Songs, deren Texte ich schlichtweg vergessen hatte. Ich brauchte sie ja nie. Meine Rettung war, dass das Publikum sehr textsicher war, und so fiel es glücklicherweise nicht auf.

Ja, man erlebt schon die tollsten Dinge in einem so langen Berufsleben. Ich könnte unendlich viele von diesen Geschichten erzählten. Nur fallen sie mir nicht immer sofort ein. Gut, dass man heute über all diese Dinge lachen kann. Sind ja auch lange her. Ich erinnere mich zum Beispiel an eine Moderation in der SWR-Schlagerparade, die ich ja einige Jahre moderieren durfte. Die Aufzeichnung lief, ich stand im edlen Zwirn da – weißes Hemd, dunkler Anzug, Krawatte –, das Publikum lauschte, und ich wollte gerade den nächsten Gast ansagen, als die Regie unterbrach und etwas von einem technischen Problem erzählte. Kurze Unterbrechung. Ich ging nach hinten, da kam Dieter Thomas Heck auf mich zu und fragte mich lachend: »Kerlchen (so nannte er mich immer), bist du bescheuert?«

Ich verneinte voller Überzeugung und wusste nicht, was er meinte, denn ich war total im Text geblieben. »Dann schau mal an dir runter« – und da sah ich es: Der Hosenstall der schwarzen Hose stand weit offen, und ein Zipfel meines Hemds guckte raus. Ich bin bestimmt sofort knallrot geworden, machte die Hose zu, und damit war das »technische Problem« behoben. Peinlichkeit, dein Name ist Jürgen Drews. Und nicht zum ersten Mal dachte ich: *Rette mich, wer kann!*

Mindestens einmal allerdings muss dieser Gedanke auch Ramona gekommen sein. Ich liebe technische Geräte. Wir hatten zu Hause einen Aufsitzrasenmäher, den ich vergötterte. Wann immer möglich, mähte ich damit unseren Rasen – und gleich noch das unbebaute Nachbargrundstück rechts mit. Es machte mir einfach Spaß, und die Nachbarn haben sich bestimmt auch gefreut und konnten sagen: »Den Rasen? Den mäht bei uns immer der Drews!«

Als einmal mit den Schneidemessern etwas nicht stimmte, war mir klar, dass mein Schwiegervater im Nachbardorf helfen könnte. Also fuhr ich mit dem Rasenmäher über die Landstraße zu ihm – in Schrittgeschwindigkeit. Die Flüche der Autofahrer konnte ich ja nicht hören, der Mäher war zu laut. Aber ich kann mir vorstellen, dass ich so einige zur Weißglut gebracht habe.

Die Geschichten über meine geliebte Heckenschere lasse ich hier mal weg. Nur so viel: Inzwischen schneidet Ramona die Hecke lieber selbst.

Aber dafür haben wir eine hohe Steinmauer aus Feldsteinen, die ich gerne mit dem Hochdruckreiniger sauber gemacht habe. Eines Tages war Ramona aus dem Haus, und ich wollte ihr eine Freude machen, indem ich den Steinboden unseres Hauses wieder blitzen und blinken lasse. Natürlich mit dem Hochdruckreiniger. Und ich meine hier den Steinboden IN unserem Haus, also im Wohnzimmer.

Gut, das Schmutzwasser spritzte gegen die Wände, aber etwas Schwund ist ja immer, und der Boden glänzte wirklich wie neu. Leider bekamen auch die alten Schränke aus edlem Holz etwas Wasser ab – nun ja, um der Wahrheit die Ehre zu geben –, sie wurden klatschnass. Als Ramona zurückkam, schwamm das ganze Erdgeschoss. »Mit dir wird es nie langweilig«, sagte sie mit so einem merkwürdigen Unterton, den ich gar nicht verstand. Und noch viel weniger verstand ich, warum ich anschließend für zwei Wochen Hochdruckreiniger-Verbot bekam. Ja, in mir steckt doch manchmal ein großes kleines Kind.

Nun ja, das ist glücklicherweise lange her, und neulich

durfte ich wieder. Ich habe dann auch gleich das Glasdach über der Terrasse gereinigt und freute mich auf das Lob von Ramona. Aber die rief nur: »Bist du noch zu retten? Was machst du da oben auf dem Dach? Mann, wenn du abrutschst ...« Gut, das Dach ist etwas schräg, also eher etwas *sehr* schräg, aber ich bin doch gut in Form ...

Jetzt habe ich wieder Hochdruckreiniger-Verbot. Ich freue mich schon, in zwei Wochen darf ich wieder ... Aber sie hat ja recht. Auf das Dach muss ich nicht unbedingt noch mal klettern.

Noch mal ins Kornfeld – oder: Wie ich zu »Onkel Jürgen« wurde

(Aus dem Album »Glanz und Gloria«, 2007)

Ich liebe Comedy – wenn sie gut gemacht ist und nicht nur zu meinen Lasten geht. Von »Verstehen Sie Spaß?« werde ich noch berichten, ich habe den Kollegen damals zu ihrer wirklich ausgezeichneten Vorbereitung und Durchführung gratuliert, auch wenn es mich in dem Moment arg gebeutelt hat, als sie mich mit einem Fake-Interview von Joelina reingelegt haben.

Bereits einige Jahre zuvor hatte mich Fritz Egner im ZDF für die Sendung »Voll erwischt« ordentlich aufs Korn genommen. Ich landete in einer Telefonzelle, die sich plötzlich nicht mehr öffnen ließ. Das war wirklich ein blödes Gefühl. Da bekommt man fast ein bisschen Panik. Gut, dass ich damals schon ein Handy hatte. Okay, es war nur *so eine Art* Handy. Man nannte es Mobiltelefon, und es war um einiges größer als die heutigen Smartphones. Aber in diesem Moment war ich froh, es zu haben. Ich rief überall an und erzählte, was mir passiert war.

Natürlich war mein engster Kreis eingeweiht und ließ mich somit im Regen, oder eher in der Telefonzelle, stehen. Nach einiger Zeit des Telefonierens und Wartens auf Rettung wurde ich mitsamt dieser Telefonzelle von einem Kran in die Höhe gehoben und landete auf einem Abschleppwagen, welcher mich in einer riesengroßen Halle abstellte. Um mich herum standen lauter andere Telefonzellen mit Leuten drin. Ich dachte echt, mich laust der Affe! Nach einiger Zeit resignierte ich und dachte, ich komme aus dieser Zelle nie mehr raus. In dem Moment kam Fritz Egner um die Ecke, sagte mir, dass alles nur ein Scherz gewesen sei, und zeigte mir die überall versteckten Kameras. Ich war dermaßen erleichtert, aus diesem engen Kasten endlich wieder rauszukönnen.

Vor Jahren gab es eine weitere Verlade vom ZDF. Ich wurde vom Sender als Neandertaler verkleidet, weil ich bei einem Videodreh mitwirken sollte. Man sagte mir, ich müsse jetzt, mit dieser Verkleidung, noch zwei Stationen mit der S-Bahn zum Kamerateam fahren, das dort auf mich wartete, um dann direkt mit dem Dreh zu beginnen. Kam mir komisch vor, aber gut, ich machte es.

In der Bahn wurde ich von einem großen Burschen mächtig angemacht. Er schien sich von meinem Aufzug provoziert zu fühlen. Fing an, mich zu beschimpfen, warum man in so einer Kostümierung Bahn fahren müsste? Mir war da schon sehr mulmig zumute, und ich dachte, gleich hast du 'ne Faust im Gesicht. Ich war so froh, als ich die Station sah. Das Kamerateam stand schon auf den gegenüberliegenden Gleisen. Aber Pustekuchen, die Bahn hielt nicht an und fuhr einfach weiter.

Ich wurde immer verzweifelter, denn dieser Riesenbrecher von Typ wurde immer aggressiver.

Was ich allerdings nicht wusste: Er war Schauspieler, und ich wurde wieder mal schön veräppelt. Als es zu eskalieren drohte, kam die Auflösung: Herr Drews, alles gut, das war nur »Versteckte Kamera«. Ich fand die Situation in dem Moment allerdings gar nicht zum Lachen.

Lustig war auch mein Auftritt in der WDR-Sendung »Plattenküche«. Jeder wusste, dass man dort mit den Schlagerleuten kein Pardon kannte. Unvergessen, wie bei Rex Gildo die Dekoration plötzlich einbrach, und ich ahnte, dass man auch mich nicht ungeschoren davonkommen lassen würde. Und so kam es dann auch. Mir wurde während meines Auftritts die Hose von irgendjemandem heruntergerissen. Ob es einer der Kollegen oder der Moderator selbst war, weiß ich bis heute nicht. Ich habe die Hose blitzschnell wieder hochgezogen und lächelnd weitergesungen, als wäre nichts gewesen. Nun ja, das waren andere Zeiten.

Diese Erfahrungen haben dazu geführt, dass ich vorsichtiger und aufmerksamer geworden bin. Und so war ich auch erst skeptisch, als bei mir 1995 der VIVA-Moderator Stefan Raab anfragte, ob es möglich sei, ein Remake von »Ein Bett im Kornfeld« zu machen. Ich kannte Stefans Ruf als Spaßmacher und war deshalb sicher, dass er mich veralbern wollte. Aber er lud mich tatsächlich zu sich nach Köln ein, um mit mir gemeinsam das Lied in einem etwas veränderten Arrangement neu einzusingen.

Doch dann hörte ich erst einmal nichts mehr. Etliche Zeit später rief er wieder bei mir an und sagte: »Dein

Büro sagt, du kannst. Wir fliegen nach Los Angeles.«
Nun bekomme ich solche Anfragen jeden Tag – Scherz!
Ich habe ihm kein Wort geglaubt. Aber er versicherte
mir, dass die Flüge schon gebucht seien, wir würden in
den USA das Video zum »Kornfeld« drehen. Mal eben
für ein Video nach L. A.? »Ja«, erwiderte Stefan, »man
muss groß denken!«

Okay, mal abwarten, dachte ich mir. Am Frankfurter
Flughafen erwartete mich Stefan Raab und stellte mir
einen weiteren Mitreisenden vor – Bürger Lars Dietrich.
Ich hatte zwar schon von ihm gehört und wusste, dass
er ein begnadeter Parodist war, aber meine Skepsis gegenüber diesem Projekt machte das ganz gewiss nicht
kleiner. Ich war mir sicher, dass das Ganze ein Fake wäre,
und sah mich schon nach versteckten Kameras um.

Aber wir flogen tatsächlich, und es stellte sich heraus,
dass Lars ein großer Schlagerfan war und nahezu alle
meine Songs kannte. An Bord, als die Türen geschlossen waren und ich nicht mehr aus dem Flieger gekonnt
hätte, rückte Stefan dann damit heraus, dass man das
Intro geändert habe, und ich solle mir das doch einmal
anhören. Und so hörte ich zum ersten Mal den neuen
Anfang des Songs, in dem die beiden mich »Onkel Jürgen« nannten. Wie geil war das denn ...!?

Ich sah in die beiden gespannten Gesichter und sagte
nur knapp: »Gut.«

Lars hakte nach: »Aber wir haben dich Onkel Jürgen
genannt.«

Und ich erwiderte: »Na und? Ich könnte doch auch gut
euer Onkel sein.« Und das war die Geburtsstunde von
»Onkel Jürgen«, und ich muss sagen, wir haben echt viel

Spaß miteinander gehabt. Sicher haben dieses Remake und das Video viel dazu beigetragen, dass ich bei einem sehr jungen VIVA-Publikum überhaupt erst einmal »auf den Schirm« kam.

Und als Stefan Raab bei Pro7 »Total normal« moderierte, war ich »alter Knabe« in diesem jungen Programm auch als Gast dabei. Allerdings gab es da einmal einen Gag, der selbst mir zu weit ging, obwohl ich einiges gewohnt bin. Stefan hatte mir erzählt, dass man in der Sendung eine Kiste habe, die dort nur einfach so herumstehe, und irgendwann in der Show, auf ein Zeichen, solle ich aus dieser Kiste kommen – als Überraschung für das Publikum. Ich dachte mir: Okay, wenn wer das lustig findet – ich mache ja fast jeden Sch... mit. Und sagte zu.

Was ich *nicht* wusste: Stefan hatte vorher mit dem Publikum ausgemacht, dass es auf ein bestimmtes Zeichen von ihm ganz leise das Studio verlassen sollte. Sie wussten, dass »Onkel Jürgen« in der Kiste war und hereingelegt werden sollte.

Und genau so geschah es. Ich wartete in der Kiste auf Stefans Zeichen und bekam nicht mit, dass das Studio irgendwann leer war, dass alle gegangen sind und sogar alle Scheinwerfer aus waren. Natürlich merkte ich irgendwann, dass die Geräuschkulisse fehlte, aber ich wartete weiter ab. Die Zeit verging, und es gab einfach kein Zeichen von Stefan. Schließlich wurde es mir doch zu blöd, und ich öffnete die Kiste. Ich stand in einem dunklen, leeren Studio. Kein Mensch weit und breit.

Das mag lustig finden, wer will, ich fand das in diesem Moment alles andere als witzig. Im Gegenteil, ich war stinksauer, und das habe ich Stefan und der Redaktion gegenüber sehr deutlich zum Ausdruck gebracht. Anders als bei der »Versteckten Kamera« gab es ja hier keine öffentliche Auflösung, ich war einfach nur der Depp. Und das bin ich ungern.

Stefan lud mich dann – quasi als Wiedergutmachung – noch einmal ein, und ich dachte mir: Na warte, Freundchen. Wer austeilt, muss auch einstecken können. Ich habe dann bei ihm im Studio ohne Punkt und Komma geredet und ihn einfach nicht zu Wort kommen lassen. Wer Stefan Raab kennt, der weiß, dass das nicht leicht ist, aber es ist mir gelungen. Zwischendurch fragte er einmal vorsichtig, ob er auch etwas sagen dürfe. Ich antwortete nur: »Nein!« Und redete weiter.

Rache kann so süß sein!

König von Mallorca

(Aus dem Album »Wieder alles im Griff«, 1999)

M eine Mallorca-Karriere begann merkwürdigerweise auf der Nachbarinsel Ibiza. Denn diese Insel war Ende der Siebziger und erst recht in den Achtzigerjahren das absolute Nonplusultra der Musik. In den angesagten Clubs legten die berühmten DJs auf, wie zum Beispiel Marusha, und Stars wie Sandra (»Maria Magdalena«) und ihr Mann, der berühmte Produzent Michael Cretu, sorgten für das hippe Image der Insel.

Ibiza war *the place to be*. Also musste ich dorthin. Ich hatte schon ein Haus im Auge, wunderbar an einem Felsen gelegen, und sah im Geiste vor mir, wie ich einen Raum in den Felsen hauen ließ, in dem dann mein Studio untergebracht werden sollte.

Da bekam ich einen Anruf. Ob ich mir vorstellen könne, auf Mallorca aufzutreten. Wie bitte? Auf Malle? Never ever! Bitte sofort absagen! (Das Image von Mallorca war in den Achtzigern wirklich vom Billigurlaub geprägt. Nix von »Sehnsuchtsinsel der Deutschen«, wie man heute so oft lesen kann.)

Ein paar Tage später ein erneuter Anruf. Ob ich mir das nicht noch einmal überlegen wolle, das Angebot sei nachgebessert worden und die Bezahlung wirklich sehr gut. Nun ja, das war ein Argument dafür, zumindest nicht wieder sofort rundheraus abzulehnen. Wo ich denn auftreten solle, fragte ich. »Im ›Oberbayern‹«, lautete die Antwort. »Bitte? Im ›Oberbayern‹?« Auweh, ausgerechnet an der »Schinkenstraße«, dem Zentrum des Massentourismus mit seinem schlechten Image. »Sofort absagen!«

Zu meinem Glück ließ man aber nicht locker, und so kam kurze Zeit später ein dritter Anruf. Mit dem ultimativen Argument: »Die haben die Gage verdoppelt.« Was sollte ich machen? Dagegen war kein Einwand mehr möglich. Also flog ich nach Mallorca. Ich wurde am Flughafen von Palma abgeholt, und als wir nach kurzer Fahrt durch das nahe gelegene Arenal an der Playa de Palma fuhren, sah ich alle meine übelsten Vorurteile bestätigt.

Ihr erinnert euch an die Sangria-Eimer mit den Strohhalmen am »Ballermann«? Damals waren die nicht nur noch erlaubt, sondern schon fast das Wahrzeichen jener durchnummerierten Strandabschnitte – der *Balnearios*, die man verballhornt »Ballermann« nannte.

Im »Oberbayern« angekommen wollte ich vorsichtshalber erst einmal einen Soundcheck auf der Bühne machen. »Welche Bühne?«, wurde ich gefragt, und ich stellte erstaunt fest, dass es auch nichts Vergleichbares gab, nicht einmal ein Podest. Ich sollte einfach mit meinem Mikro und meiner Gitarre auf der Tanzfläche stehen. Ich bat die Crew, sich so aufzustellen, als wären sie eine feiernde Gruppe.

»Und? Was seht ihr?«

»Gerade mal deinen Kopf!«, lautete die Antwort.

Wenigstens haben sie das selbst bemerkt. Wie soll man da für Stimmung sorgen? Was konnten wir tun?

Da ich ein einigermaßen sportlicher Typ bin, habe ich mich einfach auf die Monitorboxen gestellt, die allerdings leicht abgeschrägt waren. Ich kippelte also auf der Kante, und um das Gleichgewicht besser zu halten, stützte ich mich mit einer Hand an der Decke ab. Das war nicht unbedingt elegant, aber es erfüllte seinen Zweck. Und diese Handhaltung hat sich wohl bei den Zuschauern eingeprägt, ab und an begegne ich einem Fan von damals, und der begrüßt mich dann mit abgeknickter Hand, als wolle er sich an der Decke festhalten. So entstehen Markenzeichen – wenn auch ungewollt. Auf jeden Fall war der erste Abend wirklich der absolute Wahnsinn. Die Stimmung war ausgelassen, und das Publikum hatte Spaß. Und ich auch.

Das war der Beginn einer wunderbaren Freundschaft, und danach wurde das »Oberbayern« für viele Jahre mein zweites Wohnzimmer. Natürlich stellte ich mir die Frage: Passt das zu meinem Image? Muss sich dann nicht auch meine Musik anpassen? Und will ich das überhaupt? Andererseits – hier wollten die Leute feiern, und wer war ich, ihnen das verwehren zu wollen? Ich spürte, dass sie mich mochten und Spaß hatten und das »Kornfeld« gerne laut mitsangen.

Das mit meinem Image machte mir allerdings doch ein wenig zu schaffen. Ich wollte nicht, dass jeder wusste, dass ich auf Mallorca auftrete, und so vereinbarte ich mit dem »Oberbayern«, dass meine Auftritte nur intern beworben werden durften – keine Außenwerbung! Irgendwie war mir das doch peinlich. Und die Veranstalter – übrigens sehr clevere Jungs – hielten sich wirklich daran, und so trat ich viele Jahre dort auf – ohne jede Werbung für meine Auftritte.

Dennoch sprach sich das natürlich rum, und Titel wie »Alles im Eimer«, »Wieder alles im Griff« oder »Amigo Charly Brown« waren wie für diese Partysituation gemacht. Und meine Auftritte sorgten, bei aller Bescheidenheit, immer für ein volles Haus.

Dadurch wurde auch der im Mai 2000 eröffnete »Megapark« darauf aufmerksam und warb mich kurzerhand ab, und da stand ich nun als ältester Partysänger Deutschlands auf der Bühne, neben meinem Freund Mickie Krause und vielen anderen, von denen ich noch nie etwas gehört hatte. Wir waren ein tolles Team, wenn es darum geht, das Publikum zur Raserei zu bringen.

Inzwischen ist der »Megapark« mehrfach umgebaut worden, er sieht von außen eher aus wie eine Kathedrale, allerdings eine Kathedrale für Partyfreunde. Und wenn die Freiluftdisco abends die Lautstärke drosseln muss, geht es eben unten in der Arena weiter. Und genau deshalb kommen die Fans dort hin – um zu feiern und zu tanzen. Und wehe, denen gefällt die Musik dazu nicht. Dann machen sie kurzerhand ihre eigene Party und singen ihre eigenen Lieder, egal wer auf der Bühne steht. Das Publikum kann auch gnadenlos sein – eine gute Schule für jeden, der dort Fuß fassen möchte. Wenn du das dortige Publikum packst, dann packst du sie alle.

Jährlich kommen Zehntausende Besucher, um auf Mallorca zu feiern. Für viele ist es eine Tradition geworden.

Da fährt man mit dem Stammtisch, dem Fußballverein oder mit Freunden einmal im Jahr gemeinsam in den Urlaub. Und wo geht es hin? Meistens nach Mallorca, und das macht doch deutlich, dass diese Art zu feiern einfach zu Mallorca gehört. Wenn ihr mir nicht glaubt, zitiere ich hier eine offizielle Pressemeldung des »Megapark« von 2019: »Mallorca-Urgestein Jürgen Drews soll am Sonntagabend einen absoluten Höhepunkt markieren und die aus deutschen Landen angereisten Youngster zu ekstatischen Tänzen animieren.« Das steht exakt so auf deren Webseite. Und »Urgestein« klingt irgendwie super, wenn man fünfundsiebzig Jahre alt ist, oder?

Mit Mickie Krause bin ich seit vielen Jahren sehr gut befreundet. Mit ihm habe ich schon so manches Duett aufgenommen, zum Beispiel die Mallorca-Hymne »Wir sind jedes Jahr auf Malle« oder auch das Volkslied »Hoch auf dem gelben Wagen«. Vor einiger Zeit, irre, das ist ja auch schon wieder einige Jahre her, fragte mich Mickie, ob ich erneut ein Duett mit ihm singen wolle. Als ich die Zeile gehört habe, wollte ich erst nicht. Vielleicht kennt ihr die Nummer »Ich habe den Jürgen Drews gesehn!«. Mein erster Gedanke war, ich möchte nicht, dass man mich besingt, dann könnte man ja fast meinen, ich würde mich für wichtig halten. Aber so bin ich nicht. Als ich aber dann den Text gelesen und noch mal mit Mickie gesprochen hatte, dachte ich mir, das mache ich. Der Titel ist echt witzig und enthält viel Wahrheit. Von wegen »Ich hab den Jürgen Drews gesehn ... ich sah ihn auf der Bühne stehn, er wollte nicht mehr runtergehn ...« Stimmt. Das ist schon sehr oft vorgekommen, dass ich gar nicht mehr von der Bühne runterwollte. Sehr zum Leidwesen der Veranstalter. Aber so bin ich halt.

Übrigens beginnt der Song mit den Worten: »Onkel Jürgen, ich fühle mich geehrt, dass ich mit dir singen *muss*« – das trifft exakt mein Humorzentrum. Super!

Trotzdem verlangte das nach einer Antwort von mir, und die lautete »Oh Shalalalala«. Als mir der Titel vorgespielt wurde, hat er mir sofort gefallen. Er ist eine witzige Reaktion auf »Ich hab den Jürgen Drews gesehn«. Alles natürlich mit einem fröhlichen Augenzwinkern, versteht sich. In dem Text heißt es: »Der Mickie Krause, der kam zu mir ... er sagt, ey Jürgen, eins sag ich dir ... gib mir die Nummer, ich mach dich reich ... Ich sag, hey Mickie, vergiss es gleich.« Natürlich habe ich ihm die Nummer nicht gegeben. Aber reich bin ich auch nicht geworden. Mickie ist eben ein echter Kumpel. Ich finde ihn toll.

Viele Kollegen aus Deutschland sind inzwischen auf Mallorca zu Hause, weil es wirklich eine schöne Insel ist. So auch Peter Maffay, den ich persönlich und vor allem musikalisch sehr schätze. Wir haben uns schon immer gut verstanden, wenngleich wir uns auf der Insel nur einmal zufällig am Flughafen getroffen haben. Ich erinnere mich, dass ich einmal – lange her – auf einer brancheninternen Veranstaltung aufgetreten bin, und plötzlich stand Peter neben mir auf der Bühne und sang, zu meiner Überraschung, meine Titel mit.

Und einmal, auch das fällt mir gerade ein, lief ich durch den Flughafen von Palma, als plötzlich jemand hinter mir auftauchte, mir meine Reisetasche abnahm und Richtung Gate davonlief. Ich wollte schon wütend

»Haltet den Dieb!« rufen, als ich sah, dass ich besser »Haltet den Peter!« gerufen hätte.

Ein besonderes Highlight im Jahr 2000 war »Wetten, dass..?« mit Thomas Gottschalk in die Stierkampfarena von Palma de Mallorca. Die Insel war in heller Aufregung, es gab ebenso viele Gegner wie Befürworter, die sich in der Presse der Insel gegenseitig beschimpften. »Deutsche Besetzung *unserer* Traditionsarena«, riefen die einen, »wunderbare Werbung für Mallorca«, erwiderten die anderen.

Tatsächlich – bei mir klingelte das Telefon. Auf diesen Anruf hatte ich zwanzig Jahre lang gewartet. Dennoch war ich mir zunächst nicht sicher, ob es sich nicht doch um die »Versteckte Kamera« handelte. Ich sollte auftreten – natürlich mit dem »Kornfeld« –, dürfte aber anschließend noch einen neuen Song kurz promoten. Allerdings würde ich nicht angekündigt, sondern sei ein Überraschungsgast. Genau wie Frauke Ludowig und Costa Cordalis, der sich damals zusammen mit seinen Kindern durch viele Auftritte ebenfalls eine feste Fanbasis auf Mallorca erarbeitet hatte.

Super! Endlich! Ich wusste, dass ein musikalischer Auftritt bei »Wetten, dass..?« einem Sechser im Lotto glich, mehr Promotion konnte man gar nicht haben. Nur hatte ich leider keinen neuen Song. Also verkroch ich mich in meinem Studio und durchforstete meine Ideenskizzen. Dabei fiel mir wieder ein Song in die Hände, der mich irgendwie reizte, mit dem ich aber dummerweise nicht weiterkam. »Wieder alles im Griff«.

Wie lange habe ich an diesem Titel gefeilt! An dem habe ich wirklich Haare und Nerven gelassen. Wenn Ramona mit einem Cappuccino in mein Studio kam und ich ihr diesen Titel vorgespielt hatte, sagte sie immer: »Der ist Schrott, hau den in die Tonne.«

Und dann, eines Morgens, als ich beim Rasieren vor dem Spiegel stand, habe ich die ganze Zeit diese Zeile »Wieder alles im Griff« vor mich hin gesummt und einmal ganz laut »ooh-oho« gerufen, aber einfach nur so.

Das war's. Das fand ich so gut, habe es gleich eingesungen, und mein Titel für »Wetten, dass..?« war fertig. Gut, dass ich einmal nicht Ramonas Rat gefolgt bin. Aber gerade in der Musik hat ja jeder einen anderen Geschmack, und über den lässt sich nicht streiten. Glücklicherweise stritt auch das ZDF nicht mit mir und akzeptierte diese Nummer für meinen Auftritt.

Und dann kam der Tag der Tage, Costa und ich trafen uns in der Arena zu einer kurzen Verständigungsprobe. Da kam Viktor Worms auf uns zu, den ich noch aus seiner »Hitparaden«-Zeit kannte und der inzwischen ZDF-Unterhaltungschef geworden war. Er war ausgesprochen nett, aber irgendwie doch sehr zurückhaltend, ich fragte mich, warum.

Die Antwort gab er Costa und mir kurz darauf, denn mit vielen entschuldigenden Worten musste er uns irgendwie verklickern, dass er uns wieder ausladen müsse. Aufgebrachte Spanier hatten verlangt, dass nicht auch noch all die Stars vom »Ballermann« Mallorcas Image prägen sollten. Schon die Nutzung der Arena sei eigentlich ein Sakrileg, aber das war ja nun nicht mehr zu ändern.

Das war's! Nix. Kein »Wetten, dass..?«, kein wunderbarer Auftritt mit meinem neuen Partytitel. Als Trost wurde uns angeboten, dass wir zumindest in einer der vorderen Reihen sitzen dürften. Super! Ich wollte schon schmollend absagen, aber diesmal setzte Ramona sich durch. Wie immer kann ich nur sagen, »glücklicherweise«, mein Engel. Sie bestand darauf: »Da gehen wir hin, und du lächelst gefälligst!« Nun gut, also saßen wir unter den Zuschauern, und ich lächelte, bis mir die Gesichtsmuskeln wehtaten.

Thomas machte eine super Show, wie immer. Lustigerweise hatten wir übrigens im Gespräch vor der dann nicht mehr stattfindenden Probe festgestellt, dass wir beide in der Schule Altgriechisch lernen mussten, und wir hatten uns gegenseitig den Anfang von Homers »Odyssee« rezitiert. Und ob ihr es glaubt oder nicht – wir konnten es beide noch. So etwas behalte ich, nur Namen kann ich mir nicht merken. Irgendwie irre, was sich da so im Kopf abspielt.

Daran musste ich wieder denken und unwillkürlich laut lachen, als ich ihn plötzlich sagen hörte: »Leider hat man uns mitgeteilt, dass König Juan Carlos absagen musste, weil er kein Deutsch kann. Aber...« (und damit kam er auf uns zu) » ... wir haben hier die wahren Könige von Mallorca – Costa Cordalis und Jürgen Drews!« Und Ramona zischte: »Steh auf und lächele!« Und ich hörte auf meine Frau. Wie meistens.

Die Presse griff dieses »Etikett« bereitwillig auf, und so entstand plötzlich mein neuer Name. Wenig später bekam ich einen musikalischen Vorschlag zugespielt, der den Titel hatte »Ich bin der König von Mallorca – ich bin der Prinz von Arenal«. Ich hörte ihn mir an und war zunächst wenig begeistert. Ramona, wieder mit einem Cappuccino in meinem Studio, war sogar total entsetzt:

»Was soll das denn? Bist du wahnsinnig? Schmeiß das weg!«

Und eigentlich wollte ich das schon machen, aber dann fiel mir wieder ein, dass sie das auch bei »Wieder alles im Griff« gesagt hatte, und dieser Titel lief gerade wie geschnitten Brot. Also sagte ich nur: »Ich werde mal daran arbeiten.« Das tat ich auch – glücklicherweise, und so entstand ein Song mit dem bekanntem Ergebnis, dass diese Nummer heute fast schon ein Erkennungszeichen und aus meinen Konzerten nicht mehr wegzudenken ist. Und das ironisch gemeinte Foto mit Hermelin und Krone ist immer wieder zu finden – auch in diesem Buch.

Wohl auch durch dieses Ereignis wurde die Idee zum Kultbistro in Santa Ponsa geboren. Eigentlich wollte ich nichts mehr mit Gastronomie zu tun haben, denn ich hatte viele Jahre in Form einer Diskothek einen finanziellen Klotz am Bein. Damals hatte ich einen Bekannten, der mir den Floh ins Ohr setzte, dass in einem Lokal immer dann so richtig die Post abginge, wenn man meine Musik spielte, und dass es doch eine gute Idee wäre, wenn ich dieses Lokal selbst übernähme. Es wäre ganz leicht. Ich müsste es einfach nur kaufen, und er würde die Geschäftsführung übernehmen. Ich hätte also mit nichts etwas zu tun. Ich gebe zu – es schmeichelte mir, und ich wusste durchaus, dass die besagte Location damals ein echter Geheimtipp war.

Also griff ich zu – leider war das eine sehr teure Erfahrung. Was war ich naiv! Denn das Lokal erwies sich letztlich als finanzielles Desaster. Ich war so erleichtert, als ich es nach vielen Jahren und zahllosen Rettungsversuchen endlich verkauft hatte. Zwar mit erheblichem

Verlust, aber ich war einfach nur froh, das Ding wieder los zu sein. Und ich schwor mir: Nie mehr Gastronomie! Jeder sollte machen, was er kann. Und ich kann Musik machen. Zumindest einigermaßen. Schuster, bleib bei deinen Leisten.

Ich war schließlich lernfähig. Dachte ich. Aber wie das Schicksal so spielt, machte mir eines Tages ein Bekannter unerwartet ein Angebot. Ich wusste, dass er ein cleverer Geschäftsmann war, der in der schwäbischen Provinz, das meine ich nicht abwertend, eine Knalleridee hatte. Er besaß eine ganze Diskothekenkette (Pflaumenbaum), die er mit tollen Events zu einem Erfolg geführt hatte. Ich bin einmal dort aufgetreten – ein denkwürdiges Ereignis. Es gab keine Bühne, dafür eine Tanzfläche mit einem Metallboden. Als ich dort meine Anlage aufstellte, bekam ich als Erstes bei der Probe vom Mikro einen elektrischen Schlag an den Lippen, und als ich dann auch noch merkte, dass Wasser von der Decke tropfte, konnte ich nur noch beten. Aber es lief gut, und die Leute waren außer Rand und Band.

Einige Jahre später hatte mein Bekannter seine Diskothekenkette in Deutschland verkauft und war nach Mallorca ausgewandert. Ihm war mein Erfolg mit meinem Song »König von Mallorca« nicht entgangen, und ganz Geschäftsmann, der er ist, sprach er mich eines Tages darauf an und meinte, er hätte wieder eine tolle Idee für ein Lokal auf Mallorca, das er gerne eröffnen würde, aber dafür bräuchte er meine Unterstützung.

Er machte mir nun den Vorschlag, gemeinsam in Santa Ponsa ein Lokal mit dem Namen »König von Mallorca« zu eröffnen – ich hätte nichts mit der Gastronomie zu tun, denn das Lokal würde ja ihm gehören, und somit würde er sich um den gastronomischen und unternehmerischen Teil kümmern, ich sollte lediglich persönliche Gegenstände und Fotos für die Innenausstattung zur Verfügung stellen, aber auch meinen Namen, und damit wäre ich das »Aushängeschild«.

Die Idee gefiel mir, denn auf diese Weise konnte ich sowohl für die Insel als auch für meine Musik werben. So entstand das Kultbistro »König von Mallorca«. Seitdem sieht man mich im Sommer dort regelmäßig. Viele Jahre konnte man mich immer montags dort besuchen. Das sprach sich schnell rum, und das Bistro wurde ein besonderes Urlaubsziel für Jürgen-Drews-Fans und auch für viele andere. Mittlerweile ändern sich die Wochentage immer mal, und es gibt keinen regelmäßigen Rhythmus. Aber wann immer ich auf Mallorca bin, gehe ich dorthin und trinke meinen obligatorischen Latte macchiato oder esse auch gerne eine Kleinigkeit. Die Gäste sind immer erfreut, mich live und in Farbe sehen zu können. Selbstverständlich schreibe ich dann Autogramme und stehe für Selfies zur Verfügung. Ich habe mir sagen lassen, dass die meisten es einfach cool finden, wenn sie mich dort treffen und sie sich einfach zu mir setzen und sich ganz normal mit mir unterhalten können. Und ich freue mich, dass ich so nah an den Leuten sein kann und darf. Das ist etwas Besonderes. Im Bistro fühle ich mich wirklich wie der »König von Mallorca«, und das genieße ich sehr.

Ach ja, es befindet sich in dem Lokal noch eine kleine, nein eher eine größere Besonderheit. Zu meinem siebzigsten Geburtstag hatte Ramona die tolle Idee, im Internet alle alten Ausgaben der Zeitschrift »Bravo« aufzu-kaufen, die vor vielen, vielen Jahren einen »Starschnitt« von mir veröffentlich hatte. Und tatsächlich haben Joelina und sie alle alten Ausgaben zusammenbekom-men und diesen »Starschnitt« zusammengefügt und auf Styropor aufgezogen, und so lächele ich heute in einem Vorraum dieses Bistros in Lebensgröße die Gäste an.

Einmal hatte ich einen Auftritt anlässlich einer Gala bei einem Ärztekongress, der wirklich nur fünfund-zwanzig Minuten dauern sollte, so wurde mir gesagt. Ich musste also mein normales Programm kürzen. Ramona sagte: »Nimm bloß den ›König von Mallorca‹ raus, der passt da gar nicht.« Gesagt, getan. Die Show lief super, die Stimmung war gut, und man sah etliche Schuhe im Takt mitwippen.

Ich kam zum Ende meines Auftritts und war schon mitten in der Verabschiedung, da rief jemand laut: »König von Mallorca!« Nun gut, sagte ich mir, das habt ihr euch selbst zuzuschreiben, und legte los. Ich habe noch nie so viele entfesselte Orthopäden, Internisten und Kardiologen gesehen – der Saal tobte regelrecht.

So viel zum Thema »König von Mallorca«. Ich bin also nicht der selbst ernannte König von Mallorca, wie es manchmal in verschiedenen Medien zu lesen oder zu hören ist. Wahrscheinlich wäre ich nie von selbst darauf gekommen, mich so zu nennen, und würde es mir auch niemals anmaßen.

Diesen Namen hat mir Thomas Gottschalk gegeben. Also auch wieder ein Zufall, der mein Leben und meine Karriere sehr beeinflusst hat. Wofür ich sehr, sehr dank-bar bin.

Mit Volldampf voraus!

(Aus dem Album »Morgens auf dem
Weg nach Hause«, 1981)

Ich bin ein absoluter Bewegungsmensch. Schon als Kind fiel mir das Stillsitzen schwer. Selbst im Erwachsenenalter war für mich Bewegung immer das Wichtigste.

Früher war ich ganz schlimm. Ich hatte mehrere Fahrräder, mit denen ich jeden Tag meine zwanzig bis dreißig Kilometer fuhr. Als ich Ramona kennenlernte, habe ich die Arme gleich mit auf meine Radtouren genommen, sie hat es aus Liebe auch mitgemacht und über sich ergehen lassen. Aber später erzählte sie mir, wie schwer es ihr manchmal fiel, die ganzen Berge mit mir auf dem Fahrrad zu erklimmen. Zumal sie das Reiten dem Fahrradfahren vorzieht.

Mir zuliebe hat sie auch Ski fahren gelernt. Ich habe sie, obwohl sie noch Anfängerin war, gleich mit auf die schwarzen Buckelpisten genommen. Eigentlich unverantwortlich, aber sie hat es irgendwie immer geschafft und sich nicht blöd angestellt. Ja, ich war schon immer ein Verrückter.

Auch bei längeren Autofahrten musste ich immer irgendwo halten und erst einmal ein Stück laufen, weil ich das lange Sitzen nicht aushielt. Mittlerweile, im Alter, bin ich da etwas entspannter geworden. Ramona ist über diese Veränderung sehr glücklich.

Ich habe auf meinen Tourneen eigentlich immer mindestens einen Hund mit dabei, durch das Gassigehen bin ich ganz gut im Training, und ich liebe lange Spaziergänge. Aber es gibt Grenzen – und die liegen bei zweiundvierzig Kilometern.

Eines Tages bekam ich eine Anfrage von der Reisegesellschaft TUI, die auf Mallorca einen Marathon sponsert und mich bat, als prominenter Gast teilzunehmen. Es hätte sich auch das Fernsehen angesagt, und da wäre es doch schön, wenn ich auch den Königsumhang und die Gummikrone mitbringen könnte.

Wisst ihr eigentlich, wie es zu dem Umhang kam? Das war eine schräge Idee von RTL. Nachdem ich der »König von Mallorca« wurde, fanden die Senderkollegen es lustig, wenn ich – wie damals Ludwig II. von Bayern – mit Umhang und Krone in den Starnberger See waten würde. Nur dass ich nicht ertrinken sollte. Das haben wir auch so gedreht, und nach der Ausstrahlung fragten plötzlich alle Veranstalter, die mich für Auftritte gebucht hatten, ob ich auch den Umhang und die Krone mitbringen könnte.

Damit wurden der Umhang und die Krone fester Bestandteil meines Songs »König von Mallorca«. Ich habe davon drei Stück – einer ist im Popmusik-Museum in Gronau ausgestellt, einer hängt in Santa Ponsa im Bistro, und einen nutze ich ab und an mal auf der Bühne. Heute aber eher selten.

Ich sagte also bei dem Marathon zu und stand nun auf der großen Promenade in Palma de Mallorca in der ersten Reihe. Mit Umhang und Krone, wie gewünscht. Ihr geht zu Recht davon aus, dass ich trainiert habe, denn so einen Marathon läuft man nicht jeden Tag. Und ich hatte es auch wirklich vor – ehrlich.

Ich habe sogar von meinem damaligen Steuerberater ein Buch geschenkt bekommen, mit Tipps und Tricks für das Training – denn er selbst war passionierter Läufer und hatte bereits drei Mal den Ironman auf Hawaii (Triathlon) gewonnen. Aber es kam immer irgendetwas dazwischen.

Und dann war es auch schon so weit. Ich flog mit Ramona nach Mallorca. Wir waren sogar noch am Vorabend beim sogenannten »Läuferessen« eingeladen und freuten uns auf einen schönen Abend mit einem leckeren Menü. Das bestand dann aus Nudeln mit Tomatensoße ... In meinem Buch hätte ich sicher lesen können, dass man am Vorabend nichts außer Kohlehydraten essen sollte.

Jedenfalls stand ich da und dachte mir, dass ich mich nach einer kürzeren Strecke irgendwo an den Straßenrand lege, Umhang drüber und fertig. Wäre ja auch ein schönes Bild gewesen. Neben mir stand Sven Ottke, frisch gekürter Boxweltmeister, und daneben noch der Goldmedaillengewinner aus Athen ... Dessen Name mir natürlich wieder entfallen ist. Ramona hatte die Erlaubnis bekommen, als Motivatorin mit dem Fahrrad neben mir herzufahren.

Noch bevor der Startschuss fiel, warnte ich Sven Ottke vor, dass er sich nicht wundern solle, wenn ich plötzlich irgendwo aussteigen würde, aber das sei eben mein allererster Marathon überhaupt. Er beruhigte mich und sagte mir, dass Laufen und Boxen so verschiedene Sportarten mit unterschiedlicher Kondition seien, dass auch er sicher nicht die komplette Strecke laufen würde.

Nun gut – es ging los, und nach dem Startschuss versuchte ich, in ein rhythmisches Tempo zu kommen. Dummerweise bin ich irgendwie zu dicht an den Rinnstein gekommen und knickte gleich zu Anfang heftig um. Das war's, dachte ich. Ich spürte einen heftigen Schmerz in meinem linken Knöchel, aber ich wollte nicht schon am Start aufhören und versuchte, mich zusammenzureißen. Zunächst humpelte ich weiter, nach und nach verging der Schmerz, und ich kam wieder ins Laufen. Möglicherweise trug das Adrenalin dazu bei, dass der Schmerz relativ schnell verflog.

Ramona fuhr, soweit es ging, direkt neben mir her. An manchen Abschnitten musste sie zwar häufig etwas weiter links oder rechts fahren, aber wir konnten uns zumindest über Zuruf verständigen. Das gab mir eine gewisse Sicherheit. Auch das Kamerateam begleitete mich auf einer Vespa. Der Kameramann saß rückwärts mit der Kamera auf dem Gepäckträger, um mich direkt von vorne zu filmen.

Unterwegs gab es immer wieder kleine Stände mit Wasser, Bananen und Traubenzucker für alle Teilnehmer. Ramona achtete darauf, dass ich während des Laufens regelmäßig etwas Wasser trank und auch meinen Kohlenhydratspeicher mit Bananenstücken auffüllte. Gerade Bananen sind ja echtes Muskelfutter.

Die Veranstalter hatten an vielen Punkten die Strecke Motivationsstellen für die Läufer eingerichtet. Zum Beispiel kamen wir an einer spanischen Tanztruppe mit Flamencotänzern vorbei. Ihr ahnt wahrscheinlich schon, was kommt? Na klar, Onkel Jürgen läuft natürlich gleich mitten in die Truppe und tanzt mit. Ich konnte zwar keinen Flamenco, aber dafür war es sehr lustig. Das Kamerateam freute sich jedenfalls sehr über diese illustren Bilder.

Später gab es noch eine Station mit musikalischer Unterhaltung, und wieder lief ich direkt auf die Bühne und stimmte gleich ein Duett mit der Leadsängerin der Gruppe an. Diese kurzen Unterbrechungen kosteten mich zwar Zeit, aber ich wusste ohnehin, dass ich diesen Lauf in keinem Fall in irgendeiner Bestzeit absolvieren konnte. Daher habe ich mir und den Leuten drum herum diesen Spaß gegönnt.

Irgendwann hörte ich den Kameramann rufen, dass man sich bei Kilometer neunzehn entscheiden müsse, ob man den Halbmarathon oder die volle Runde laufen wolle. Links ging es auf die zweiundvierzig Kilometer, rechts herum sei bei einundzwanzig Kilometern Schluss. Innerlich lachte ich – neunzehn Kilometer, das schaffe ich nie.

Plötzlich schrie jemand neben mir: »Umarme das Schild!« Es war der Kameramann, und wir waren bei Kilometer neunzehn angekommen. Ich fragte ihn nur: »Wo geht's zum Ballermann?«, und er deutete nach links. Also bog ich links ab. »Mit Volldampf voraus.«

Es war eine normale spanische Straße – also nicht ganz frei von Schlaglöchern. Ich bat Ramona auf dem

Rad neben mir, mich vorzuwarnen, wenn ein Schlagloch käme, denn ich versuchte, mich in Trance zu laufen und schloss dafür die Augen. Das funktionierte, ich war wie eine Maschine. Ich lief mit geschlossenen Augen, wurde von Ramona sicher um Unebenheiten gelotst und näherte mich Arenal.

Dort verbreitete sich die Nachricht schnell. »Der König kommt!« Das gab mir neuen Schub, und irgendwann sah ich das Ziel – auf mich wirkte es wie ein Triumphbogen. Erster Zieleinlauf – ich wollte schon langsamer werden, da rief jemand: »Nein, das richtige Ziel ist weiter da hinten!«

Es stellte sich heraus, dass es der Chefredakteur des Magazins »Runner« war, er lief selbst mit und lobte mich, dass ich doch so weit alles richtig gemacht hätte, sonst wäre ich sicherlich nicht schon so weit gekommen. Ich solle so weitermachen und bloß nicht aufhören zu laufen. Er gab mir noch ein paar gute Tipps zu meinem Laufstil. Die habe ich gleich umzusetzen versucht.

Es fiel mir verdammt schwer, denn mittlerweile schwanden meine Kräfte, und die Beine wurden immer schwerer. Um mich wenigstens etwas zu erholen und neue Kraft zu sammeln, ging ich immer wieder kurz ins Gehen über. Ich wollte unbedingt durchhalten und versuchte, mich noch einmal zu motivieren und erneut Gas zu geben – das war echt hart. Jeder Schritt schmerzte inzwischen.

Ich dachte: Jetzt nur nicht stehen bleiben, sonst mache ich keinen einzigen Schritt mehr. Besonders Ramonas Unterstützung und Zuspruch haben mir dabei geholfen. Auch die vielen Menschen, die an den Absperrbändern entlang der Marathonstrecke standen, feuerten mich und die anderen Läufer immer wieder an. Das war ein tolles Gefühl des Zusammenhalts!

Ich lief diesen Marathon auch für all die lieben Menschen, die mich bestärkten, nicht aufzugeben. Das ist wie im normalen Leben. Da kommen Abschnitte, in denen du ans Aufgeben denkst, und plötzlich sind da Menschen, die dich wachrütteln und dir die Kraft geben weiterzumachen. Und dann ist da doch wieder Licht am Ende des Tunnels! Das Ziel!

Plötzlich erkannte ich diese vier Buchstaben schon aus der Ferne. Ich konnte es gar nicht fassen. Jetzt gab ich noch einmal alles, denn ich wollte schließlich nicht wie eine Schnecke ins Ziel kriechen, sondern aufrecht und mit sportlichem Elan über die Ziellinie schreiten. Und ich habe es geschafft. Unglaublich! Ohne Training laufe ich einen Vollmarathon und schaffe es bis ins Ziel! Ich war völlig von den Socken.

Hinter dem Ziel eine große Menschenmenge, Kameras – ich bekam das alles nicht so richtig mit. Ich war überglücklich. Antonia aus Tirol empfing mich mit einem großen Humpen alkoholfreien Bieres, das war wie der Göttertrank Nektar für mich. Ich fühlte mich, als hätte ich gewonnen.

Dann schob man mich gleich in eines dieser Zelte, wo mich ein professioneller Masseur empfing. Er meinte, ich solle mich hinlegen für eine Beinmassage, die sei nun wichtig, um die Muskeln nach dieser über fünfstündigen Anstrengung zu entspannen.

Kaum machte der Masseur seine ersten Handgriffe, sprang ich laut jaulend auf. Ich bekam solche Krämpfe in den Beinen, dass mir das Wasser aus den Augen schoss. Der Schmerz war so heftig, dass ich erst einmal nur stehen und abwarten konnte.

Einige Minuten später wurde es erträglicher. Der gute Mann startete einen weiteren Versuch, und diesmal schaffte ich es, auf der Pritsche liegen zu bleiben. Genießen konnte ich es dennoch nicht, denn ich spürte nun, welche Strapazen ich meinem Körper angetan hatte.

Wie ich später erfuhr, ist Sven Ottke genau aus diesen Gründen den Marathon nicht zu Ende gelaufen. Klar, er durfte ja auch als aktiver Boxer keinen Ausfall riskieren und musste weiter seine Boxkämpfe bestreiten können. Das Risiko wäre einfach zu groß gewesen. Jetzt erst hatte ich verstanden, was er vor dem Start meinte.

Natürlich war das enorm leichtsinnig so ohne Training, aber ich hatte durch meinen Job und den vielen damit verbundenen Verpflichtungen einfach keine Zeit zu trainieren. Oder anders gesagt, ich ahnte nicht im Entferntesten, was mit einem Marathon auf mich zukommen würde. Ich habe es einfach unterschätzt.

Die nächsten Tage nach dem Marathon waren allerdings hart. Ich bekam so viel Wasser in den Beinen, dass ich aussah wie ein Elefant. Und die Schmerzen ließen erst langsam nach. Ich erklärte mich im Nachhinein selbst für verrückt, unvorbereitet einen ganzen Marathon zu laufen. Die Schmerzen ließen mich zur Vernunft kommen, und ich schwor mir, nie wieder untrainiert an eine solche sportliche Herausforderung heranzugehen.

Danach bin ich noch zweimal mitgelaufen – allerdings nur den Halbmarathon, die eine Erfahrung hat mir gereicht. Und leider habe ich beim zweiten Mal miterleben müssen, dass ein Läufer zusammenbrach und reanimiert werden musste. Das war ein Schock und hat mir vor Augen gehalten, dass man sein Schicksal nicht herausfordern sollte.

In meinem Alter sollte man vielleicht doch solche Strapazen eher vermeiden. Und jetzt gehe ich eben wieder mit den Hunden Gassi, da haben wir alle was davon.

Heut' schlafen wir in meinem Cabrio

(Single aus dem Jahr 2015)

Ich glaube, kaum jemand hat eine Vorstellung davon, wie ich meine Urlaube verbringe. Also wird dies Kapitel vielleicht den einen oder die andere überraschen. In erster Linie verbringe ich meinen Urlaub unheimlich gern zu Hause. Ja, ihr habt richtig gelesen ... Zu Hause ist für mich Urlaub! In unserem wunderschönen Garten, in meinem Studio, im eigenen Bett schlafen zu können, meine Familie und unsere Hunde um mich zu haben, einfach mal nicht unterwegs zu sein, das ist für mich Urlaubszeit.

Wir haben auch eine Bleibe auf Mallorca, diese nutzen wir aber meistens nur innerhalb der Mallorca-Saison, und das heißt für mich, in der MegaArena des Megaparks aufzutreten. Anstatt ins Hotel gehen wir dann lieber in unsere eigenen vier Wände. Wenn wir Lust und Zeit haben, hängen wir mal einen Tag zum Entspannen dran. Kommt aber nicht häufig vor, da Ramona immer gerne wieder schnell nach Deutschland zu unseren Tieren möchte.

Ich bin in meinem Leben recht viel rumgekommen, schon durch meinen Job. Zum Beispiel wurde ich ab und zu von Reiseveranstaltern auf Kreuzfahrtschiffen für Auftritte gebucht. Ob Dubai, Thailand, Indien, USA, Kanada ... Ich habe dadurch schon viele Länder gesehen. Natürlich hatte ich meine Familie immer dabei. Es ist schön, sich an diese Erlebnisse zu erinnern. Mit einem Kreuzfahrtschiff unterwegs zu sein ist wirklich klasse, allein die Möglichkeit, jeden Tag in einem neuen Hafen anzukommen und dort die vielen Ausflugsangebote nutzen zu können, ist genial. Aber man ist dafür fast (außer in der Kabine) nie allein, immer sind viele andere Menschen um einen herum. Daher genieße ich freie Tage am liebsten zu Hause, und wenn es uns dann doch mal packt, dann sind meistens die Berge oder das Meer unser Ziel.

Wir sind gerne aktiv, erkunden die Natur beim Wandern oder mit dem Fahrrad. Unsere Lieblingsziele sind dann zum Beispiel Berchtesgaden oder Sylt.

Auf Sylt schlafen wir dann nicht etwa im Cabrio, sondern in einer kleinen Pension in List. Ich verbrachte bereits als Kind mit meinen Eltern regelmäßig die Ferien auf Sylt. Ich bin da quasi aufgewachsen. Die Dünen, die salzige Luft, das Meer! Sylt war schon immer etwas Besonderes für mich. Für uns ist es das Größte, mit dem Fahrrad quer über die Insel zu radeln. Das lieben wir. Einfach nur am Strand zu liegen und nichts zu tun ist uns zu langweilig. Wir brauchen Programm, frische Luft, Bewegung und schöne Ziele. Dann fahren wir gemütlich am Meer entlang, halten mal an, lassen die Hunde durch den Sand laufen, essen zwischendurch beispielsweise eine leckere Scholle mit Salzkartoffeln oder eine rote Grütze mit Vanillesoße und fallen abends total glücklich und müde ins Bett.

Die Nordseeluft ist einfach herrlich. Und den Wind bin ich durch die vielen Ferien auf Sylt und durch Kindheit und Jugend in Schleswig ja gewöhnt. Kurios ist, dass viele Menschen nicht damit rechnen, dass ich genau wie andere Leute auch Urlaub mache. Da fällt mir eine sehr lustige Begegnung ein: Wir fuhren mit dem Rad gerade am Ortsausgangsschild von List vorbei. Dort führt der Radweg direkt an einer hügeligen Dünenlandschaft entlang.

Aus der Ferne erkenne ich eine kleine Gruppe von Fahrradfahrern, die uns entgegenkommt. Alle fuhren ganz gemütlich und genossen offensichtlich die Landschaft. Die ersten Radfahrerinnen waren schon an mir vorbei, da hörte ich plötzlich hinter mir ein dumpfes Geräusch. Ich hielt an, drehte mich um und wollte schauen, ob etwas passiert war und vielleicht jemand Hilfe bräuchte. Und tatsächlich, eine der beiden Damen war mit dem Rad direkt in die Heidehügel gefahren.

Gott sei Dank war ihr nichts passiert, denn sie lachte vernehmbar laut und rief ihren Leuten zu: »Guckt mal! Das gibt's ja gar nicht! Das ist ja der Jürgen Drews!« – »Ja, das ist er!«, rief ich, ebenfalls lachend, zurück. »Aber deshalb müssen Sie doch nicht gleich den Radweg räumen.«

Der Rest ihrer Truppe hielt nun auch an, und man hatte den Eindruck, sie würden ihren Augen nicht trauen. Wir haben herzlich über diese Situation gelacht, und ich war erleichtert, dass nicht mehr passiert war.

Hätte auch ganz schön ins Auge gehen können. Natürlich wollte die in der Heide gelandete Dame diesen Moment festhalten und bat mich höflich um ein Gruppenfoto zur Erinnerung. Na klar, gerne doch! Ich wusste gar nicht, dass ich für solche Schockmomente sorgen kann.

Wie bereits erwähnt haben es uns auch die Berge angetan. Beliebte Urlaubsziele von uns sind das Berchtesgadener Land mit dem Königssee, denn dort hat Ramona als Kind mit ihren Eltern immer die Urlaube auf einem Campingplatz in einem Wohnwagen gemacht. Oder auch Going am Wilden Kaiser. Am Wilden Kaiser im »Stanglwirt« haben wir fast fünfundzwanzig Jahre unser Weihnachten verbracht. Das war für uns immer eine wunderschöne Zeit. Vor allem für Joelina. Als sie noch klein war, ist sie dort jedes Jahr so gerne in den Kinderbauernhof gegangen, der dort auf dem Hotelgelände zu finden ist. Ein tolles Angebot. Und sie hat über die Jahre dort viele Freundschaften geschlossen. Die letzten Weihnachtsfeste verbrachten wir allerdings zu Hause.

Was damit zu tun hatte, dass wir zu dieser Zeit gern mit meinen Schwiegereltern zusammen sein wollen. Meine Schwiegermama hat einige schwere Herzoperationen hinter sich bringen müssen und liebt es, ihre ganze Familie an solchen Feiertagen um sich zu haben. Für uns war es somit selbstverständlich, zu Hause zu bleiben. Man weiß ja nie, wie lange man sich noch hat.

Berchtesgaden und der Königssee sind traumhafte Urlaubsziele. Auch dort findet man uns immer in kleinen, gemütlichen Pensionen. Wir lieben es zu wandern. Die Berge sind phänomenal und strahlen eine solche Ruhe aus. Keine Ahnung, wie oft wir manchen Weg dort schon gelaufen sind. Meist bei strahlendem Sonnenschein. Es ist so schön, durch die Natur zu wandern und die Landschaft zu genießen. Das Glockengeläut der Kühe, wenn sie auf ihren Weiden grasen. Da kann ich mich kaum zurückhalten. Ich muss sie einfach streicheln.

Ich liebe es, in Shorts, T-Shirt und Turnschuhen auf den Wanderwegen unterwegs zu sein. Ich laufe vor mich hin, genieße die Aussicht, die Zeit mit der Familie und denke überhaupt nicht daran, dass irgendjemand erstaunt sein könnte, mich hier anzutreffen. Ich verstecke mich ja nicht, und es macht mir auch nichts aus, wenn man mich anspricht. Im Gegenteil. Ich hatte schon so viele schöne und nette Gespräche auf meinen Spaziergängen.

Einige trauen sich aber auch nicht, mich anzusprechen, und dann höre ich im Vorbeigehen, wie die Leute tuscheln: »Guck mal, ist das der Jürgen Drews?« Dann drehe ich mich lächelnd um und sage: »Ja, der bin ich!« Manche fühlen sich dann ertappt, dass ich sie gehört habe, reagieren aber umso erfreuter. Sie zücken meistens ihr Smartphone und fragen, ob ich ein Foto mit ihnen machen würde. »Na logisch mache ich das!«

Einmal kam eine lustige Jugendgruppe an mir vorbei und sang auch gleich meinen Song »Wieder alles im Griff«, da ließ ich es mir nicht nehmen, gleich mit einzustimmen. Mitten auf dem Berg. So was macht mir tierischen Spaß! Und die Leute sind ja auch immer unheimlich nett.

Es kann auch durchaus passieren, dass man mich plötzlich irgendwo an einem See in Unterhose stehen sieht. So geschehen vor einigen Jahren am Obersee. Der liegt praktisch »hinter« dem Königssee. Wir fuhren zuerst mit dem Boot über den kompletten Königssee. Und dann führt ein kleiner Wanderweg zum Obersee, um den man halb herumgehen kann. Ein sehr schöner Weg übrigens. An der Spitze des Sees angekommen findet man eine Hütte, vor der man etwas trinken und eine leckere Brotzeit zu sich nehmen kann. Wirklich sehr zu empfehlen.

An dem Tag war es sehr warm, und nachdem wir uns gestärkt hatten, beschlossen Joelina und ich, kurz zur Abkühlung in den kristallklaren See zu springen. Joelina hatte klugerweise einen Bikini unter ihre Wanderkleidung angezogen. Aber ich habe gar nicht so weit gedacht, dass ich vielleicht auch schwimmen gehen wollte, also war ich ohne Badehose unterwegs. Aber Not macht erfinderisch. Ich hatte ja eine modische Unterhose an. Ich deponierte meine Klamotten auf einem quer liegenden Baumstumpf, lief zum Ufer und dann langsam ins kalte Nass.

Ramona konnte sich das Lachen nicht verkneifen und meinte grinsend: »Wenn dich jetzt einer sieht und heimlich ein Foto macht, kannst du es morgen überall im Internet sehen.« Aber das war mir egal. War ja lustig. Und im Grunde sehen die Unterhosen heutzutage ja fast wie Badehosen aus.

Bestimmt hat mich auch der ein oder andere dabei beobachtet. Aber ein Foto hat meines Wissens keiner gemacht. Waren wohl alles anständige Leute.

Urlaub ist schon was Schönes! Vor allem, wenn man seine Familie um sich hat.

Kneif mich!

(Aus dem Album »Es war alles am besten«, 2015)

Ich bin ja erst mit einunddreißig Jahren Solokünstler geworden – das ist verdammt spät, verglichen mit vielen meiner Kollegen. Und bis heute bin ich darüber verwundert, dass ich so spät noch Fuß gefasst habe, und manchmal denke ich, ich träume, und sag zu Ramona: »Kneif mich!« Und aua! Ich merke, es ist wirklich kein Traum.

Das beweisen mir auch manche Preise und Auszeichnungen, die ich im Laufe der vielen Jahre bekommen habe. Ich will nicht angeben (höchstens ein ganz kleines bisschen), aber ich freue mich darüber. Allein die Zeitschrift »Bravo« hat mir nicht nur den schon erwähnten Starschnitt gewidmet, sondern ich habe den »Otto« dieser Jugendzeitschrift viermal hintereinander bekommen. Darauf bin ich schon ein kleines bisschen stolz.

Auch ein »Schlagersaphir« und ein »Schlagerdiamant« stehen bei mir zu Hause, und noch 2017 und 2018 hat man mir den »Smago! Award« verliehen. Damit zeichnet ein Onlinemagazin Künstler für besondere Leistungen und Erfolge im zurückliegenden Jahr aus. Ein Onlinemagazin! Immerhin habe ich es beruflich also sogar bis ins digitale Zeitalter geschafft!

Ein besonderer Preis ist für mich auch der »Löwe« von Radio Luxemburg. Eigentlich wollte man mir den »Goldenen Löwen« zuerkennen, aber dann beschloss der Sender, Peter Alexander den Vortritt zu lassen. Das konnte ich neidlos akzeptieren, denn er war nun mal »Peter der Große«, und neben ihm den »Silbernen Löwen« zu erhalten war auch nicht so schlecht. Es gibt schlimmere Schicksale!

Natürlich will man als Künstler gewinnen – immer! Deshalb hat es mich viele Jahre gewurmt, dass ich für das »Kornfeld« damals keine Goldene Schallplatte bekam, ich habe davon erzählt. Und bis heute – wenn ich irgendwo als Kandidat bei einer Spielshow eingeladen werde, packt mich immer noch der Ehrgeiz.

Ich erinnere mich gut, dass ich mal bei Jörg Pilawa in der WDR-Show »PISA, der Ländertest« mitgemacht habe und dort die Ehre hatte, meine Heimat Schleswig-Holstein zu vertreten. Hey, da musste ich ganz schön ackern, viele Fragen zu Naturwissenschaften und so – und das mir. Aber wir haben es geschafft. Zumindest an dem Abend lag unser Bundesland ganz vorne.

Selbst wenn ich zu Kochshows eingeladen werde, gebe ich mich nicht so leicht geschlagen. Obwohl bei uns zu Hause das Thema Esskultur wichtig und gemeinsame Mahlzeiten ein Muss waren, gestehe ich freimütig: Ich kann nicht kochen! Gut, da bin ich nun sicherlich nicht der einzige Mann, der das von sich sagt, aber einen Tee bekomme ich hin und sogar Spiegeleier. Das war es dann aber auch.

Übrigens habe ich das mit meinem Vater gemein. Der war zwar zuständig für den familiären Einkauf, aber damit hatte es sich dann auch. Meine Mutter griente schon immer vor sich hin, wenn mein Vater die Tür zur Speisekammer aufmachte und sich dort umschaute. Meistens nahm er nur einen Cognac oder einen Likör, den dann beide fröhlich tranken.

Mir geht das bis heute ähnlich. Wenn ich in den Kühlschrank hineinschaue, dann sehe ich alles – und nichts. Es ist mir unerfindlich, wie man mit der Kombination von Nahrungsmitteln irgendetwas zustande bringen kann. Außerdem mag ich es nicht, Dinge auszupacken.

Selbst bei Geschenken geht mir das so. Da hat sich jemand richtig Mühe mit dem Einpacken gegeben, schön mit Geschenkpapier und Schleife, und ich soll das dann einfach aufreißen? Nein, das mag ich nicht. Ich packe einfach nicht gern aus.

Und dann werde ausgerechnet ich zu Kochshows eingeladen.

Zweimal war ich beim »Promi-Dinner« Gastgeber, 2009 auf Mallorca und 2012 im Münsterland. Als Hauptgang gab es auf Mallorca natürlich eine Paella Marisco, also mit Meeresfrüchten. Die habe ich mir extra von einem echten Mallorquiner, der bekannt für seine unsagbar gute Paella ist, zeigen lassen.

Mickie Krause, Loona und Egon Wellenbrink hat es gut geschmeckt. Ich glaube, damals hat Loona als einzige Frau in der Runde gewonnen. Ich habe, soweit ich mich erinnere, den zweiten Platz belegt.

Zu Hause im Münsterland habe ich mich dann mit Ramonas Unterstützung sogar an komplett neue Rezepte gewagt. Denn meine Gäste waren bis auf Egon Wellenbrink wieder dieselben, und die wollte ich mit einem neuen Menü überraschen. Mickie und Loona waren also wieder mit von der Partie, wie zuvor auf Mallorca. Nur Jürgen Milski kam neu hinzu. Wieder war es eine richtig nette und lustige Runde. Diesmal habe ich mir sogar gemeinsam mit Mickie Krause den ersten Platz geteilt.

2015 war ich dann Gast bei »Grill den Henssler«. Und weil mich, dazu habe ich mich ja schon bekannt, dann doch der Ehrgeiz packt, habe ich mir in einem Restaurant bei uns in der Nähe Nachhilfe geben lassen.

Denn ich sollte diesmal nur das Dessert kochen oder in diesem Fall backen. Warme Schokoküchlein mit flüssigem Kern und geeister Vanillecreme habe ich gewählt. Außen richtig schön knusprig, innen die Schokolade noch flüssig. Ich erinnere mich heute nicht mehr genau an das Rezept, aber es war lecker. Die ersten Versuche waren noch etwas chaotisch, aber ich übte zusammen mit Ramona in der heimischen Küche immer und immer wieder jeden Schritt, bis ich es draufhatte.

Etwa eine Woche lang gab es jeden Tag bei uns diese Schokoküchlein, und wenn Besuch kam, musste der gleich als Tester herhalten. Was soll ich sagen, es hat letztlich sogar gut geschmeckt, aber jeden Tag Schokoküchlein mag man auch nicht mehr.

Egal, ich war bestens vorbereitet.

Dann kam der Tag der Sendung.

Ich war nervöser, als ich zunächst erwartet hatte. Nach der Ankunft im Studio hatten alle Kandidaten erneut die Möglichkeit, mithilfe eines Sternekochs den jeweiligen Gang probeweise zu kochen. Auch ich musste zeigen, was ich konnte.

Ich hatte mir extra meine Rezeptnotizen mitgenommen, aber jetzt ... so ganz ohne Ramonas Hilfe? Schon wurde ich nervös. Was kommt noch mal als Erstes ...? Ach ja ... Schokolade im Wasserbad schmelzen! Und dann? So ging das die ganze Zeit. Ich hangelte mich irgendwie vorwärts.

Der Sternekoch gab mir noch ein paar wertvolle Tipps für mein Zeitmanagement. Ich musste ja auf Zeit kochen. Nur zwanzig Minuten hatte ich insgesamt, dann mussten drei fertig angerichtete Teller auf den Plätzen der Juroren stehen. Das war echt heftig. Ich brauche doch immer für alles länger als andere.

Beim Probekochen schaffte ich es, dank meines Spickzettels, die Küchlein so einigermaßen in der Zeit fertig zu bekommen. Puh! Aber später im Studio musste es dann ohne Zettel gehen. Wie sollte ich das nur schaffen? Ich hatte keine Ahnung!

Steffen Henssler bekam ebenfalls die Aufgabe, Schoko-küchlein an geeister Vanillesoße zu zaubern, und mir war klar, dass ich da keine Chance hatte. Außerdem hatte ich mich mal wieder verdaddelt, und es blieb mir viel zu wenig Zeit. Zudem sah ich aus wie das leibhaftige Küchenchaos – mit Mehl und Schokopulver über und über bestäubt. Meine Jeans war braun vom Kakao. Bis ich endlich den fertigen Teig in die Muffinförmchen füllen konnte, verging schon zu viel Zeit. Also zog ich die Küchlein auf den letzten Drücker aus dem Ofen heraus, war mir aber sicher, dass sie noch nicht wirklich gut sein konnten.

Ich drapierte so gut ich konnte die Küchlein zusammen mit der Vanillecreme auf drei Teller. Schnell noch etwas Puderzucker drauf, und dann in letzter Sekunde auf den Jurytisch gebracht. Die Schweißperlen standen mir auf der Stirn. Ich war fix und fertig, aber glücklich, es jetzt geschafft zu haben, in der vorgegebenen Zeit von zwanzig Minuten etwas servieren zu können.

Es gibt tatsächlich noch Wunder, denn die Jury kostete von beiden Tellern (also von meinem und von Steffen Hensslers Teller) und befand, dass meine Küchlein tatsächlich »auf den Punkt« waren, genau wie sie sein sollten. Ich konnte es gar nicht fassen. Und was soll ich sagen – ich habe sogar unser Duell gewonnen, denn in Steffen Hensslers Kuchen war der Schokoladenkern schon zu trocken. Yes! Ich durfte den Henssler grillen! Das Foto mit dem »Gegrillt«-Stempel hängt heute im Bistro »König von Mallorca« auf Mallorca.

So viel zu meinen Kochkünsten. Aber das nächste Mal gibt es wieder Spiegeleier!

Unfassbar!

(Single aus dem Jahr 2019)

Ich bin inzwischen schon einige Jahre im Musikgeschäft, und oft denke ich, dass ich alles erlebt habe, was man dort erleben kann. Dennoch schafft es das Schicksal, der Zufall – nennt es, wie ihr möchtet –, mich hin und wieder zu überraschen. Gerade das Fernsehen ist immer für Überraschungen gut.

Eines Tages, es muss wohl 1977 gewesen sein, rief mich Peter Kraus an und erzählte mir von einem neuen TV-Projekt für das ZDF, das er moderieren sollte, und in dem immer wechselnde Stars alleine und gemeinsam singen und tanzen sollten. »8 × 1 in Noten – Musik vom Solo bis zum Oktett«, das war das Konzept dieser Show. Acht Schlagerstars singen erst allein, dann zu zweit, zu dritt und schließlich alle gemeinsam im Chor aktuelle Hits, Evergreens und klassische Musical-Melodien. Dazu sollte es Sketche und Tanzeinlagen geben, die von allen dargeboten werden.

Gastgeber Peter Kraus, der die Show zusammen mit seinem Vater – einem sehr erfolgreichen Regisseur – erfunden hat, präsentierte in einer für die damalige Zeit hypermodernen Kulisse Stars wie Udo Jürgens, Roberto Blanco, Mary Roos, Ireen Sheer, Costa Cordalis, Wencke Myhre, Rex Gildo, Caterina Valente, Heidi Brühl, Peter Rubin, Gitte, Lena Valaitis, Marlène Charell, Katja Ebstein und noch viele mehr – alles, was damals gut und teuer war.

Klingt gut, oder? Also das mit dem Singen klappt ja bekanntermaßen, alleine sowieso, und nach den Erfahrungen mit den Humphries Singers ist auch Chorsingen kein Problem. Aber tanzen? Eine Drehung bekomme ich einigermaßen elegant auf der Bühne hin, aber mehr? Also beschloss ich schweren Herzens abzusagen, denn eigentlich fand ich die Idee reizvoll, aber neben Ellen Kessler sähe ich Bewegungslegastheniker wahrscheinlich wie ein Holzklotz aus. Meine Plattenfirma Polydor war zwar stinksauer, aber ich wollte mich nicht blamieren.

Natürlich habe ich mir die erste Ausgabe dieser Show angesehen und fand sie super, auch die Reaktionen waren gut – wenn auch so etwas wie Quoten oder Marktanteile Ende der Siebzigerjahre noch nicht erhoben wurden. Und was soll ich sagen? Peter Kraus gab nicht auf und rief erneut an. Und diesmal machte mir die Polydor ordentlich Druck, schließlich sollte 1978 »Wir ziehn heut' abend aufs Dach« herauskommen, und da wollte man sich eine Ausstrahlung im April 1978 nicht entgehen lassen. Ich sollte also in der sechsten Folge auftreten, zusammen mit Ellen Kessler, Sylvia Vrethammar, Heidi Brühl, Peter Kraus, Michael Schanze, Peggy March und Roberto Blanco.

Allerdings konnte ich, wie eben bereits erwähnt, wirklich nicht tanzen. Also bekam ich Tanzunterricht. Ich habe nie eine Tanzschule besucht, denn dazu war ich viel zu schüchtern. Allein auf ein Mädchen zuzugehen und es dann auch noch aufzufordern wäre damals an dem leuchtenden Rotlicht meiner Birne gescheitert.

Irgendwann – sehr viel später – war es Ramona, die mir beigebracht hat, Walzer zu tanzen, sogar links herum. Und das auch nur, weil Arabella Kiesbauer Ramona versprochen hatte, uns zum Wiener Opernball einzuladen. Wie ich dann vor Ort feststellte, musste man nicht wirklich Walzer tanzen können, denn auf dem Parkett war es so eng, dass maximal ein Stehblues möglich war.

Aber ich wollte ja von meinem Tanz- oder soll ich eher sagen »Ballettunterricht« erzählen. Und das war wirklich echtes Ballett, mit Pirouetten und Hebefiguren – schließlich sollte ich sogar einen Pas de deux tanzen können. Ich übte pausenlos. Jede freie Minute hämmerte ich mir die Tanzschritte in mein Hirn, und bald nannte mich das ganze Team nach dem berühmten russischen Startänzer der Pariser Oper nur noch den »Nurejew von Unterföhring«. Es gelang mir erstaunlich gut, so zu tun, als könne ich tanzen.

Allerdings kam es dennoch beinahe zu einem Super-GAU, denn nach der Generalprobe wollte der Choreograf noch ein paar Schritte ändern. Aber da protestierte der Nurejew in mir. Ich hatte alles auswendig gelernt, jede nun noch vorgenommene Änderung hätte den gesamten Tanz gefährdet. Zu meiner Erleichterung hatte der Choreograf ein Einsehen und ließ alles, wie es war.

Dennoch hätte ich im entscheidenden Moment fast

meinen Auftritt verpasst, denn ich übte in einer dunklen Studioecke unentwegt vor mich hin und war derart konzentriert, dass ich gar nicht mitbekam, dass mich alle suchten, weil mein Auftritt unmittelbar bevorstand. Zu meinem Glück hatte mich jedoch ein Bühnenarbeiter gesehen, und so wurde ich noch gerade rechtzeitig in die Dekoration geschubst.

Ich war tierisch nervös, denn ich musste ja nicht nur alleine tanzen. Das Highlight sollte mein Tanz mit der damals absolut angesagten Showtänzerin Marlène Charell sein, die immerhin Erfahrungen aus den großen Revuetheatern von Paris mitbrachte. Ich wollte mich auf keinen Fall blamieren. Der Choreograf ist noch während der Sendung, in jeder Pause, mit mir die einzelnen Tanzschritte durchgegangen. Er wollte sichergehen, dass ich gut darauf vorbereitet war, mit Marlène sogar eine Hebefigur zu tanzen – ohne sie fallen zu lassen. Und was soll ich sagen, es hat letztlich recht gut funktioniert. Als ich diesen ganzen »Tanz« hinter mir hatte, war ich erleichtert wie lange nicht mehr und sogar ein kleines bisschen stolz auf meine Leistung, die für so einen Bewegungslegastheniker wie mich herausragend war.

Und ein kleines Andenken an diese Show habe ich mir bis heute erhalten: meinen berühmt-berüchtigten Hüftschwung, welchen ich auch heute noch bei meinen Auftritten gerne mal zum Besten gebe.

So passiert mir oder bei mir immer irgendetwas – und oft ohne mein Zutun. Aber ich habe trotzdem immer eine Menge Spaß dabei und bin froh über das, was ich erlebe.

Ich erinnere mich, wie ich eines Tages bei Ina Müller in

ihrer Show »Inas Nacht« eingeladen war. Ich kannte sie vorher leider noch nicht, wusste nur, dass sie durchaus eine – wie man so sagt – »freche Schnauze« haben kann, und war dementsprechend skeptisch. Zumal unsere erste, eher zufällige Begegnung bei schlechtem Wetter in Lübeck nicht gerade glücklich verlief.

Ich hatte mich damals mit meinem Banjo vor einer Kneipe etwas in Szene gesetzt. Plötzlich stand sie direkt neben mir, und die Lübecker reagierten darauf, denn sie erkannten sie natürlich. Nur ich eben nicht. Im Nachhinein war mir das echt peinlich. Aber der Abend, später, in ihrer TV-Kneipe war sehr nett, und beim gemeinsamen Singen schwanden alle eventuell vorhandenen Vorurteile, und wir hatten viel Spaß.

Oder der Fernsehgarten. Diese erfolgreiche Show gibt es schon sehr lange, und ich war oft zu Gast und komme immer gerne. Obwohl dort oft ganz unvorhergesehene Dinge passiert sind. Es war einer dieser heißen und trockenen Sommer. Ich war der letzte Musikact, und Andrea Kiewel machte direkt im Anschluss an meinen Auftritt die Verabschiedung. Dabei bezog sie mich einfach ein und nahm mich mit vor die Kamera. Ich bemerkte erst zu spät, dass sie sehr bewusst und zielgerichtet eine Sommerdusche in der Kulisse ansteuerte, und plötzlich nahmen wir beide gemeinsam eine Dusche. Das war ein wunderbares Foto für die anwesenden Fotografen.

Bei der jährlichen »Mallorca-Sendung« bin ich fast immer dabei. Vor einigen Jahren fand mein Auftritt an dem großen Pool statt, der sich auf dem Gelände befand. Ich hatte den Song beendet, war umringt von Zuschauern, hatte noch das Mikrofon in der Hand und hörte, wie jemand rief: »Spring!« Das ließ ich mir bei dem Wetter nicht zweimal sagen und hüpfte ins Wasser.

Der arme ZDF-Tontechniker bekam zu Recht Angst um sein Equipment und stürzte auf den Pool zu. Ich warf ihm das Mikrofon sofort zu, und er fing es schimpfend auf. Klar, er hatte ja recht – das war leichtsinnig von mir, aber ich hatte eben reflexartig reagiert, ohne groß nachzudenken.

Ich hatte jedoch noch einen zweiten Auftritt in der Show und beschloss, den Tonkollegen reinzulegen. Wieder fand der Auftritt am Pool statt, und ich drückte dem neben mir stehenden Zuschauer leise das Mikro in die Hand, mit der Bemerkung: »Pass drauf auf, ich hole es gleich wieder.«

Und dann sprang ich noch mal in den Pool. Der ZDF-Kollege bekam wahrscheinlich augenblicklich Schnappatmung, aber ich warf beide Arme in die Luft, und er konnte sehen, dass ich diesmal ohne Mikro gesprungen war. Wir haben anschließend sehr gelacht.

Im Sommer 2019 war wieder so ein Ausnahmeauftritt im Fernsehgarten. Mann, es war wirklich extrem trocken und heiß. Und niemand weiß, warum sich der Wettergott dann ausgerechnet einen Sonntag für ein donnerndes und stürmisches Sommergewitter ausgesucht hatte – mit einem dermaßen heftigen Guss, dass die Open-Air-Show aus Mainz sogar abgebrochen werden musste.

Ramona saß zu Hause vor dem TV-Gerät im Trockenen, und ich wartete in der Garderobe noch auf meinen Auftritt in der Sendung, war aber, wie man sich vorstellen kann, unsicher, wie es nun weiterging nach dem Abbruch der Show. Wir telefonierten kurz, ich erläuterte ihr die Situation vor Ort, und sie sagte auf einmal: »Ich sehe gerade, die Show läuft aber wieder weiter. Offensichtlich ist man in die nahe gelegenen Redaktionsräume umgezogen, und von dort wird nun irgendwie weitergesendet.« Sofort machte ich mich auf den Weg, suchte die Aufnahmeleiterin, die für mich zuständig war, und ließ mich in das improvisierte Studio bringen.

Ich weiß wirklich, wie schwierig solche improvisierten Situationen für die Macher sind, und habe große Hochachtung davor, wenn so etwas gemeistert werden kann. Natürlich weiß aber auch jeder, dass die Zuschauer solche Pannen lieben. Und genauso war das in diesem Fall. Die Zuschauer zu Hause genossen eine im wahrsten Sinne außergewöhnliche Ausgabe des Fernsehgartens.

Wir improvisierten alle gemeinsam – das Team des ZDF ebenso wie Andrea Kiewel und die eingeladenen Künstler. Als ich an die Reihe kam, stellte sich mein Mallorca-Kollege Lorenz Büffel, Kennern bekannt durch seine Nummer »Jonny Däpp Däpp Däpp«, kurzerhand als lebender Mikrofonständer zur Verfügung, und wir legten los. Das hatte man noch nie gesehen und wird man so auch nie wieder sehen, und deshalb schrieben am Folgetag die meisten Zeitungen über diesen wirklich ausgesprochen ungewöhnlichen Fernsehgarten im ZDF.

Eine weitere Geschichte aus dem Jahr 1976 fällt mir gerade noch ein, die ich euch gern erzählen möchte: 1976 war ich zum ersten Mal Gast bei Rudi Carrell in der Show »Am laufenden Band«. Das war damals der absolute Knaller und total beliebt, und jeder kannte diese Show vom Ersten Programm der ARD, die samstags abends direkt nach der Tagesschau live aus einem kleinen Studio in Bremen in die deutschen Wohnzimmer flimmerte.

Für die Jüngeren unter den Lesern: Da mussten drei Familien ihre Kreativität in verschiedenen Spielrunden beweisen. Am Ende spielte die Gewinnerfamilie um Preise, die vor einem Familienmitglied in Form von Gegenständen und Symbolen auf einem Fließband vorbeiliefen, und diese Person musste sich möglichst viele davon merken. Der Hauptpreis verbarg sich meist hinter einem Fragezeichen, allerdings konnte das manchmal auch eine Niete sein. Zwischen den Spielrunden gab es Sketche, die Rudi meist mit seinen Gästen spielte, und auch Showauftritte. Ich war damals mit dem Titel »Ein Bett im Kornfeld« dabei.

Zwei Jahre später lud mich Rudi Carrell erneut ein. Diesmal sollte ich sogar einen Sketch mit ihm spielen, was schon fast ein Ritterschlag war. Denn der Erfolg von Rudi Carrell beruhte darauf, dass er ein absoluter Perfektionist war, der nichts dem Zufall überließ, und man tat gut daran, sich auf seine professionelle Einschätzung zu verlassen.

Allerdings konnte er auch ungemütlich werden. Darüber gab es viele Geschichten, die ich natürlich alle kannte, weswegen ich gehörigen Respekt vor diesem TV-Dino und seinem großen Erfahrungsschatz hatte. Denn genau dieser Hang zur Perfektion war es, der ihn und seine Sendungen so erfolgreich machte.

Nun wollte es der enge Terminkalender leider, dass ich nicht vorher zu Proben kommen konnte, sondern erst am Sendetag nach Bremen anreiste. Es war Winter, also kalt. Und ich trug – ganz Künstler – einen Pelzmantel. Damals durfte man das noch, über Tierschutz machte man sich kaum Gedanken. Ich kam also ins Studio und ging in den Garderobenbereich. Ein langer, von kaltem Neonlicht beleuchteter Gang, wie beim Finanzamt, von dem einzelne Türen abgingen, hinter denen sich winzige Räume mit Schrank, Waschbecken, Tisch und Sessel verbargen. Bis auf eine waren alle Türen geschlossen, und aus dieser einen offenen Türe klang Musik heraus.

Ich blieb vor der Tür stehen. Drinnen stand eine junge Frau, die mir unbekannt war und die sich über einen Ghettoblaster lehnte, aus dem die Musik kam. Ich kannte weder den Song noch den Sänger, aber es hörte sich toll an. Eine ganz eigene Stimme und perfekt produzierte Musik, das erkenne ich immer sofort. Offensichtlich bekam die Frau mit, dass sie nicht mehr alleine war, denn sie drehte sich um und winkte mich zu sich herein. Ich fragte, wer denn das da auf den Aufnahmen sei, und sie sagte: »A friend of mine (Ein Freund von mir) – Billy Joel!« Ich hatte noch nie von ihm gehört, und sie erklärte mir, dass das auch bislang unveröffentlichte Aufnahmen seien, aber dass wohl demnächst eine Veröffentlichung geplant war.

Leider konnten wir uns weder vorstellen noch weiter unterhalten, denn da schallte schon mein Name über den Flur, und ein Aufnahmeleiter kam, um mich abzuholen, damit wir im Studio den Sketch mit Rudi Carrell probieren konnten. Die Probe verlief ohne Probleme und ebenso nachher die Livesendung – und wir bekamen tolle Reaktionen vom Publikum. Ich war danach allerdings etwas geschafft von den vielen Auftritten in den letzten Tagen und beschloss, sofort ins Hotel zu gehen. Zwar wusste ich, dass man im selben Hotel direkt nach der Sendung auch eine Party organisiert hatte, aber ich war müde und wollte mich hinlegen. After-Show-Partys waren sowieso nie etwas für mich.

Ich lag schon fast im Bett, als mein Telefon im Zimmer klingelte und der Portier mir mitteilen ließ, dass Herr Carrell auf der Party auf mich warten würde. Natürlich wollte ich Rudi Carrell nicht warten lassen, also zog ich mich seufzend wieder an. Noch bevor ich fertig war, klingelte das Telefon erneut, und mir wurde gesagt, dass man nun wirklich dringend auf mich warten würde. Also ging ich runter.

Der Saal in dem Hotel war hergerichtet wie ein Festzelt, man saß auf langen Bierbänken und an langen Tischen, und der Raum war knallvoll. Als ich den Raum betrat, wurde es still. Merkwürdig. Rudi winkte mich zu sich und forderte mich auf, mich neben ihn und Engelbert Humperdinck, der damals – im Gegensatz zu mir – mit Hits wie »Release me« oder »The Last Waltz« ein Weltstar war, zu setzen.

Kaum hatte ich mich gesetzt und noch nicht einmal meine Umgebung abgecheckt, kam plötzlich von gegenüber eine Mädchenhand, mit unglaublich langen Fingernägeln, und streichelte mir über den Handrücken. Rudi flüsterte mir zu: »Gut, dass du da bist, die Frau hat uns schon alle ganz verrückt gemacht. Jeder hier findet sie unheimlich toll, aber aus irgendwelchen Gründen steht die total auf dich.« Nun erst sah ich sie wirklich an, es war die Unbekannte aus der Garderobe. Die schwedische Schauspielerin Britt Ekland, ein ehemaliges Bond-

Girl, unmöglich, sie nicht zu kennen, zumal die Bilder von ihrer gerade beendeten Affäre mit Rod Stewart in allen Gazetten zu sehen waren.

Ich wurde knallrot. Und sie fand das wohl süß und lächelte mich an. Nur kurz zur Erklärung: Das war 1978, also noch dreizehn Jahre, bevor ich Ramona kennenlernte. Die mir nun nicht mehr unbekannte Schöne fragte mich mit einem vielversprechenden Lächeln: »*Would you like to go to swim with me?*« (Hättest du Lust, mit mir zu schwimmen?), und bevor ich reagieren konnte, sagte Rudi neben mir: »Ja!« Darauf erhob sich Britt – sehr lasziv – und ging Richtung Ausgang. Ich wusste, dass direkt neben dem Saal, in dem wir uns befanden, der Eingang zum Poolbereich des Hotels war, und genau darauf steuerte Britt Ekland jetzt zu.

Rudi sagte: »Wenn du da jetzt nicht mitgehst, kann dir echt keiner mehr helfen!« Im Raum war Totenstille, alle sahen überdeutlich weg, aber sie hörten genau zu. Ich wusste nicht, was ich tun sollte, aller Aufmerksamkeit war auf mich gerichtet, und mein Kopf war die perfekte Reklamebotschaft für Tomatenketchup.

Wenig später ging die Tür wieder auf, und Britt Ekland kam herein – nein, vielmehr trat sie auf. Hochhackige Schuhe, nur einen G-String am Körper und darüber eine nahezu durchsichtige Bluse.

Sie stöckelte auf mich zu, hatte den mir schon bekannten Ghettoblaster im Arm und winkte mir mit dem Finger, ihr zu folgen. »*Come on, let's take a shower*« (Komm, lass uns duschen gehen). Alle haben nur auf meine Reaktion gewartet. Also packte ich all meinen Mut zusammen und folgte ihr in den Poolbereich. So etwas liegt mir ja eigentlich überhaupt nicht. Aber um nachher nicht noch dümmer dazustehen, war das die bessere Entscheidung. Ich hatte einen sehr unterhaltsamen Abend. Und nein, es ist nichts von dem passiert, was ihr jetzt denkt. Wir haben wunderbare Gespräche geführt und viel zusammen gelacht. Ich weiß, die allermeisten hätten erwartet, dass ich die Gelegenheit ausnutze. Die allermeisten hätten das wohl auch getan. Aber wir haben uns einfach gut verstanden.

Das kann doch nicht wahr sein!

(Aus dem Album »Liebe muss ein bisschen Sünde sein«, 1994)

Ich komme ja noch aus einer Generation, die sich gesagt hat: Was in der Zeitung steht, muss stimmen, sonst würden die das doch nicht drucken! Gut, bei einigen Blättern sollte man sich da vielleicht nie so ganz sicher sein, aber sonst ... Vertrauen pur!

Und nun stellt euch vor, so einer wie ich sitzt beim Sonntagsfrühstück, denkt an nichts Böses, schlägt die Zeitung auf und liest etwas, was einem sofort den Kaffee verhagelt. Der Sonntag ist im Eimer! Und zwar total!

So ging es mir vor ein paar Jahren, als ich in einer Illustrierten ein Interview mit meiner Tochter las, in dem sie sich eher abschätzig über mich und unser Verhältnis äußerte. Und nicht nur das – der Text war auch noch mit äußerst peinlichen und viel zu privaten Fotos garniert.

Meine erste Reaktion damals? »Das kann doch nicht wahr sein!« Ich war absolut geschockt! Aber dadurch verschwand der Text nicht. »Wer liest denn so was schon ...« – Nun ja, ich las es jedenfalls gerade. – »Dass die das drucken, ist der Oberhammer!« – Gut, ich habe in meinem Leben wohl Hunderte von Interviews gegeben, und ich sage meist frei heraus, wie es ist, aber ich behaupte doch nicht einfach irgendetwas. Mein Vertrauen in die Presse war erschüttert, denn ich vertraue meiner Tochter. Das alles konnte doch wohl nicht wahr sein!

War es auch nicht, denn am Ende tauchte Guido Cantz auf, und das Ganze war ein Fake für »Verstehen Sie Spaß?«. Aber ich habe ganz schön gelitten. Das Video könnt ihr euch auf YouTube anschauen. Ich war wirklich am Ende mit den Nerven.

Eigentlich verstehe ich Spaß, aber manchmal geht mir diese Form des Journalismus zu weit, die man Boulevardjournalismus nennt. In Abwandlung eines alten Sprichwortes sagt man ja auch: »Wer sich in die Presse begibt, kommt darin um«, und natürlich ist da schon etwas Wahres dran. Denn Journalisten brauchen und suchen Geschichten, und wir Künstler brauchen und suchen Aufmerksamkeit. Und wenn man Glück hat, kommt aus dieser Symbiose etwas Gutes für beide Seiten heraus. Aber nur wenn man Glück hat ...

Noch ein Negativbeispiel dafür, dass es Medien gibt (Gott sei Dank nur wenige), die Sachverhalte gerne verdrehen, um eine brandheiße Schlagzeile liefern zu können. Ich bin mir ziemlich sicher, dass viele von euch annehmen, ich hätte einen gelifteten Po. Das kann ich euch nicht mal verdenken. Diese Schlagzeile war damals übergroß von einem bekannten Medium gedruckt worden. Aber ich muss euch enttäuschen: Mein Po ist bis heute *nicht* geliftet. Der ist komplett echt!

Die Geschichte entstand so: Eines Tages rief mich

eine Redakteurin von einer sehr großen Zeitung an und fragte, ob ich an mir irgendwas hätte machen lassen. Schönheitskorrekturen meinte sie.

Ich antwortete ihr, dass ich mir damals, als junger Mann, lediglich meine Kieferknochen habe korrigieren lassen, weil sie unterschiedlich groß gewachsen waren und mir das gesundheitliche Probleme machte.

Scheinbar war ihr das aber nicht genug. Sie bohrte hartnäckig weiter und meinte, das könne doch nicht alles sein, und redete und redete und redete. Irgendwann hat sie mich dermaßen auf die Palme gebracht und provoziert, dass ich ihr gesagt habe, sie könnte mich mal Götz-von-Berlichingen-mäßig ... an meinem Allerwertesten! (Ihr wisst schon, das Goethe-Zitat ...) Der wäre, wenn man so will, nämlich runderneuert. Daraufhin bekam die Journalistin quasi Schnappatmung und erwiderte mit ironischer Anspielung: »Na, da haben wir doch unsere Geschichte. Sie haben also Ihren Po liften lassen.«

Ich rief aufgebracht: »Um Gottes willen, entschuldigen Sie bitte, dass ich jetzt so aufgebracht reagiere, das ist nun wirklich nicht der Fall! Ich hatte mal einen schweren Hämorrhoidalfall, und der musste operiert werden. Also medizinisch notwendig. Weitere Ausführungen darf ich Ihnen ersparen.« Dann habe ich aufgelegt. Am nächsten Tag stand in dieser Zeitung, wirklich riesengroß: Jürgen Drews' Po geliftet!

Ich war so sauer, das könnt ihr euch kaum vorstellen, und bei mir dauert es wirklich lange, bis ich so richtig sauer werde. Aufgeregt, wie ich war, habe ich in der Redaktion angerufen und mich lauthals beschwert und meinen Gesprächspartner beschimpft, was denen einfällt, so etwas zu schreiben und aus einer Krankheit eine solche Schlagzeile zu machen. Das war wirklich unglaublich. Ich wollte das nicht mit mir machen lassen und verlangte eine Gegendarstellung. Daraufhin meinte die Redaktion, dann hätte ich mit Sicherheit nichts dagegen, wenn man einen unparteiischen Schönheitschirurgen auf mein Gesäß schauen ließe. Natürlich hatte ich nichts dagegen. So hätte ich wenigstens einen Beleg dafür, dass ich die Wahrheit sagte.

Die Redaktion wollte diesen Arztbesuch bildlich begleiten. Was sie auch tat. Und was kam wohl heraus? Es war so, wie ich es sagte. Mein Hintern war und ist nicht geliftet. Das Ende vom Lied war, dass die Zeitung zwar tatsächlich eine Gegendarstellung veröffentlicht hat, die aber dann so klein war, dass sie kaum jemand wahrgenommen hat.

Die erste Schlagzeile hatte sich dagegen in die Köpfe der Menschen gebrannt. Bei Interviews wurde ich immer wieder von verschiedenen Journalisten darauf angesprochen, dass ich mir ja den Po hätte liften lassen. Jedes Mal musste ich klarstellen, dass diese Schlagzeile eine absolute Ente gewesen sei. Dass es auch eine Gegendarstellung gegeben habe, aber leider so klein, dass es viele gar nicht gelesen haben. Ich ärgere mich noch heute über diese Redakteurin. Vor allem, weil so ein hämorrhoidales Leiden alles andere als schön ist.

Es war wirklich mehr als unangenehm, regelrecht grauenvoll. Ich hatte ständig Schmerzen, Verstopfung und habe manchmal Stunden auf der Toilette verbracht. Mein Vater war zu der Zeit schon gestorben, also konnte

ich ihn nicht um Rat fragen. Mir war es einfach unangenehm, mit so einer intimen Geschichte zu einem Arzt zu
gehen. Es waren Höllenschmerzen, die ich damals litt.

Und ich habe oft viel Blut verloren, bis hin zur An-
ämie. Ganz schlimm war es bei einem Auftritt in der
Türkei. Während ich auf der Bühne stand und meine
Lieder sang, schaute ich nach unten und sah einen glän-
zenden Spiegel. Es dauerte eine Weile, bis ich realisiert
hatte, dass sich da eine Blutlache ausgebreitet hatte.
Zum Glück schimmerte das Bühnenlicht etwas rötlich,
so merkte das Publikum nichts. Ich fühlte mich schrecklich, habe aber meinen Auftritt noch zu Ende gebracht
und mich dann schnellstmöglich zurückgezogen. Aber
selbst danach ging ich noch nicht zum Arzt. Ich hatte
ehrlich gesagt große Angst, aber so konnte es natürlich
auch nicht weitergehen.

Meine damalige Lebensgefährtin wusste von meinem
Problem, und es machte ihr große Sorgen, eben weil ich
immer wieder so viel Blut verloren habe. Daher sprach
sie sich hinter meinem Rücken mit meiner Mutter ab,
dass sie mich dazu überreden wollte, für einen Besuch
bei meiner Mutter nach Wiesbaden zu fahren. Heimlich
hatten die beiden aber einen OP-Termin in einer Wies-
badener Klinik vereinbart. An dem Tag fuhr ich also
nichts ahnend mit meiner Freundin Richtung Wiesbaden. Ich war entspannt, ich dachte ja auch, es geht zu
meiner Mutter.

Ich staunte nicht schlecht, als wir stattdessen vor
einer Klinik hielten. Erst wollte ich gar nicht aussteigen.
Aber meine Freundin ließ nicht locker und überzeugte
mich dann doch, mich wenigstens untersuchen zu las-

sen. Also ging ich in die Klinik und wurde sofort aufgenommen, denn der Professor hatte schon alle nötigen Voruntersuchungen veranlasst. Am nächsten Morgen ging es früh in den OP-Saal. Wie man mir anschließend sagte, war es wirklich kurz vor zwölf. Wenn ich noch später gekommen wäre, hätte ich vorübergehend einen künstlichen Darmausgang bekommen.

Ich hätte früher zum Arzt gehen sollen. Es wären mir viele Schmerzen erspart geblieben. Also wenn irgendwer von euch ähnliche Probleme hat: Geht zügig zum Arzt, bevor es zu spät ist. Tja, und so wurde aus einem schlimmen Erlebnis eine Schlagzeile, die sich durch mein ganzes Leben zieht.

Aber es gibt auch ein Beispiel dafür, dass auch alles gut gehen kann: Es ist noch gar nicht lange her, da tauchten plötzlich Werbeanzeigen für Wellnessprodukte auf, die mit meinem Namen und meinen Bildern warben und bei denen behauptet wurde, dass ich diese Produkte herausbrächte, weil ich mich von der Bühne zurückziehen wolle.

Nichts davon entsprach den Tatsachen, die Nutzung von Namen und Bildern war nicht abgesprochen und ungesetzlich. Ich habe sofort über meine Facebook-Seite meine Fans gewarnt, wusste aber auch, dass natürlich etliche potenzielle Kunden außerhalb des Internets zu finden sind, und war daher sehr froh, über die Presse auf diesen Missbrauch aufmerksam machen zu können. Ein typischer Fall von »Glück gehabt«.

Leider gab es aber auch noch viele andere Fälle, und nicht immer war ich daran ganz unschuldig. Ich habe ja schon erwähnt, dass ich immer mal wieder mit Gerüchten, schwul zu sein, zu kämpfen hatte.

Und manchen Zuschauern auf Mallorca machte es in leicht alkoholisiertem Zustand Freude, bei meinen Auftritten zu grölen: »Jürgen Drews ist homosexuell!«, und dies auf die Melodie unheimlich laut von »Yellow Submarine« (Beatles) zu singen. Mich nervte das total. Ich fühlte mich so unwohl. So wollte ich nicht gesehen werden. Ich habe überhaupt nichts gegen Homosexualität, aber ich war nun mal nicht schwul. Also musste ich unbedingt etwas tun, damit die Leute damit aufhörten.

Ich habe mir viele Aktionen einfallen lassen, um von diesem Image wegzukommen. Leider habe ich Ramona dadurch öffentlich in Situationen gebracht, die sie nicht einschätzen konnte – ich hingegen hätte es können und müssen. Heute ärgere ich mich über mich selbst, aber ich kann es leider nicht mehr rückgängig machen.

Ramona hat unsere Tochter lange gestillt, und jeder weiß, dass sich ein Körper durch eine Schwangerschaft und das Stillen verändert. Es ist inzwischen auch kein Problem mehr, doch das war vor über zwanzig Jahren noch anders, und ich habe munter darüber geplaudert, ohne zu bedenken, was das öffentlich auslösen und was eventuell daraus gemacht werden könnte. Es tut mir leid, mein Engel! Und eine nachträgliche Entschuldigung an meine Schwiegereltern, die sicher manchmal über mich den Kopf geschüttelt haben.

Ich habe in meinem Leben häufig spontan aus Situationen heraus reagiert und gehandelt, und meistens war das auch richtig. Einmal jedoch sind mit mir, wie man so schön sagt, die Pferde durchgegangen. Ich nehme gleich mal vorweg: Ich habe es sehr bereut! Ich wurde mit Ramona in eine Schweizer Talkshow eingeladen. Zunächst lief das Interview ganz normal ab, irgendwann wurden die Fragen der Moderatorin jedoch sehr persönlich.

Ich merkte, wie Ramona etwas unsicher wurde und immer wieder meinen Blick suchte. Ich jedoch habe ihr signalisiert, dass alles in Ordnung sei. Ramona vertraute mir. Sie war überzeugt, ich hätte in meiner beruflichen Laufbahn genug Medienerfahrungen gesammelt, um in diesem Moment abwägen zu können, was richtig oder falsch sei. Allerdings hat sie außer Acht gelassen, dass ich manchmal ein allzu spontaner Mensch bin, der gerne mal gegen den Strom schwimmt.

In dieser Talkshow habe ich Ramona vor laufenden Kameras dazu gebracht, der Öffentlichkeit zu zeigen, dass sie noch Muttermilch hat, obwohl unsere Tochter inzwischen sechs Jahre alt war. Ich habe sie förmlich genötigt, wofür ich mich heute noch zutiefst schäme. Selbst beim Erzählen dieser Geschichte, so wie jetzt, fühle ich mich mehr als unbehaglich. Das hätte nicht sein müssen.

Gleich nach der Sendung stand mein Telefon nicht mehr still, die deutschen Medien hatten Wind von dieser brisanten Geschichte in der Schweiz bekommen, und alle Boulevardsendungen hatten plötzlich diesen einen Ausschnitt von uns im Programm. Ramona wäre am liebsten im Erdboden versunken. Jetzt wurde ihr klar, dass wir einen gravierenden Fehler gemacht hatten und sie mir nicht hätte vertrauen dürfen. Ihr war die ganze Angelegenheit wahnsinnig peinlich. Ich fühlte mich Ramona gegenüber schuldig. Im Nachhinein ist man immer schlauer. Aber was sollten wir tun? Es war passiert, und wir konnten es nicht ungeschehen machen. Wir mussten jetzt damit leben.

Na ja, etwas Gutes hatte die Sache. Immerhin hörten die Schmähgesänge danach auf, aber ehrlich gesagt, das war es nicht wert, und das hätte ich bestimmt auch anders lösen können.

Und noch einmal habe ich mich richtig geärgert. Wir waren auf der Reeperbahn und in Begleitung eines bekannten und befreundeten Boulevardjournalisten. Er überredete uns, doch einen Abstecher in einen Erotikshop zu machen. Eigentlich hätte uns klar sein müssen, dass er aus diesem Bummel über die Reeperbahn eine reißerische Geschichte machen wollte, aber wir waren ja mit ihm befreundet, und so schoben wir unsere Skepsis schnell beiseite. Wir mussten viel lachen, denn beim Betrachten der Verkaufsartikel in diesem Shop konnten wir uns mit ironischen Kommentaren nicht zurückhalten. Wir haben wirklich Tränen gelacht, und bei einem dieser Spielzeuge habe ich zu Ramona scherzhaft gesagt: »Das nehmen wir nicht, da kann man sich ja die Brustwarzen verbrennen.«

Am folgenden Tag stand die Schlagzeile in dieser Zeitung: »Jürgen und Ramona Drews – Brustwarzen verbrannt«. Ramona war wie vom Donner gerührt, und ich war echt stinkig. »Das kann doch nicht wahr sein!«

Ein weitere dazu passende Geschichte ist die, als es um meine Gesundheit ging. Und wenn man als Künstler der etwas älteren Generation angehört, wird gerne über das gesundheitliche Befinden geschrieben. Egal ob man das will oder nicht. Vor etwa zwei Jahren ging es mir plötzlich schlecht, also so richtig übel ... speiübel, wenn ich ehrlich sein soll. Zuvor hatte ich bereits mit einem Magen-Darm-Virus zu kämpfen gehabt. Daher dachte ich zunächst, dass dieser möglicherweise wieder zurückgekommen sei.

Da ich am Abend aber ein schon ausverkauftes Open-Air-Konzert im Raum Hessen absolvieren sollte, bat ich Ramona, mich trotzdem zu dieser Veranstaltung zu fahren. Ich würde mich während der Fahrt schon irgendwie erholen. Ramona entgegnete nur: »Du bist verrückt. Wir fahren jetzt erst mal in die Klinik und lassen dich durchchecken. Wenn die Ärzte grünes Licht geben, fahre ich dich gerne zum Auftritt.«

Also gut, dachte ich, dann fahren wir schnell zur Klinik, und ich lasse mich zu Ramonas Beruhigung untersuchen. Noch dazu könnte der Arzt mir bestimmt etwas gegen diese entsetzliche Übelkeit geben.

Als ich dort ankam, ging alles relativ schnell. Es wurde festgestellt, dass aufgrund von Verwachsungen des Darms nichts mehr funktionierte und ich schnellstens operiert werden müsse, um Schlimmeres zu verhindern.

Also ging es anstatt auf die Bühne in den OP-Saal. Ich war reichlich überrascht, aber letztlich war es ein Glück, dass meine Ramona so geistesgegenwärtig gehandelt hatte. Natürlich musste ich meinen Auftritt am Abend absagen, und somit wurde es offiziell, dass ich im Krankenhaus lag und mich einer OP unterziehen musste. Das entging natürlich auch der Presse nicht. Was prompt zu der Schlagzeile führte: »Schockierende Nachricht von Jürgen Drews. Der Schlagerstar liegt erneut im Krankenhaus und muss sich einer Not-OP unterziehen.« Und: »Es besteht Lebensgefahr für Jürgen Drews. Der 73-Jährige soll noch heute operiert werden.«

Meine Managerin versuchte sofort, alles richtigzustellen. »Es ist richtig, dass sich Jürgen Drews heute Morgen einer Operation wegen eines drohenden Darmverschlusses unterziehen musste«, erklärte Christine. »Da Jürgen aber rechtzeitig ein Krankenhaus aufgesucht hat und die Operation deshalb gut vorbereitet werden konnte, handelte es sich nicht um eine Notoperation. Auch akute Lebensgefahr bestand zu keinem Zeitpunkt. Die Operation, bei der durch einen kleinen Eingriff vernarbtes Gewebe entfernt wurde, das für den drohenden Darmverschluss verantwortlich war, hat Jürgen sehr gut überstanden.«

Aber so eine schöne Geschichte kann eine Zeitschrift nicht einfach aufgeben, da muss doch mehr draus zu machen sein ... »Wie uns von Jürgen Drews' Management mitgeteilt wurde, hat der Musiker die Operation sehr gut überstanden und wird in ein paar Tagen das Krankenhaus verlassen dürfen. Ganz auf dem Damm ist der ›König von Mallorca‹ allerdings noch nicht wieder. Dem Sänger sei eine Ruhepause von zehn Tagen verordnet worden, so der Sprecher. ›Jetzt müssen sich erst mal alle von dem Schrecken erholen. Und Jürgen gönnen wir die Ruhepause, damit er wieder richtig fit wird und bald wieder auf der Bühne stehen kann.‹«

Ja, es stimmt, ich war wirklich noch nie länger krank, da habe ich Glück gehabt – oder gute Gene (danke, liebe Eltern). Und ich gebe zu, diesmal habe ich mich auch richtig krank gefühlt. So etwas kannte ich bisher überhaupt nicht von mir.

Und ohne meine Ramona hätte ich das gar nicht überstanden. Das Personal der Klinik hat sich wirklich alle Mühe gegeben, aber sie hat mich so liebevoll umsorgt und nicht allein gelassen. Das hätte ich auch nicht ausgehalten, schon gar nicht angesichts dieser Lebensgefahr-Artikel.

Ich will damit weder Presseschelte betreiben noch den Journalismus verdammen. Die Kolleginnen und Kollegen machen häufig einen verdammt guten Job, aber wie überall gibt es eben auch schwarze Schafe, selbst in den sogenannten Qualitätsmedien.

Letzten Endes kann ich aber sagen, dass ich mit den meisten Medienpartnern sehr gut auskomme. Mit einigen Redakteuren arbeite ich schon so viele Jahre zusammen, dass wir mittlerweile gut befreundet sind. Ich muss mir nichts einfallen lassen, um stattzufinden.

Und wenn man, so wie ich, immer kooperativ mit den Leuten zusammenarbeitet, geschieht vieles auf Gegenseitigkeit. Darüber bin ich froh, denn es heißt ja auch »leben und leben lassen«. Ich bin nach wie vor immer gern für jedes Interview zu haben, auch wenn ich mich selbst heute noch manchmal verplappere und so manches seltsam formuliere, dass etwas Komisches dabei rauskommt, meistens gelingt es uns, alles richtigzustellen, und mittlerweile fragen unsere Medienpartner tollerweise auch nach, wenn ihnen was komisch vorkommt. Wir wollen ja alle irgendwo das Gleiche.

Ein Freund geht

(Aus dem Album »Morgens auf dem
Weg nach Hause«, 1981)

Für mich war irgendwie immer alles am besten – auch privat, das habt ihr ja schon mehrfach von mir gehört. In der Vergangenheit ist ja nicht alles immer nur bestens verlaufen, umso mehr freue ich mich, dass Ramona und ich nach wie vor gemeinsam durch das Leben gehen.

Und wie die meisten Menschen verdränge ich einfach, dass es auch anders sein könnte. Umso mehr erschrickt man, wenn das Schicksal zuschlägt. Und ich weiß, dass ich jetzt in ein Alter komme, in dem es um mich herum einsamer wird, weil viele meiner Weggefährten plötzlich nicht mehr da sind. Chris Roberts, Bernd Clüver, Rex Guildo – sie alle waren geschätzte Kollegen, mit denen ich oft im Studio und auf der Bühne stand.

Wenn ich mal über mein Alter klage, sagt Ramona immer: »Sei froh, dass du so alt werden *darfst*.« Und in der Tat – nicht jeder hatte dieses Privileg. Ich denke da zum Beispiel an meinen lieben Kollegen Ibrahim Bekirovic, besser bekannt unter seinem Künstlernamen Ibo, der viele großartige Titel gesungen hat, wie zum Beispiel »Ibiza«, »Bungalow in Santa Nirgendwo« oder »Ich wette eine Million«. Ein toller und ehrlicher Typ, der mir oft konstruktive Kritik zukommen ließ. Was sonst nie einer gemacht hat. Damals war er in zahlreichen Musiksendungen zu Gast, bei denen wir uns immer wieder begegnet sind. Ich mochte diesen Geradeaustypen sehr.

Leider starb Ibo im Jahr 2000 mit gerade mal 39 Jahren bei einem Autounfall auf der Rückfahrt von einem Auftritt in Österreich.

Ja, ich bin sehr dankbar dafür, dass ich so alt werden durfte. Dennoch kommen die Einschläge immer näher, und manchmal denke ich: Wann wird es mich treffen? Man wird nachdenklicher. Vielleicht auch melancholischer.

Der Tod von Costa Cordalis hat mich eine Weile noch nachdenklicher gemacht. Wer mich kennt, weiß, dass ich eigentlich ein sehr zurückgezogener Mensch bin. Ich kenne zwar viele Leute, auch viele Kollegen, aber echte Freundschaften, da gibt es nur ganz wenige. Dafür bin ich nicht der Typ. In erster Linie zählt für mich meine Familie, meine Arbeit im Studio, die Bühne. Mit Costa war das ein bisschen anders. Zu ihm hatte ich eine besondere Verbindung, auch wenn wir uns nicht oft gesehen haben.

Er war gerade mal ein paar Monate älter als ich, sportlich, ein richtiger Athlet, noch dazu ein unheimlich netter Kerl, ein fantastischer Kollege.

Ich weiß noch, wie ich Costa kennengelernt habe. Es war 1974, also noch lange vor dem »Kornfeld«, und ich war eigentlich noch immer Mitglied der Les Humphries Singers, aber irgendwie war mir klar, dass sich doch über kurz oder lang etwas ändern müsste. Ich hatte nach wie vor eine Studentenbude in Kiel und mich auch nie exmatrikuliert – aber wollte ich wirklich wieder anfangen zu studieren?

In dieser Situation bekam ich über meine damalige Schallplattenfirma eine Einladung zur »ZDF-Hitparade«. Soweit ich weiß, war das mit dem Titel »Ich bin auf einer Reise ins Nirwana«.

Damals wehrte ich mich noch ein bisschen gegen diese Schlagerwelt. Ich musste dort erst hineinwachsen. Es war einfach nicht mein Ding. Und somit hatte ich nicht besonders große Lust auf diese Show. Möchte aber noch mal ganz ausdrücklich betonen, wie dankbar ich dafür bin, dass sich mir diese Türen geöffnet haben. Ich liebe das, was ich tue, und es war alles so richtig. Nur damals war ich noch – verhältnismäßig – jung und wusste es nicht besser. Es war mir komischerweise, vorurteilsbeladen, wie ich dem Schlager gegenüber war, ein wenig peinlich. Deshalb hatte ich niemandem erzählt, dass ich in dieser Sendung war, und hoffte, es würde auch keiner mitbekommen.

Ich übernachtete im Hotel »Schweizer Hof«, das war damals in Berlin das Stammhotel vom ZDF. Und ich konnte mir nur die Daumen drücken, dass mich hier wirklich niemand sah, der mich von den Humphries kannte, denn auch bei den Singers fanden alle die Schlagerszene ziemlich merkwürdig.

Ich war also im Hotel, hatte noch Zeit und war irgendwie trotz allem tierisch nervös und hatte das Gefühl, dass ich mich unbedingt mit Sport abreagieren müsste. Also ging ich in den Spa-Bereich. Im Pool schwamm jemand, den ich nicht kannte, aber ich merkte gleich, dass der unheimlich gut in Form war und sehr kraftvoll schwamm. Er wendete und schwamm auf mich zu. Auf meiner Höhe grüßte er freundlich. Ein sehr netter und verbindlicher, gleichzeitig in dem Moment aber auch ein sehr nasser Mensch, dem die Haare ins Gesicht hingen. Ich hätte ihn so nicht erkannt, aber die Stimme war unverkennbar – kraftvoll, aber doch weich und dunkel und dazu dieser leichte südländische Akzent.

Er kam aus dem Wasser, und wenn es je das menschliche Abbild eines Adonis gegeben haben könnte, dann war er es. Ein unglaublich gut aussehender Mann, und ich darf das sagen, denn wie ihr wisst, stehe ich nicht auf Männer, bin da also unverdächtig.

»Du bist Costa«, sagte ich nur.

Er nickte und erwiderte: »Und dich kenne ich von den Humphries Singers, ihr seid echt toll. Und ich finde es super, dass du in der Sendung dabei bist. Allerdings haben alle ein wenig Angst, denn ihr Humphries sollt ja eine wilde Bande sein ...«

Nun ja, eine wilde Truppe waren wir schon, aber wir würden ja nicht gleich Fernsehgeräte aus dem Fenster werfen, wie das bei Rockbands ab und an vorgekommen sein soll. Da konnte ich ihn lachend beruhigen. Und wir haben an dem Abend noch lange miteinander geplaudert.

Costa und ich haben uns wirklich unheimlich gut verstanden. Ich würde nicht behaupten, dass wir engste Freunde waren, obwohl wir später in Santa Ponsa sogar nicht weit voneinander gewohnt haben. Aber wir waren beide viel unterwegs, und wenn ich mal zu Hause war, dann war ich das gern. Ich bin kein Partygänger, denn Ramona und ich trinken beide keinen Alkohol – also gut, ich mal ein Bier (einmal im Monat). Aber ich habe deshalb oft private Einladungen abgeblockt – gefeiert habe ich im Megapark wirklich genug, aber nur auf der Bühne.

Eines Tages stand Costa dennoch in Santa Ponsa bei mir vor der Tür, zünftig im Sportdress, und sagte: »Heute entkommst du mir nicht, ich komme, um dich zum Sport abzuholen!«

Ich fand das unheimlich nett. So war er immer – total natürlich, und nie ließ er den Star raushängen, einfach klasse. Wir haben uns dann tatsächlich zum Laufen getroffen, bei der Gelegenheit ist auch ein Foto entstanden, das ihr hier im Buch findet. Wir haben uns geschworen: Das machen wir jetzt regelmäßig. Ja, und es war wie so oft – dabei blieb es. Leider. Und nun ist es zu spät.

Ich würde sehr viel dafür geben, wenn wir die Gelegenheit öfter genutzt hätten. Sein Tod war für mich ein Schock. Wie schon gesagt hat mich das einige Zeit sehr nachdenklich gemacht. Wenn ein Freund geht, ist das nie einfach. Ich denke noch sehr oft an Costa. Und in diesen Momenten wird mir immer wieder bewusst, wie dankbar ich für all das sein kann, was ich erlebt habe, was ich habe und was ich erleben darf. Bitte entschuldigt, wenn ich mich hier wiederhole. Aber man kann es nicht oft genug sagen. Wenn es wirklich einen lieben Gott im Himmel gibt, dann kann ich für mein Leben wirklich nur sagen: Danke, danke, danke!

Keiner singt gern allein

(Aus dem Album »Zeit für meine Songs«, 1974)

Natürlich frage auch ich mich manchmal, warum ich mir diese Reisen, die Anstrengungen, die Nächte in Hotels eigentlich in meinem Alter noch antue. Wo ich doch so eine tolle Frau und so ein schönes Zuhause habe. Und ich genieße es wirklich, den Garten, die Hunde, mein Studio, das Lesen vom SPIEGEL ...

Ach, da fällt mir noch eine Geschichte ein. Ich bin wirklich seit Jahrzehnten SPIEGEL-Leser, und es gibt für mich kaum etwas Schöneres, als noch im Bett das Magazin zu lesen. Einmal waren Ramona und ich in einem Hotel, und ich hatte vergessen, mir die neue Ausgabe zu besorgen. Also rief ich vom Zimmer aus unten in der Rezeption an und fragte, ob sie einen SPIEGEL hätten. »Ja klar, Herr Drews«, lautete die Antwort. »Kein Problem! Kommt gleich!« Etwa zehn Minuten später klopfte es an der Tür, wir öffneten, und vor der Tür stand ein Hotelmitarbeiter mit einem etwa zwei Meter hohen Wandspiegel.

Wir haben herzlich gelacht und den netten Herrn, der

das große Ding mit viel Mühe bis zu unserem Zimmer geschleppt hatte, über das Missverständnis aufgeklärt. Offenbar hatte man angenommen, dass ich einen großen Spiegel für die Überprüfung meiner Garderobe benötigen würde.

Keine fünf Minuten später kam der nette Hotelmitarbeiter dann noch einmal, diesmal mit dem SPIEGEL aus Papier.

Ja, solch lustige Dinge passieren mir öfters. Das finde ich klasse. Das Hotel »Stanglwirt« habe ich schon erwähnt, für uns so etwas wie ein zweites Zuhause und der Ort, an dem wir viele Jahre Weihnachten verbrachten. Aber selbst wenn ich dort Urlaub machte, habe ich doch auch immer gearbeitet. Soll ich euch zum Beispiel erzählen, wie ich dort meine Titel eingesungen habe? Ich habe ja kein voll ausgestattetes Studio, das ich überallhin mitnehmen kann, aber ich habe meinen Laptop und mein Mikro. Heutzutage ist man ja mobil. Und was habe ich gemacht? In unserem Hotelzimmer hatten wir einen Wandschrank, der schön groß und tief war. Diesen habe ich kurzerhand mit Bettdecken ausgekleidet und mich mit einem Stuhl hineingesetzt, die Tür geschlossen .... perfekt zum Einsingen, sage ich euch. Und der Klang ... unbeschreiblich. Ich weiß, ich bin ein bisschen crazy, aber man muss sich einfach zu helfen wissen. Und lustig war's dazu.

Aber ich wollte etwas ganz anderes erzählen. Wenn ich mal eine längere Zeit zu Hause bin, was nicht wahnsinnig oft vorkommt, werde ich unruhig und vermisse die Bühne. Ich mache das nun seit über fünfzig Jahren – das ist einfach mein Leben. Und dann freue ich mich auf die nächsten Auftritte.

Ich war vor Kurzem mit Florian Silbereisen und vielen netten Kolleginnen und Kollegen auf großer Tournee. Sechsundzwanzig Vorstellungen, sechsundzwanzig Städte. Das hat mir wahnsinnig viel Spaß gemacht. Wir hatten eine richtig große Crew und waren jeden Tag knapp hundert Leute hinter der Bühne, mit allen Künstlern, Technikern, Catering und so weiter. Und da ist logischerweise auch immer mal jemand erkältet. Das geht dann ziemlich schnell, und wir wechseln uns alle mit den Symptomen ab.

So hatte es dann auch mich mal erwischt. Und ich musste in Magdeburg einen Arzt aufsuchen, weil meine Stimme beeinträchtigt war. Es war Samstag, und ich ging in eine Notfallpraxis, in der es mehrere Fachärzte gab. Der Arzt war sehr nett. Die Patienten übrigens auch. Was erst zu der Frage »Was macht der denn hier?« und dann zu vielen Selfies führte.

Der Arzt gab mir den guten und richtigen Rat, einige Tage am besten nicht zu sprechen und nicht zu singen, denn meine Stimmbänder seien entzündet – aber dieser Rat ist auf einer Tournee wenig hilfreich.

Das sagte ich dem netten Herrn Doktor dann auch gleich. »Okay, wenn das so ist, muss ich Ihnen leider ein Antibiotikum verschreiben.« Sicherlich nicht die beste Lösung, aber immerhin eine gute Möglichkeit, um nicht auszufallen.

Zusätzlich empfahl er mir, unbedingt regelmäßig zu inhalieren und Gesangsübungen zu machen, die das Stimmband zum Schwingen bringen, um es beweglicher zu machen. Somit müsste die Entzündung schnell abklingen. Na super. Ich und Gesangsübungen. Da muss ich leider gestehen: Das ist nicht so mein Ding. Aber ich habe es zumindest versucht. Zu meinem Glück war mein Auftritt während der Tour nicht so lang, sodass meine Stimme nicht zu sehr beansprucht wurde. Hätte ich jeden Tag über zwei Stunden singen müssen, wie bei meinen eigenen Konzerten mit Band, hätte ich einpacken können. Aber so haben wir das Gott sei Dank schnell in den Griff bekommen. »Wieder alles im Griff!«

Ich habe immer ein gutes Verhältnis zu Ärzten gehabt, das hängt sicher mit meinem Vater zusammen. Ich hatte einfach ein tolles Elternhaus. Wenn man pünktlich war, sich die Hände vor dem Essen wusch und Essenskultur mit einem schön gedeckten Tisch schätzte, dann sahen meine Eltern mir im Gegenzug manches nach.

Ich erinnere mich, dass ich irgendwann in der Schule mal wieder ein echtes Problem mit einer Arbeit hatte, weil ich wegen meiner Musik nicht genug gelernt hatte. Also suchte ich verzweifelt nach einem Grund, um nicht in die Schule zu müssen. Schließlich kam ich auf eine glorreiche Idee: Ich täuschte eine Blinddarmentzündung vor.

Die Symptome hatte ich mir vorher genau angelesen. Es gelang mir tatsächlich, meinen Vater zu täuschen, allerdings handelte er sofort und ließ mich in ein Krankenhaus einweisen, denn mit einem entzündeten Blinddarm ist nicht zu spaßen.

Ich kam auch sofort unters Messer! Damit hatte ich nicht wirklich gerechnet. Nein, das wollte ich doch gar nicht. Aber da musste ich jetzt durch. Als ich aus der Narkose erwachte und meinem Vater schließlich gestand, dass ich simuliert hatte, sagte er: »Na, du bist vielleicht ein ... Depp! Was hast du dir denn dabei gedacht?« Dann lachte er laut und sagte: »Na, jedenfalls kann dir dein Blinddarm jetzt keine Probleme mehr bereiten!«

Aber ich wollte ja von der Tournee erzählen. Vielleicht wart ihr ja irgendwo dabei? Ich hoffe, es hat euch gefallen. Jeder Abend war für sich ein tolles Erlebnis. Viele Tausend Menschen feierten und sangen gemeinsam – denn »Keiner singt gern allein«. Alle hatten Spaß am Schlager, an der Musik, gute Laune und offensichtlich eine richtig gute Zeit. Und ich auch. Ich habe mir sagen lassen, dass so gut wie alle Hallen ausverkauft waren. Im Durchschnitt 7.000 Besucher am Abend. Das mitzuerleben und dabei zu sein ist für mich eine große Ehre und macht mich wirklich glücklich.

Und auch hinter der Bühne hatten wir jede Menge Spaß. Sogar *unter* der Bühne. Für meinen Auftritt wurde ich immer mit der »U-Bahn«, wie Florian Silbereisen diese Art Bob auf Schienen nannte, unter dem gesamten Steg, viele Meter unter der Bühne entlang, bis zur Hauptbühne gefahren, weil ich für meinen Auftritt ja praktisch aus dem Boden nach oben kam. Florian saß dann auch schon immer unten, weil auf der Bühne gerade ein anderer Act war und er auf seine Moderation wartete.

Jeden Abend hat er es sich zur Aufgabe gemacht, mich unter der Bühne zu erschrecken. Und man kann mich sehr gut erschrecken. Dazu muss man wissen, dass man rückwärts Richtung Hauptbühne fuhr, also nicht sah, wer oder was auf einen zukam. Was sollte einem auch unter der Bühne schon begegnen? Jeden Abend, wenn ich da so auf meinem Bob saß, gingen mir verschiedene

Gedanken durch den Kopf. Mal dachte ich darüber nach, was jetzt für ein Lied dran war, oder ich ging im Kopf noch mal die Wege durch, die ich während meines Auftritts auf der Bühne gehen musste.

Denn es war wichtig, genau darauf zu achten, wo man hinläuft, weil mit viel Pyrotechnik und Feuer gearbeitet wurde. Da könnte man sich auch unter Umständen verletzen, wenn man nicht höllisch aufpasste.

Auf jeden Fall war ich immer in Gedanken. Und deshalb gelang es Florian fast jedes Mal, mich zu erschrecken. Wir haben dann immer alle einen Lachkrampf bekommen, aber das hat sehr gutgetan. Wir hatten eine Menge Spaß zusammen.

Einmal hat er einfach nur ein Blatt Papier über meinen Kopf gleiten lassen, ein andermal hat er sich einfach auf die andere Seite gesetzt und mich von links erschreckt, weil ich auf rechts vorbereitet war.

Richtig cool war einer der letzten Abende. Ich fuhr wie immer rückwärts Richtung Hauptbühne, völlig in Gedanken, kam an Florian vorbei und dachte noch: Ach, heute mal nicht erschrecken? Als ich bereits an meinem Kopf etwas Seltsames spürte. Der Bob stoppte, und ich drehte mich um. Florian und die Techniker hatten sich richtig Arbeit gemacht. Sie hatten unter der Bühne künstliche Spinnennetze befestigt und überall künstliche Spinnen angebracht, und an einer Stelle hing sogar ein Kunststoffskelett runter. Ich kann euch sagen, wir haben Tränen gelacht.

Aber ich wollte eigentlich noch was zum Schlager sagen. Der Schlager hat sich in den letzten Jahren sehr verändert, er ist poppiger geworden, schmissig, rhythmisch – eben populäre Musik. Und er vereint Jung und Alt. Ganz junge Leute singen »Que sera, sera« ebenso begeistert mit, wie die älteren Besucher die Rapeinlagen von Oli P. feiern.

Und genau deshalb gehe ich nach wie vor gern auf Tour. Man bekommt eine unglaubliche Energie vom Publikum geschenkt, die mich alle Anstrengung sofort vergessen lässt. Wir sind immer ein gutes Team, fast wie eine Familie. Klar ist es auch stressig, wenn man von Stadt zu Stadt rasen muss, aber mittlerweile werde ich gefahren. Früher habe ich das alles allein gemacht. Aber das schenke ich mir inzwischen. Ich sitze dann immer schön, wie ein Graf, hinten im Auto und arbeite an meiner Musik. Herrlich. So nutze ich die Fahrzeit perfekt.

Ab und an kommt es vor, dass ich nach einem Auftritt nicht sofort einschlafen kann. Was mir hilft, gut und tief zu schlafen – jetzt bitte nicht lachen –, ist Ohropax. Das nehme ich schon seit Jahren nicht nur auf Reisen. Es entlastet meine Ohren, egal in welchem Hotel ich gerade bin, ob zu Hause unsere Hunde bellen oder auch im Flugzeug. Mit diesen Wachskugeln in den Ohren schlafe ich entspannt wie ein Baby. Deshalb ja auch Ohro-pax – »Friede den Ohren«.

Entdeckt habe ich das schon ganz früh. Ich hatte ja zu Hause bei meinen Eltern diese zwei Mansardenzimmer, von denen ich schon erzählt habe. Und da ich gern bei offenem Fenster schlafe, machte mich im Sommer das Geschimpfe der Spatzen und das Gurren und Flattern der Tauben auf unserem Dach wahnsinnig. Ich konnte bei dem Lärm einfach nicht schlafen. Mein Vater empfahl mir schließlich Ohrenstöpsel, die aus Wachs, die

halten richtig dicht. Und von da an schlief ich wunderbar.

Und falls es mir auf Veranstaltungen mal zu laut ist,
stecke ich mir ebenfalls diese Wachskugeln in die Ohren,
so habe ich heute auch nach all den Jahren lauter Musik
um mich herum noch ein gutes und entspanntes Gehör.
Bei meinen Auftritten nehme ich sie dann natürlich
wieder heraus, schließlich möchte ich das Mitsingen
meines Publikums nicht verpassen. Also – auf welcher
Bühne und in welcher Stadt werden wir uns hören und
sehen? Und dann schmettern wir gemeinsam den einen
oder anderen Song, denn »Keiner singt gern allein«.

»Wann wenn nicht jetzt«

(aus dem Album »Es war alles am besten«, 2015)

Sagt euch der Name Fritz Rau noch was? Er war ein großartiger Mann und Chef der bekanntesten Veranstaltungsagentur, die die größten Stars nach Deutschland holte. Wie zum Beispiel die Rolling Stones. Allein dieser Name sagt doch schon alles, oder? Fritz führte auch die Tourneen der Les Humphries Singers durch. Eines Tages sagte er zu mir: »Jürgen, du kommst mit deinen drei Liedern so gut beim Publikum an, bist optisch genau das, was die Mädels wollen, und ziehst dadurch noch die Jungs hinterher. Lass uns in die Hallen gehen. Wir machen mit dir eine erste Hallentournee und fangen mit kleineren Häusern an. So mit 800 bis 1.000 oder 1.200 Leuten. Und dann kann man sich ja auch immer weiter steigern, wenn die Resonanz so ist, wie ich sie mir vorstelle. Ich glaube ganz fest daran, dass du ein richtig guter Tourneekünstler werden kannst. Und auch Open-Air-Festivals kannst du bestreiten. Allein. Ohne dass du dich in eine Gruppe stellst wie bei den Les Humphries Singers. Du kannst das. Lass es uns versuchen!«

Aber ich antwortete nur: »Fritz, das wage ich nicht. Dazu fühle ich mich nicht befähigt. Das kann ich nicht, und weil ich das nicht kann, will ich das auch nicht. Denn dann versage ich auf der Bühne total.« Ich war halt ein total ängstlicher Typ und sah mich absolut nicht als Solist. Also bin ich auf seine Bitte nicht eingegangen, obwohl es eine riesengroße Chance gewesen wäre. Vielleicht hätte ich es versuchen sollen? Aber damals war das nicht mein Weg. Die Angst war zu groß. Solist bin ich ja dann trotzdem geworden.

Ich hatte das Gefühl, dass ich es vielleicht doch noch einmal wagen sollte, mit meiner eigenen Band auf der Bühne zu stehen. Schließlich habe ich das bereits mit viel Spaß in meinen frühen Musikeranfängen und später in den 80er Jahren auf der damaligen »DDR-Tour« vollzogen. Mit Band hat man einfach auch noch mal ganz andere Möglichkeiten, seine Songs so ans Publikum zu tragen, wie man sie tatsächlich auch selbst am liebsten mag.

Ramona fand die Idee schon immer gut. In diesem Jahr hatte ich gerade mein Team verändert und wieder eine Art Management oder eher jemanden, der sich um alles kümmert, was meine Künstlertätigkeit angeht. Das Wort »Management« habe ich noch nie gern benutzt, und heutzutage hat es ja auch manchmal eher einen bitteren Beigeschmack. Zumindest wenn es darum geht, dass einige dieser Berufsbezeichnung keine Ehre machen. Aber das gibt es ja in jeder Branche.

Auf jeden Fall saßen wir damals alle zusammen, und ich erzählte Christine, dass ich mal wieder Lust hätte, live mit einer eigenen Band auf Tour zu gehen. Und so

nahmen die Dinge ihren Lauf. Sie tauschte sich regelmäßig mit Ramona und mir aus, denn auch sie waren
der Meinung: Wann, wenn nicht jetzt? Wir entwickel-
ten gemeinsam Ideen, wie man so ein Konzept realisieren könnte. Und dann ging es auf einmal ganz schnell.
Ralf Rudnik, mein Musical Director, stellte eine aus-
gezeichnete Band zusammen, hervorragende Musiker,
von denen ich nicht einen einzigen missen möchte,
und setzte unsere musikalischen Vorstellungen als
Arrangements um. Tänzerinnen wollte ich auch gern.
Das lockert immer ein bisschen auf. Gesagt, getan. So
wird es ab und an auch mal ein bisschen bunter auf der
Bühne.

Hinzu kam dann noch Peter Blau von Concert Media.
Ein sehr guter Bekannter von Christine und ein hervor-
ragender Techniker.

An dieser Stelle muss ich kurz abschweifen: Einige
von euch wissen sicher, dass ich fast mein ganzes Mu-
sikerleben allein unterwegs war. Das hat mir nie etwas
ausgemacht. Ich bin allein gefahren, habe mich um alles
Technische allein gekümmert und bin so von Termin zu
Termin gejagt. Immer meine beschrifteten Halbplaybacks (selbst gebrannte CD mit meiner Auftrittsmu-
sik) in der Tasche. Meine Art der Beschriftung geht, so
habe ich mir sagen lassen, auch in die Geschichte ein!
Bis dahin hatte ich immer gedacht, meine Playbacks
wären perfekt beschriftet. Dachte ich jedenfalls. Zumindest für mich waren sie perfekt. Ich hatte aber viel zu
selten bedacht, dass mich der eine oder andere Techniker gar nicht kennt, oder meine Titel, und deshalb mit
manchen Abkürzungen von mir nicht so schnell etwas

anfangen konnte. Oje, ich bin mir sicher, das hat einige viele Nerven gekostet.

Aber wie gesagt, ich war gern allein unterwegs. Ich fand immer, ich brauche keinen Fahrer, ich brauche keinen Techniker, keinen Stylisten. Ist ja Wahnsinn, wenn man immer mit einer Riesengruppe von Menschen zu einer Veranstaltung kommt. Und so habe ich mein Ding gemacht. Seit ein paar Jahren bin ich aber nun mit Peter Blau unterwegs, der sich bei meinen Jobs um die Technik kümmert. Ich weiß, mein Umfeld hat sehr lange gebraucht, mich davon zu überzeugen, dass das entspannter für mich ist. Aber ich muss zugeben, das ist es wirklich. Auf jeden Fall taucht der Drews seitdem überall mit seinem Techniker auf. Was auch für die örtlichen Techniker eine Erleichterung ist. Peter kennt meine Titel und weiß, was wann zu tun ist. Wir sind ein sehr gutes Team.

Zurück zum Thema »Band«. Als Peter dann hinzukam, ging es um die technische Umsetzung. Wie fangen wir an? Wie füllen wir die von uns entwickelte Show mit Leben? Arbeiten wir mit besonderem Licht? Brauchen wir Leinwände? Unsere Devise war, nicht zu dick auftragen, lieber klein anfangen, und wenn die Idee ankommen sollte, konnten wir die Sache ausbauen.

Ja, hinter so einem Projekt steckt unglaublich viel Arbeit, was man sich vorher gar nicht vorstellen kann. Als das Konzept stand, ging es daran, Partner zu finden, die so mutig waren, es auszuprobieren. Das war am Anfang wirklich schwer, viele kannten ja nur meine »Partyseite«. Einige denken bis heute, ich trete nur auf Mallorca auf, und haben gar nicht mitbekommen, dass ich den Großteil meiner Jobs in Deutschland absolviere, bei Partys, Galas oder Schlagerveranstaltungen. Und jetzt kommt der Drews auf einmal mit einer Band? Was soll das werden? Einige Veranstalter konnten sich nicht vorstellen, dass das funktionieren kann. Man kennt mich eben nicht als ernsthaften Musiker. Wie auch? Ich hatte ja nie die Möglichkeit, mich mal von einer anderen Seite zu zeigen. Und so beschlossen wir, die ersten Konzerte auf eigene Faust und in Eigenregie durchzuführen. Uns war von Anfang an bewusst, dass wir hier kein Geld verdienen würden, aber wenn man etwas erreichen möchte und an etwas glaubt, muss man eben erst mal investieren.

2014 sollte es dann so weit sein. Wir hatten die ersten drei Konzerte vertraglich fixiert. Es wurde ernst. Wir freuten uns alle unheimlich, aber hatten auch großen Respekt. Man kann sich seiner Sache ja nie zu sicher sein. Christine und Peter schauten sich vor dem Vertragsabschluss natürlich die Locations an, um den perfekten Bühnenbau zu entwickeln. Es musste ja auch passen. Die Hallen waren sehr klein, aber genau richtig, um unser neues Konzept auszuprobieren. Das erste Konzert fand in Chemnitz statt, in der kleinen Stadthalle. Wir reisten alle am Vorabend an, weil wir ja das ganze Programm auch mindestens einmal mit kompletter Technik durchspielen wollten. Allerdings hatten wir die Stadthalle nur am Veranstaltungstag und mussten diese Probe in einem Sitzungssaal im angrenzenden Hotel machen. Das weiß ich noch wie heute. Es war sehr, sehr lustig und eine irre Atmosphäre. Ich hatte mit den Jungs zwar ab und zu schon mal bei Ralle (Ralf Rudnik) im Proberaum geprobt, aber das war nicht dasselbe. Wie schon erwähnt versuchten wir mit so wenig Mitteln wie möglich, das Beste zu erreichen. Und weil wir erst ganz am Anfang waren, mussten wir natürlich viel selbst machen. Ramona und Christine kümmerten sich bei den ersten Konzerten nicht nur um die reibungslosen Abläufe, sondern auch um das Catering. Das Team musste ja auch essen. Nicht nur arbeiten. Vor den Konzerten gingen die beiden immer einkaufen und richteten danach alles sehr liebevoll an. Es hatte schon ein bisschen was von einer Klassenfahrt.

Und dann kam der erste Konzertabend. Wir hatten in etwa 200 Besucher. Wir waren alle unendlich aufgeregt. Und da ich ja bekannt dafür bin, dass ich mein Programm nicht so gut kürzen kann und immer gern länger auf der Bühne stehe als geplant, dauerte dieses erste Konzert mit Band über 3,5 Stunden, inklusive Pause. Das war lang. Aber es hat uns allen einen Riesenspaß gemacht. Und es war genau richtig, dass am ersten Abend nicht viel mehr Leute da waren. Die Stimmung war toll, irgendwie wie ein Wohnzimmerkonzert. Auch für uns auf der Bühne war es ein fantastisches Erlebnis.

Der nächste Abend führte uns nach Stade. Hier war der kleine Saal ausverkauft. Das machte mich schon ein bisschen stolz. Und ich war sehr aufgeregt. Aber nach dem ersten Titel war der Bann gebrochen, und wir feierten einen sensationellen Abend. Die Zuschauer waren echt super.

Das dritte Konzert war in Bernburg. Auch hier war das Konzert ausverkauft. Ich glaube, da passten 700 Leute in die Halle. Das hat uns wirklich gefreut.

Nach diesen Tagen war uns klar: Wir wollten mehr davon! Und dann nahm alles seinen Lauf. Es kamen immer mehr Veranstalter auf uns zu, die mitbekommen hatten, dass das, was wir da auf der Bühne machten, doch nicht so schlecht war, und die Buchungen mehrten sich. Jedes Jahr wurden es mehr Termine. 2018 ging ich dann das erste Mal mit meiner eigenen Band für 16 Termine auf Deutschland-Tournee. Eine tolle Zeit. Und wir möchten auch in Zukunft noch viel mehr davon. Allerdings haben wir in den letzten Jahren das Programm etwas angepasst. Und so stehen wir nicht mehr 3,5, sondern »nur« noch in etwa 2,5 Stunden auf der Bühne.

Auch wieder so ein Beweis dafür, dass nichts in meinem Leben so geplant war. Es war wieder mal ein Zufall, bei dem das eine das andere ergeben hat. Aber keine Angst! Tourneekünstler werde ich nicht. Aber es wird mit Sicherheit noch viele Konzerte mit meiner Band und mir geben.

»... irgendwo sehn wir uns wieder«

Liebe Leserin, lieber Leser, es freut mich, dass ihr bis hierhin mitgegangen seid.

Ich hoffe, unsere kleine Reise durch die Stationen meines Lebens war für euch interessant.

Ich habe vielen Menschen einiges zu verdanken. Sie alle zu nennen würde den Rahmen dieses Buches sprengen, und wahrscheinlich würde ich den einen oder anderen auch noch vergessen.

Daher fasse ich mich kurz: Jedem Einzelnen danke ich von ganzem Herzen für die Unterstützung, egal in welcher Form. Und natürlich danke ich auch euch ALLEN von ganzem Herzen. Dafür, dass es euch gibt und dass ihr dem alten Drews schon so lange treu seid.

Ich habe dieses Jahr meinen fünfundsiebzigsten Geburtstag gefeiert. Eine wahnsinnige Zahl! Wenn man darüber nachdenkt, wird man ein wenig sentimental. Als ich noch jung war, dachte ich, in diesem Alter habe man schon so gut wie abgeschaltet. Aber heute, da ich selbst in diesem Alter bin, kann ich sagen: »Dem ist absolut nicht so!« Ich stehe immer noch voll im Leben, auch wenn ich etwas ruhiger geworden bin. Ich bin gesund, und es macht mich glücklich, dass ich immer noch meine Musik machen kann und darf und es immer noch Menschen gibt, die meine Songs gerne hören. Das alles ist nicht selbstverständlich.

Die Musik, das Publikum und meine Familie (samt unseren Hunden) halten mich im Herzen jung, und solange es mir vergönnt ist, werde ich weiterhin Musik machen und auftreten. Denn das ist nun einmal meine Leidenschaft und meine Berufung. Also: »Irgendwo sehn wir uns wieder!«

Und wenn ich einen Wunsch frei habe, dann wünsche ich mir, dass ich noch sehr viele schöne Jahre vor mir habe. Zurückblickend auf mein ganzes Leben kann ich aber heute schon aus tiefstem Herzen sagen: Es war alles am besten!

In diesem Sinne – alles, alles Liebe für euch – und bleibt gesund!

Euer Jürgen Drews

Bildnachweis

Ariola: 7 (Oben rechts, Mitte links, Mitte rechts), 28 (Oben); Bauer Media Group/Wolfgang Heilemann, www.rockfoto.de: 26, 27; Behle-Langenbach Birgit/Fanclubleiterin ab 2010: 16 (Mitte), 17 (Unten), 20 (Mitte), 44, 47 (Oben), 48 (Unten rechts); Bischoff Peter: 24 (Unten rechts); Blumenthal Andreas: 62, 63; Bernd Böhm, Hamburg: 13 (Mitte rechts, Unten), 18 (Oben), 20 (Unten); Bryant Bernd für Global Musik Verlag: 15 (Unten); ddp images: 35 (Oben); Decca Records/Universal Music: 9 (Unten), 11 (Oben); Drews Ramona: 53, 55 (Oben), 56 (Unten), 59 (Mitte), 61 (Unten); Esser Manfred: 23 (Unten), 28 (Mitte links, Mitte rechts), 29, 30; Esser & Strauss: 28 (Unten); Fenkl John: 52; Knoche-Gaydos Christine: 36 (Oben, Unten), 37 (Oben), 38, 39, 40, 41 (Unten), 42, 43, 45, 46 (Oben, Unten), 47 (Unten), 49 (Unten links, Unten rechts), 51 (Unten), 55 (Unten), 56 (Oben), 57 (Unten), 58, 59 (Oben), 59 (Unten), 60 (Oben), 61 (Oben); Knop Timo: 37 (Unten), 46 (Mitte); Kreklau Sascha/www.saschakreklau.de: 37 (Mitte); Künster Moritz: 31 (Unten), 32, 33, 60 (Mitte, Unten); Langenbach Andreas/privat: 55 (Mitte); picture alliance/

Pressebüro Pantel/Christian Pantel: 35 (Unten links, Unten rechts); Pille Günter: 57 (Oben, Mitte); Privat: 1, 2, 3, 4, 5, 6, 8 (Oben links, Oben rechts), 23 (Oben, Mitte links, Mitte rechts), 24 (Oben), 25 (Oben links; Oben rechts), 36 (Mitte), 54 (Oben); RiRo Press: 22; Schneider Press – Erwin Schneider: 24 (Mitte rechts), 25 (Oben links, Oben rechts, Mitte, Unten rechts), 58 (Unten), 59 (Oben, Mitte) WEA Music GmbH/Warner Chappell Music: 13 (oben), 14, WDR mediagroup GmbH: 7 (Unten links, Unten rechts); Weilacher Horst/Fanclubleiter ab 1974: 10 (Unten rechts), 15 (Oben, Mitte links), 16 (Oben rechts, Unten links, Unten rechts), 17 (Oben), 18 (Mitte, Unten), 20 (Mitte).

Mit Dank an Ariola Records/Sony Entertainment Music GmbH

Der Verlag hat sich bemüht, alle Rechteinhaber ausfindig zu machen, verlagsüblich zu nennen und zu honorieren. Sollte uns dies im Einzelfall aufgrund des Zeitablaufs und der schlechten Quellenlage bedauerlicherweise einmal nicht möglich gewesen sein, werden wir begründete Ansprüche selbstverständlich erfüllen.